KB234727

투자 리스크관리 길잡이

투자 리스크관리 길잡이

서영수 지음

이담 Books

머리말

　투자를 하는 이유는 수익을 내기 위해서다. 다행히 어떤 사람은 기대했던 수익을 내지만 대부분은 그렇지 못한 것이 엄연한 현실이다. 그렇다면 투자자의 최대 관심사는 손실을 줄이면서 적정 수익을 낼 수 있는 방법으로 모아진다. 이는 투자역사에서 끊임없이 대두되었던 절대적인 화두이다. 역시 리스크관리만큼 다른 대안이 없다. 이 책의 의도는 투자자라면 한번쯤은 염두에 두었던 리스크관리 실체를 한눈에 파악시키는 데 있다. 특히 초보투자자에게 리스크의 저변에 깔려 있는 다양한 금융현상들을 이해하여 수익과 리스크의 관계를 명확하게 인식시키는 것이다.

　투자세상에는 실로 다양한 리스크가 존재한다. 리스크별로 상충되어 소멸되기도 하며, 합쳐져서 새로운 리스크가 탄생되기도 한다. 지금까지 대부분의 사람들은 리스크를 무조건 나쁘거나 회피해야 할 대상으로 치부하였다. 따라서 우선 줄이거나 없애버리는 것이 최선이라고 판단하였으며 심지어 이런 과정을 리스크관리라고 생각하였다. 그러나 이제부터라도 명확하게 리스크를 직시하고 체계적으로 관리해야 한다. 그렇게라도 하지 않으면 약육강식의 무차별적인 투자세상에서 살아남을 수가 없기 때문이다.

　　지금의 국내 투자환경은 저금리와 저성장이 대세이다. 앞으로 더욱 그러할 것이다. 저금리가 지속될수록 자꾸 고수익을 유혹하는 금융상품이 쏟아진다. 더구나 첨단 금융기법으로 무장되어 그럴싸하다. 투자경쟁도 갈수록 치열해진다. 그러니 금융상품 속에 숨어 있는 리스크를 교묘하게 위장하는 수법도 현란할 수밖에 없다. 리스크관리가 그 어느 때보다도 중요한 투자환경으로 변했다. 투자리스크에 관심 있는 독자라면 이 분야가 어렵다는 것을 알 것이다. 시중에 발간된 리스크 관련 서적 또한 어려운 용어들이 즐비하다. 필자는 오랜 기간 투자리스크에 관하여 쉽게 이해할 수 있는 방안을 모색해 왔다. 이제야 그 결실을 보게 되었다.

　　본서는 총 4부로 구성되었다. 1부에서는 투자에서 왜 리스크관리가 필요한지, 그리고 리스크의 명확한 의미와 측정기준, 리스크관리를 하면 어떤 이점이 있는지에 대하여 기술하였다.

　　2부에서는 리스크관리에 필요한 투자습관으로 다섯 가지, 즉 투자의 맥을 짚는 금융흐름, 투자기회를 얻는 금융원리, 증권화를 통한 새로운 투자패턴, 투자자의 다양한 행동심리, 확률론적 사고에 대하여 기술하였다.

3부에서는 주식투자리스크, 채권투자리스크, 외환투자리스크, 자산/부채관리리스크, 신용리스크, 통합리스크, 생활리스크로 구분하여 각각의 기본 개념과 측정방법을 쉬운 예제와 함께 기술하였다.

4부에서는 실제 금융기관에서 운용하고 있는 리스크관리절차와 지금까지 발생하였던 다양한 리스크관리 실패사례, 일반투자자의 리스크관리 스타일에 대해서 기술하였다.

본서는 지금까지 발간된 리스크 관련 경제금융 서적과 필자가 근무하였던 회사의 리스크 관련 실무자료, 필자의 '금융과 리스크관리' 저서를 주로 참고하여 기술하였다. 이 자리를 대신하여 관련자료 제공 및 조언을 해 주신 많은 분들께 무한한 감사를 드린다. 또한 탈고에 깊은 관심을 보여준 한국학술정보(주) 직원분들에게도 심심한 감사를 표한다.

재삼 이 책이 투자세상에서 고군분투하는 모든 분들께 조그마한 도움이 되기를 진심으로 바라며 독자 여러분들의 아낌없는 조언, 질타 및 충고도 기대해 본다. 또한 이 책에서 다루지 못하였던 세부적인 리스크 분야는 앞으로 꾸준히 보완하여 더욱 의미 있는 책으로 거듭나도록 노력할 것이다. 끝으로 남은 인생의 최고 반려자인 사랑

하는 아내 박성애, 듬직하고 총명한 아들 승민, 밝고 순수한 딸 유나
에게도 무한한 감사를 보낸다.

2013년 4월
서울사이버대 연구실에서
저자 서영수

목차

4부 리스크관리 절차 • 245

1장 투자환경이 완전히 변했다

금융투자세상에서 투자의 속성은 일정한 수익을 창출하는 것이다. 수익에는 반드시 리스크가 따른다. 그런 까닭에 투자세상에서는 리스크란 용어가 흔하게 쓰인다. 요즘에는 일상생활에서조차도 자주 등장한다. 그럼에도 리스크의 정확한 의미를 알고 사용하는 투자자는 드물다. 리스크는 무조건 나쁜 것으로 인식하기도 한다. 그러나 2008년 미국의 서브프라임 금융위기로 인해 금융상품에 내재되어 보이지 않았던, 그래서 개념적이고 추상적으로만 느껴졌던, 한편으로 그냥 무시해도 될 것 같았던 리스크가 본격적으로 주목받기 시작했다. 도처에 첨단 금융기법으로 무장한 금융상품이 널려 있다. 투자경쟁도 갈수록 치열해진다. 리스크를 교묘하게 위장하는 수법도 다양하다. 이제 리스크관리는 그 어느 때보다도 중요한 경쟁력이 되었다.

리스크, 드디어 그 실체를 드러내다

리스크의 원론적인 정의는 '미래 불확실성의 노출로 보유자산에 손실이 발생하거나 또는 예상한 수익이 기대 수준에 못 미치는 등 불리한 결과가 발생할 가능성'이다. 쉽게 표현하면 리스크란 자산의 미래 손실가능성이다. 오늘이 아니라 미래를 예상한다. 따라서 내일이 없다면 굳이 리스크를 논할 필요가 없다. 누구든지 인생을 살면서 자의든 타의든 매 순간 결정을 해야 한다. 어떤 결정은 흡족하지 않아 되돌리고 싶었으면 한다. 그럼에도 이미 지나간 시간을 되돌릴 수 없어 그냥 받아들인다. 시간은 자꾸 의사결정을 하도록 유인하는 장치이다. 그렇다면 매 순간 의사결정 시 불완전한 정보라도 이를 토대로 결정을 내리는 것이 현명하다.

리스크의 어원은 '뱃심 좋게 도전하다(to dare)'라는 의미인 초기 이탈리아어 risicare에서 유래되었다고 한다.[1] 이런 맥락에서 리스크란 시간을 운명처럼 받아들이는 것이 아니라 시간을 선택하는 것이다. 어떤 의사결정을 할 때 선택할 수 있는 과감한 행동, 즉 인간이 얼마나 자유롭게 선택할 수 있느냐를 보여주는 행위가 리스크의 근원적 개념이다. 리스크는 그 속성상 피하거나 운명에 순응하는 개념이 아니라, 기회를 포착하여 용기 있게 선택하고 판단을 내리는 쪽에 가깝다. 시간이 지나면서 그 결과는 대부분 이익 또는 손실로 귀결된다. 물론 이익도 아니고 손실도 아닌 원래의 상태로 유지될 수도 있다. 이 또한 엄밀히 말하면 시간경과에 따른 기회손실이 발생한 것이므로 손실에 해당된다. 따라서 기회는 리스크라고도 할 수 있다. 그러므로 무조건 리스크를 회피 또는 포기하는 것은 그 결과의 하나인 이익을 지레 포기하는 것과 같다. 문제는 리스크가 다소

---

1) 또 다른 어원은 이렇다. 리스크(risk)라는 단어는 프랑스어인 'risque'에서 유래된 것으로 17세기 중엽에 등장한 개념이며, 1830년경 영국의 보험계약에서 처음으로 사용되었다고 전해진다. 그 후 약 100년 동안은 risk와 risque라는 두 단어가 위험을 뜻하는 말로 혼용되었으며 20세기 들어와서 risque라는 말은 다른 의미로 사용되었다고 한다. 이러한 단어들이 존재하기 전에는 위해(hazard)라는 단어가 위험에 가까운 말로 사용되었다고 한다.

추상적이며 개념적이라는 데 있다. 금융투자세상에서 리스크를 실제로 느끼려면 상당한 투자경험과 무수한 시행착오를 겪어야 한다. 그래서 투자초보자들은 쉽게 리스크를 체득하지 못한다. 그런데 아주 희한하게도 리스크의 실체를 확실하게 느끼게 해준 사건이 발생하였다.

2008년 9월, 미국의 서브프라임 모기지(sub-prime mortgage) 사태가 본격적으로 세상에 알려지자 전 세계는 충격에 휩싸였다. '아니, 금융의 최첨단을 걷고 있는 미국에서 이런 일이 발생할 줄이야!' 미국의 월스트리트는 금융종사자라면 누구나가 동경하는 곳이다. 이곳 월스트리트의 최고 금융전문가들이 주축이 되어 만든 주택담보용 모기지 금융상품이 위기의 발단이었다. 상식적으로 이해되는가? 간단한 예로 담보로 잡은 주택가치의 100%를 초과한 대출을 해주었다. 무언가에 홀리지 않고서는 있을 수 없는 일이 발생한 것이다. 미국 서브프라임 사태는 소위 첨단 금융상품이란 것도 한 꺼풀 겉포장을 벗겨내면 허점투성이라는 것을 알려주고, 글로벌 금융투자세상에서 누구든지 이러한 속임수에 빠져들 수 있다는 것을 확실하게 느끼게 해 준 사건이었다. 금융선진국에서조차 이런데 그렇지 않는 국가에서는 어물쩍 넘어가는 금융거래가 다분하지 않을까 하는 의구심도 든다. 이 사건은 지금의 금융투자세상에서는 겉으로 드러나는 것만 가지고 투자판단을 해서는 안 된다는 분명한 신호이다. 금융패러다임에 엄청난 지각변동을 몰고 온 것이다.

지금까지는 금융상품에 투자하면 어느 정도 포트폴리오를 통한 목표수익률 실현이 가능하였다. 하지만 이제는 그 가능성이 현저히 줄어들었다. 수익 창출의 원천인 분석정보나 자금운용전략을 누구든지 객관적 정보에 근거하여 수행할 수 있게 되었고, 과거처럼 손쉽게 수익을 시현할 대상도 독점적으로 운용할 수 없도록 변하였기 때문이다. 그에 따라 전에 없던 금융상품을 포장하는, 즉 투자자를 유인하는 혁신적이고 차별적으로 보이는 그럴싸한 상품이 등장하였고, 이런 상품이 시장에서 인기를 끌다 보니 더욱 경쟁적으로 확산되었다. 점차 금융상품의 대중성 여부는 상품에 내재된 리스크를 어떻게 조립할 것인가로 귀결되었다.

현란한 리스크 포장술이 넘쳐 난다

보편적으로 사람들은 투자과정에서 나타나는 리스크를 싫어하거나 아예 회피하는 쪽으로 행동할 것이라 판단한다. 하지만 지금의 금융세계는 투자 시 예상되는 리스크를 즉각적으로 측정하여 그에 적합한 투자정보를 실시간으로 얻을 수 있기 때문에 누구나 마음만 먹으면 본인이 태생적으로 안고 있는 리스크 성향과 상관없이 투자할 수 있는 환경이다. 그러나 투자 시 필연적으로 수반되는 리스크를 통제하는 다양한 수단이 가동되더라도 리스크가 근본적으로 없어지는 것은 아니다. 투자수단이 원시적이든 지금처럼 최첨단이든 투자결과는 항상 이익 아니면 손실이다. 따라서 투자에 참가하는 누군가는 투자 시 나타나는 손실영역을 부담해야만 비로소 게임이 가능해진다. 그럼에도 사람들은 왜 리스크선호형으로 바뀌었는가?

누구나 한번쯤은 길거리를 지나가다 편안한 노후를 생각해서 "아! 저 정도의 상가건물 한 채만 있으면 참 좋으련만!" 한 적이 있을 것이다. 만약 실제로 생각지도 않게 여유자금이 생겨서 상가를 구입하여 임대를 놓는다고 치자. 무엇부터 해야 할까? 가장 먼저 상가투자로 얼마의 이익을 낼 수 있는지 분석해야 한다. 이후 입지선정에서 부터 해당 상가 선정, 유동인구가 얼마나 되는지, 주요 구매층은 누구인지, 현재 돌아가는 경제상황은 어떤지, 어떤 임차인을 선정할 것인지, 임대료가 지속적으로 들어올 것인지 등 수많은 요인을 검토한 다음 최종적으로 상가구입 여부를 판단해야 한다. 누가 봐도 말처럼 쉬운 작업이 아니다. 생각보다 골치 아프고 혹시 기대한 만큼 이익이 안 나면 어쩌지 하는 불안감이 생기거나 또는 '나는 이런 투자타입이 아닌가 보다' 하고 아예 접을 마음도 생긴다. 그런데 만약 이런 상가수익을 그대로 복제한 금융상품이 개발된다면 어떻게 될까?

상가라는 실체를 구입하지 않았더라도 마치 상가를 구입한 것처럼 동일하게 임대료와 같은 수익이 창출된다면 상황은 완전히 바뀐다. 골치 아프지 않고 수익을 챙길 수 있는 수단이 생겼기 때문에 여건이 되는 모든 사람들은 적극적으로 구입하려고 달려들 것이다. 이런 현상은 기존의 상품을 마치 새로운 금융상품처럼 포장하는 '금융증권화2)'라는 기술 때문에 가능해졌다. 2008년 전 세계 금융시장을 강타한 미국의 서브프라임 모기지대출채권이 증권화를 통하여 마치 주식시장에서 거래되는 주식처럼 누구나 쉽게 사고팔 수 있게 되었다. 가만히 앉아 있는 대출이 유동화되면서 움직일 수 있는 증권으로 변한 것이다. 이런 사고방식으로라면 어떠한 금융비즈니스 모델이라도 증권화가 가능하다는 욕심이 들 것이다. 아무리 미래 발생할 현금흐름이 미심쩍더라도 과거 경험실적에 근거한 현재자산의 현금흐름이 안정되어 있다면 아주 매력적인 증권화 상품으로 포장되어 새로운 금융상품으로 재탄생될 수 있다. 증권화라는 금융기술이 전

---

2) 이는 기초자산을 담보로 새로운 증권을 만들어 현금흐름을 창출하는 과정인데 이에 대한 자세한 내용은 2부 3장에 기술하였다.

세계로 확산되면서부터 시장참가자들의 투자패턴도 점차 리스크 선호형으로 바뀌기 시작한 것이다.

증권화 이전 금융자산의 거래가격은 장래의 현금흐름을 할인한 현재가치를 기준으로 결정되거나, 최소한 이 기준하에 높거나 낮은 수준으로 가격이 결정되었다. 그러나 증권화가 가능한 이후부터는 해당 상품의 자산 가치를 따지기 전에 그 상품을 더 높은 가격으로 팔 수 있을 것인지 혹은 그렇지 않을지 하는 관점에서 현재가격의 적정여부가 결정되었다. 『버블경제학』의 저자 오바타 세키(Obata Seki)는 이를 리스크 관점에서 진단하였다. 그는 증권화로 인해 투자를 위한 의사결정 초점이 장래 현금흐름을 확실히 얻을 수 있는지 여부에 관한 리스크가 아니라, 다른 투자자에게 팔 수 있는지 여부에 관한 리스크로 이동한 것이라고 하였다. 단순히 리스크가 이동한 것뿐인데 투자자들은 리스크가 소멸되었거나 축소되었다고 착각한다는 것이다. 투자자들의 리스크 착시현상은 증권화 상품이나 금융공학상품에서 유독 강하게 나타나는데 이는 그만큼 다른 금융상품에 비해 매력적으로 포장되었기 때문이다.

한편, 투자자 입장에서 가장 가슴 졸이는 일은 보유자산을 팔고 싶어도 팔 수 없는 상황에 직면하는 유동성리스크에 노출되는 경우이다. 그런데 증권화를 이용하면 가지고 있던 유동성리스크가 마법에 홀린 것처럼 없어져 버린다. 그 전에는 전혀 거래가 되지 않았던 보유자산이 증권화를 통해 마치 제조공장의 금형기계에서 자동화된 상품을 찍어내듯이 상품화되어서 다수의 투자자들을 현혹시킨다. 대부분 이런 유형의 금융상품은 실체가 있는 금융상품보다 수익률을 높게 설정하기 때문에 더욱 구미를 당긴다. 이런 과정을 거치면서 결국 수요자가 늘어나고 시중의 풍부한 유동성으로 인해 자산 가치는 빠르게 상승한다. 결국 투자대상 자산의 증권화를 통해 이를 표준화하게 되면 덩달아 구매하는 투자자 층도 급증한다는 것이다. 심지어는 투자자들 입맛에 맞게 아예 원천적으로 상품을 가공할 수도 있다. 즉, 증권화를 통해 소액으로 쪼개고, 여기에 순서를 매겨 선순위, 중간순위, 후순위로 구분하여 투자자 선호에 따라 상품을 조립하는 것이다. 오바타 세키는 이를 리스크 오더메이드(risk order made: 리스크주문형 상품)라 명명하였다. 2000년대 중반 미국에서는 이런 증권화 붐을 타고 금융시장에서 가장 부도가능성이 높아 어느 누구도 취급하지 않던 불량채권인 정크본드가 몇 번의 증권화 과정을 거치면서 높은 수익률과 안정성이라는 가면으로 포장되어 가장 인기 있는 채권으로 둔갑하였다. 이후부터 금융시장에서는 리스크 테이킹(risk taking)이란 말이 일반화될 정도로 증권화된 금융상품이 쏟아지게 되었다. 교묘하게 높은 수익을 보장하면서도 그 속에 내재된 높은 리스크를 회피하는, 즉 리스크가 없는 것처럼 포장하는 희한한 금융비즈니스가 등장한 것이다. 증권화를 거친 금융상품은 일반 투자자 입장에서 보면 과거 전통적인 금융상품보다 훨씬 빠르게 예상수익과 그에 따른 리스크의 균형점을 찾을 수 있게끔 설계되어 있어 그만큼 투자 판단이 쉬웠으며 투자여부 결정도 빨라졌다. 그러니 대중적인 금융상품으로 명성을 얻기 위해서는 애초부터 증권화된 상품으로 설계할 수밖에 없으며 이는 갈수록 현란하게 포장되어야만 한번 맛들인 금융소비자의 입맛을 계속해서 끌어 올 수가 있다. 포장기술은 오로지 내재된 리스크를 어떻게 조립하느냐에 달려있다.

리스크 착시현상이 더욱 두드러졌다

　금융상품에 가입할 때 리스크 착시현상이 일어날 수밖에 없는 우선적인 원인은 역시 증권화 때문이다. 증권화로 인해 그 상품에 내재된 리스크의 실체를 제대로 파악할 수가 없다. 증권화된 상품은 다른 상품을 추가하여 재차 증권화되기 때문에 증권화 과정이 자연스럽게 반복된다. 마치 끊임없이 금융상품을 만들어내는 마술도구와 같다. 따라서 지금 구입하려고 하는 금융투자 상품의 원재료가 무엇인지 당연히 모른다. 금융상품의 원재료는 구입하려고 하는 금융자산이 창출하는 미래 현금흐름이다. 결국 증권화된 상품을 구입하는 것은 마치 원재료가 무엇인지 모르고 단지 제품의 기능에 대한 설명만 듣고 물건을 구입하는 것과 똑같은 이치이다.

　대출의 경우를 생각해 보자. 우선 대출회사의 가장 큰 골칫거리는 대출자에게 빌려 준 원금을 못 받는 경우이다. 이를 신용리스크라 하는데 대출회사가 고스란히 떠안고 있다. 그런데 이 신용리스크가 증권화로 인해 새롭게 탄생된 증권을 구입하는 투자자에게로 옮겨 간다. 또한 만기 때까지 대출원금이 묶여 있어 유동성이 없는 대출자산을 증권화로 유동성을 다시 부활시켜 시장에 유통시킬 수 있다. 이 역시 대출자가 안고 있는 유동성리스크를 투자자에게 전가시킨 것이다. 2008년 당시 월스트리트 금융기관은 최첨단 금융공학 전산시스템에 근거한 통계모델을 이용하여 기존자산에 내재된 리스크를 잘게 쪼개거나, 리스크별 순위를 매겨서 리스크별 정도를 달리하거나, 지역별로 달리 묶는 등 의도적으로 리스크를 분산하거나 아예 없애 버린 것처럼 금융상품을 그럴싸하게 포장하여 시장에 내놓았다.

그런데 사실은 증권화로 인해 단지 리스크가 이전된 것뿐이고, 전체적인 리스크는 줄어들거나 없어지거나 하는 것이 아니다. 아무리 리스크를 잘게 쪼개거나, 리스크 부담주체를 바꾸어도, 더 나아가 리스크별로 순위를 매겨 통계적으로 재조립한다 해도 리스크 총량 자체는 변할 수 없는 것이 금융자본주의의 기본원리이다. 금융시장에서 수익이 존재하는 한 그에 상응한 리스크는 항상 동전의 양면처럼 따라다닌다. 그러면 무슨 일이 일어난건가? 단순히 리스크가 이동한 것뿐이다. 그러나 포장하는 사람과 설명하는 사람에 따라 투자자들은 리스크 착시현상에 빠져든 것이다.

두 번째는 간접투자가 성행하면서 이를 운영하는 펀드매니저나 투자자문사 및 자산운용사에 대한 긍정적인 믿음의 착시현상이다. 리스크관리 입장에서 보면 운영리스크[3]에 전적으로 노출된 셈이다. 흔히 증권투자는 직접투자와 간접투자로 구분된다. 직접투자는 투자자 자신의 판단과 책임하에 주식, 채권, 파생상품, 부동산 등에 투자하는 것을 의미하고, 간접투자는 자신의 여유자금을 전문투자자에게 맡겨 운용하게 하는 것을 말한다. 전문투자자는 여러 투자자의 자금을 모아 투자하고 수익을 추구하는데, 투자를 위해 모아진 자금을 펀드라 하며 이 펀드가 투자되는 시장을 펀드시장[4]이라 한다. 1980년대 들어 펀드시장은 급속히 발전하였는데, 그 원인으로 경제발전과 평균수명의 연장에 따른 각종 연금·기금시장의 발전, 미국을 위시한 선진국들의 저금리 지속에 따른 헤지펀드, 사모펀드, 뮤추얼펀

---

3) 이는 내부시스템 또는 이를 운영하는 사람으로부터 발생하는 리스크를 의미하며 세부적으로 시스템의 마비 또는 중단, 자금이체의 지연, 거액자금의 방치, 직원의 고의적 사기, 회계처리방식의 오류, 고의적인 정보나 자료의 왜곡 등을 들 수 있다.
4) 펀드에 관한 자세한 사항(펀드역사, 펀드투자 시 리스크체크사항, 펀드투자성과평가, 적립식펀드)을 본서 〈별첨 1〉에 기술하였다.

드 등의 다양한 투자수단의 등장, 컴퓨터 발달에 따른 대규모 자금의 과학적 운용 등을 들 수 있다. 1990년대 이후부터는 아예 세계 금융시장이 직접금융에서 간접금융 시스템으로 전환되면서 각종 펀드상품이 세분화되고 덩달아 뮤추얼펀드, 사모펀드, 헤지펀드 등의 시장도 급속히 성장하였다. 2000년대 중반부터는 금융시장의 펀드지상주의, 또는 펀드자본주의라 할 만큼 펀드를 이용한 자금조달과 자금운용이 전 세계적으로 대중화되고 보편화되었다. 펀드투자 성과는 펀드매니저의 중개를 통한 해당 자산운용사의 운용실적에 달려 있다. 결국 운용의 키는 펀드매니저에게 달려 있는 셈이고, 그런 수고의 대가로 펀드투자자는 운용수수료를 기꺼이 부담한다.

기업의 주인은 기업운영을 믿고 맡기는 경영자, 즉 대리인의 적절한 통제여부가 가장 큰 관심사이다. 자기회사를 대신 운영하는 대리인을 감시하는 것은 어찌 보면 당연한 것이다. 그러면서 그에 상응한 적절한 보상과 자유를 부여하는데 이에 수반되는 비용을 대리인비용이라 하며, 이는 여전히 현대경영의 난제다. 대리인인 경영자가 항상 오너를 위해 경영을 하면 더할 나위 없이 좋겠지만 최악의 경우 오너 모르게 오로지 자기이익만을 위해 경영할 수도 있기 때문이다. 마찬가지로 펀드매니저도 고객보다는 본인의 이해차원에서 얼마든지 투자의사결정을 할 수 있다. 대체로 상호 신의성실의 원칙에 입각하여 행동하지만 문제는 기대한 만큼 수익률이 발생하지 않을 때 터진다. 궁극적으로 펀드매니저가 자기 수익을 챙기는 것을 탓할 수는 없다. 이것은 투자자가 간접투자를 하기로 결정하면서부터 스스로 인정한 셈이다. 사실 펀드매니저는 투자자와는 다른 측면에서 비즈니스를 한다. 펀드매니저 수익의 근원은 투자자가 내는 운용수수료이다. 당연히 수수료를 최대한 받으려고 노력한다. 펀드매니저가 투자자의 수익을 최대로 끌어올리기 위해 적정 포트폴리오를 구축하거나 시장을 지속적으로 모니터링하면서 자금운용기간에 최대한 노력했는데도 불구하고 기대한 성과가 나오지 않았다고 해서 그에게 법적인 책임을 부과할 수는 없다. 단지 그런 펀드매니저는 펀드시장에서 퇴출될 뿐이다. 간혹 일반인들은 유명 펀드매니저의 자금모집에 관한 적극적인 노력과 투자운용에 관한 과장설명에 그대로 현혹된다. 그런 과정에서 펀드매니저들은 리스크가 없는 것처럼 포장하거나 그럴듯한 논리로 운용전략을 설명하고픈 유혹을 스스로 견디지 못한다. 이는 펀드매니저의 펀드운용상에 내재된 리스크를 일반인들이 전혀 통제하지 못한다는 의미이다.

헤지펀드도 마찬가지이다. 헤지펀드의 특성 중 눈에 띄는 것은 실적에 대한 엄청난 보수와 펀드매니저도 해당 펀드에 일반투자자처럼 자기 돈을 투자할 수 있다는 점이다. 전통적인 펀드매니저는 운용보수만 부과하는 데 비하여 헤지펀드 운용자는 운용보수와 성과보수를 동시에 부과한다. 운용보수는 운용자산의 일정비율로 표시되며, 매년 또는 분기마다 통상 1~2%를 부과하고, 성과보수는 연간 실현된 수익의 15~25% 수준을 부과한다. 엄청난 보수율이다. 또한 헤지펀드 매니저는 상당한 자기 돈을 펀드에 투자하기 때문에 투자하면서부터 투자자와 함께 내재된 리스크를 공동으로 대처해나간다. 그러므로 투자자의 이익이 매니저의 이익과 밀접하게 관련될 수밖에 없다. 바꾸어 말하면 펀드매니저는 언제든지 자기 이익을 위해 펀드포지션을 바꿀 수 있다는 뜻이다. 동시에 투자자 입장에서는 언제든지 손실이 날 수도 있음을 의미한다. 동서고금을 막론하고 인간관계는 돈이 얽혀 있으면 절대로 좋게 끝나지 않는 법이다. 열 길 물속은 알아도 한 길 사람 마음속은 모른다고 하지 않았나. 『투자의 네 기둥』을 저술한 윌리엄 번스타인(William Bernstein)은 "서비스공급자의 이해와 고객의 이해가 펀드매니저만큼 현저히 차이나는 전문분야도 없다"고 지적하였다. 또한 그는 "당신 입장에서는 포트폴리오 회전율을 최소화하고 거래수수료를 비롯한 각종 비용을 절약해야 하지만 펀드매니저에게 가장 중요한 것은 이런 비용을 최대화하는 것이다"라고 하였다.

세 번째는 높은 수익과 반면에 낮은 리스크에 대한 유혹이다. 결론적으로 높은 수익과 낮은 리스크를 제공하는 금융상품은 존재하지 않는다. 아주 그럴싸하게 포장해서 전문가조차도 리스크가 사라진 것처럼 착시현상에 빠져들게 할 뿐이다. 지금까지 알고 있는 모든 투자이론의 근간은 수익과 리스크가 반드시 함께한다는 것이다. 여기서 '반드시'라는 말을 눈여겨봐야 한다. 세상을 살아가면서 주위 어르신들은 흔히 "공짜처럼 무서운 것은 없다"고 말하는데, 투자에는 기본적으로 공짜가 존재하지 않는다. 즉, '리스크를 취하지 않는데 특별한 수익이 생긴다'는 이야기는 있을 수 없다. 그런 점에서 가장 영리한 투자사기극은 안전성과 높은 수익률을 동시에 보장한다는 금융상품 속에 숨어 있다. 달콤한 감언이설에 속아서는 절대 안 된다. 결국, 수익극대화를 추구하는 동시에 리스크를 최소화하는 금융기법은 존재하지 않으며 감내할 수 있는 리스크범위(risk tolerance) 내에서 수익을 극대화하든지, 목표수익률을 달성하면서 리스크를 최소화하는 전략 중 하나를 선택해야 한다. 이런 맥락에서 리스크관리의 필요성과 중요성을 실감할 수 있다.

그러나 둘 중에 하나의 전략도 시장참가자가 많아지면 경쟁이 가열되고 그로 인해 기대수익률이 차츰 떨어지게 된다. 결국 시장에서 독자적으로 고유하고 영속적인 수익률을 추구하는 진입장벽은 존재하지 않는다. 누구나 호시탐탐 노리고 있기 때문이다. 따라서 추가적인 수익을 얻기 위해서는 전혀 새로운 형태의 수익모델이나 기존의 수익모델에서 좀 더 많은 리스크를 끌어안아야 한다. 하지만 이런 행위는 결코 쉬운 일이 아니다. 자칫하면 엄청난 손실로 인해 파산할 수도 있기 때문이다.

2장 리스크를 명확하게 직시해야 한다

지금까지 대부분 사람들은 리스크를 무조건 나쁘거나 회피해야 할 대상으로 치부하였다. 따라서 일단 생기면 무조건 줄이거나 없애버리는 것이 최선이라고 판단하였으며 심지어 이런 과정을 리스크관리라고 생각하였다. 일부 투자자는 리스크의 정확한 의미조차 모르고 사용하고 있다. 그러나 이제부터라도 명확하게 리스크를 직시할 필요가 있다. 그래야만 약육강식의 무차별적인 투자세상에서 살아남을 수 있다. 금융투자 세상에 자주 얼굴을 내미는 투자자라면 반드시 리스크의 정확한 의미를 파악하여, 이것이 수익과 어떤 관계에 있는지, 그리고 위험과 위기와는 어떤 차이점이 있는지 분명하게 알아야 한다.

리스크는 무엇보다 불확실성에서 태동된다

어떤 금융현상에 대하여 리스크가 있다, 혹은 없다의 기준은 불확실성에서 출발한다. 불확실성의 반대는 확실성이다. 확실성이란 우리가 어떤 결정을 할 때 한 가지 가능한 결과만이 존재하고, 이러한 결과가 누구에게든지 정확히 알려지는 상황을 말한다. 사전에도 확실성은 '의심의 여지가 없는 사실, 확실한 전망이나 절대적 확신'이라고 기술하고 있다. 금융시장에서 확실성의 예를 들자면 미국의 10년 만기 국채수익률 같은 것이다. 미국이란 나라가 지구상에서 사라진다는 것은 거의 불가능하기 때문에 미국채권이 부도날 것이라고 생각하는 사람은 하나도 없다. 따라서 10년 만기수익률은 확실하다고 간주한다. 그러나 2011년 8월 미국의 신용등급이 강등되는 초유의 사태가 발생하면서 이제는 미국국채도 불확실성에 노출되었다고 할 수 있다. 그럼에도 아직까지는 지구상에서 미국국채가 가장 안전하다고 볼 수 있다.

만약 하나의 결정에 대해 두 가지 이상의 결과가 발생할 수 있는 경우에는 상황이 달라진다. 불확실성은 어떤 결정에 따라 두 가지 이상의 결과가 예측될 때 나타난다. 이론적으로는 각각의 결과에 대한 발생확률이 알려지지 않거나 아예 각각의 결과가 서로 균등한 중요도를 갖는 경우를 말한다. 불확실성은 해당 변수들에 대한 과거 정보가 부족하거나 불안정한 상태가 지속될 때 자주 나타난다. 심지어 발생결과 자체를 아예 알 수 없는 상태도 불확실하다고 하는데 이럴 경우 심리적인 불안감을 초래하기도 한다.

인간은 태초부터 불안감이 내재된 불확실성을 없애고자 수많은 방법을 시도하였는데 지금까지 가장 과학적으로 발명되었던 수단이 확률이다. 확률은 불확실성을 어느 정도 확신할 수 있는 가능성으로 바꾸어 주는 주요 도구이다. 확률의 사전적 의미는 '개연성이 있는 사물이나 사건의 모든 가능한 경우에 비추어 딱 떨어지는 경우의 비율로 측정되는 어떤 사건이 발생함직한 정도'이다. 수학적으로 표현하면 확률은 어떤 사건의 발생가능성 또는 상대적 빈도수를 나타내는 것으로 특정 사건의 실제 발생횟수를 전체 사건들의 실제 발생횟수로 나누어서 계산된다. 만약 어떤 사건의 발생이 확실하다면 그 발생확률은 1이 되고, 반대로 사건이 확실히 발생하지 않을 것이라면 그 확률은 0이 된다. 그러므로 확실과 불확실성을 제외한 모든 경우는 발생확률이 0과 1 사이의 값을 가지게 된다. 일상생활에서도 미래의 불확실한 현상을 확률에 근거하여 판단하는 사례가 자주 나타나는데 금융투자세상에서도 미래현상을 예측할 때 확률이 가장 포괄적으로 사용된다.

금융투자세상에서 리스크는 반드시 두 개의 요소, 즉 불확실성과 그러한 불확실성에 노출되어야 발생한다. 예를 들어 마술전문가가 마술공연을 하고 있다고 치자. 이 사람은 마술공연 때 자칫 실수할 수 있는 불확실성에 노출되어 있으므로 리스크를 부담하고 있는 상황이다. 그러나 그 공연을 관람하고 있는 관객은 마술공연의 실수로 인해 망칠 수 있는 불확실성은 함께 공유하고 있지만 그 불확실성에 직접적으로 노출되어 있지는 않다. 따라서 리스크를 부담하고 있지 않으며 리스크에 노출되어 있지도 않다. 이처럼 리스크는 반드시 불확실성에 노출되어 있어야만 발생하며 이를 확률적으로 판단할 수 있는 객관적인 지표나 근거를 제시해야 비로소 존재한다. 또 하나 중요한 것은 리스크는 정확한 결과를 알 수 없지만 대체로 결과가 어떻게 나타날 것인지 추측할 수 있어야 하는데 주로 그 결과가 예상했던 기대치보다 줄어드는 이른바 손실이 나타나야 한다. 그래서 리스크를 손해가 발생할 불확실성이라고 한다. 만약 불확실성이 없으면 이미 손해가 발생한 것이며 더 이상 리스크라고 말하진 않는다. 더구나 손해가 발생할 가능성이 없으면, 즉 불확실성이 단지 이익의 크기에 관한 문제라면 리스크는 당연히 존재하지 않는다. 따라서 리스크는 미래 불확실성에의 노출로 손실이 발생할 가능성이라

고 정의내릴 수 있다. 이상 확실성과 불확실성, 그리고 리스크의 차
이점을 정리하면 다음과 같다.

확실성, 불확실성, 리스크의 차이점

구분	확실성	불확실성	리스크
발생결과의 수	1개	2개 이상	2개 이상
발생 가능결과 인식여부	정확한 인식	인식 곤란	인식 가능
발생 가능결과 확률	100%	추정불능	추정가능

주) 출처: 문창권(2008), p.41

리스크와 수익은 불가분의 관계이다

사람은 나이를 먹으면서 점차 세상살이가 어렵고 곳곳에 위험이
도사리고 있다는 것을 느끼게 된다. 직접 경험해 본 사람이라면 더
욱 와 닿는다. 더욱이 수많은 이해관계가 얽혀 있는 비즈니스 세계
에서 이런 현상은 비일비재하다. 금융시장은 더하다. 매 순간 수익
추구를 위해 치열하게 싸움이 벌어지는 아주 위험한 곳이다. 특히
주식시장은 더욱 그렇다. 근데 특이하게도 주식시장은 항상 사람들
로 넘쳐 난다. 왜 그럴까? 이익과 손실이 공존하기 때문이다. 주식을
거래하다 보면 손실이 나거나 수익이 미미하더라도 언젠가는 큰 이
익이 날 수 있다는 기대나 희망이 있기 때문이다. 금융시장만큼 이
익과 손실이 드라마틱하게 발생하는 곳은 없다. 흔히 이익과 손실이
기대한 것보다 빈번하게 나타나면 리스크에 과다 노출되었다고 할
수 있다.

한때 직장인들 사이에 급여이체 통장을 단 하루라도 맡기면 이자가
생기는 CMA(cash management account) 통장으로 바꾸는 것이 붐이었

던 적이 있었다. 그런가 하면 펀드가입 열풍이 불면서 펀드가입 전이나 펀드환매 후 잠시 동안이라도 예금통장 대신 MMF(money market fund)라는 임시계좌에다 돈을 맡겨 두었는데 마땅한 투자처가 없으면 잠시만 맡겨두어도 그런대로 수익률이 괜찮았다. CMA나 MMF[5]는 주로 단기 고수익성 자산에 투자하거나 심지어는 신용등급이 낮은 회사채에도 투자하기 때문에 기간이 짧아도 수익률이 높다. 대신 리스크가 상대적으로 높다.

동서고금을 막론하고 금융투자 역사에서 배워야 할 분명한 교훈은 수익이 있는 곳에는 반드시 리스크가 존재한다는 것이다. 리스크와 수익은 불가분의 관계이다. 높은 수익률을 얻고 싶다면 반드시 그에 상응한 높은 리스크를 부담해야 한다. 투자자산의 안전을 바란다면 그럭저럭한 수익률에도 푸념해서는 안 된다. 본인이 원하든 또는 원하지 않든 반드시 추가적인 리스크를 부담할 때만 더 높은 수익률을 얻을 수 있다. 또한, 더 높은 수익률을 원할 경우 이따금 상당한 손실도 각오해야 한다. 이런 현상을 금융투자세상에서는 '하이 리스크－하이 리턴(high risk-high return), 로우 리스크－로우 리턴(low risk-low return)'이라 한다. 높은 수익을 추구하려면 높은 수준의 리스크를, 낮은 수익을 원하면 낮은 수준의 리스크를 부담해도 된다는 것이다. 이처럼 수익과 리스크는 동전의 양면과 같은 속성을 지니고 있으며 이를 상반관계(risk-return trade off)에 있다고 말한다. 상반관계란 예를 들어 맛있는 케이크를 먹고 있는데 옆에 있는 피자도 먹고 싶다면 손에 쥔 케이크를 버려야 한다는 의미이다. 만약 둘

---

5) 이 둘은 주로 잔존만기 1년 이하인 국채나 통화안정증권, 기업어음(CP), 양도성예금증서(CD) 등에 주로 투자하여 고수익을 내는 대표적인 초단기상품으로 MMF는 펀드형태로, CMA는 수시입출금이 가능한 계좌형태로 운영되는 차이점이 있다.

다 먹고 싶다면 그만큼 추가비용을 부담해야 하거나 그에 상응한 무언가를 해야 한다.

리스크와 수익의 상반관계를 그림으로 나타내면 다음 그림과 같이 일직선으로 비례하지 않고 일정기간 경과 후 오른쪽으로 올라가는 형태를 보인다. 그 이유는 리스크 한 단위당 느끼는 수익의 크기가 체감되기 때문이며 이는 경제학의 한계효용체감의 법칙과 동일한 의미이다.

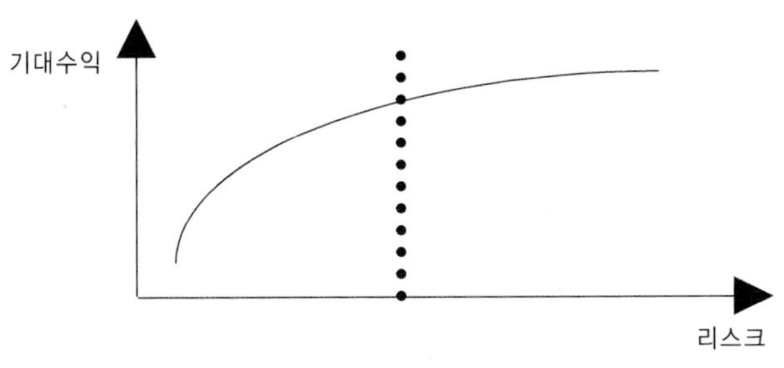

리스크와 수익의 상반관계

이제 수익을 내기 위해서는 리스크를 감수하는 것 이외에는 어떠한 방법도 없다는 것을 인정해야 한다. 그러면 어느 정도까지 리스크를 감수해야 하는 걸까? 이는 얻을 수 있는 기대이익과 리스크의 크기를 비교하여 자신이 만족할 균형점을 찾는 데서 해결된다. 보통 균형점은 각자가 안고 있는 리스크 성향에 따라 다르다. 이를 그림으로 나타내면 다음과 같다.

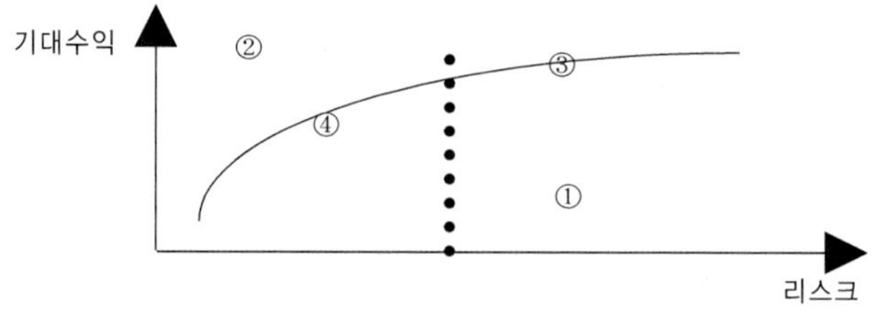

리스크 성향별 유형

위에서 ① 유형은 상당히 바보스러운 사람이다. 기대수익은 낮으면서 그에 상응한 리스크는 많이 부담하기 때문이다. 반면에 ② 유형은 공짜점심만 기대하거나 그것이 아니면 거의 투자사기에 가깝다. 리스크가 낮으면서 동시에 기대수익이 높은 투자는 현실적으로 존재하지 않기 때문이다. 한편, ③, ④ 유형은 아주 합리적인 유형이다. 금융의 근본 속성인 고위험과 고수익 또는 저위험과 저수익을 추구하기 때문이다. 일반적으로 ① 유형은 투자자산의 최적 포트폴리오를 통하여서만 ③, ④ 유형으로 옮겨 갈 수 있는데, 이런 행위는 부단한 시행착오를 통하여 가능해진다. 또한 ③ 유형이 ④ 유형으로 옮겨 가는 것은 스스로 보유한 리스크버퍼(buffer) 이내로 감당할 수 있을 만큼만 리스크를 취하려고 할 때 가능하다. 쉽게 말하면 투자할 때 자기 분수대로 한다는 의미이다.

이제까지 얘기하였던 리스크와 수익의 상반관계를 확실히 이해한다지만 현실세계에서는 꼭 그렇지도 않다. 인간의 심리가 작용하기 때문이다. 인간이 투자세상에서 수익창출에 집착하는 것은 당연하다. 수익을 내는 그 이면에는 예상치 못한 손실발생이 잠재되어 있다는 것을 알고 있지만 실제로 이익과 손실에 대해서는 다르게 행동한다는 것이 심리학자들의 견해이다.

리스크와 위험은 확연히 다르다

모든 사람들은 희망찬 미래를 꿈꾸며, 그 꿈을 이루기 위해 오늘도 열심히 일을 한다. 그러나 미래에 펼쳐지는 세상이 기대한 만큼 그리 녹록지 않다는 것을 누구나 한번쯤은 경험하였을 것이다. 실제로 공상과학영화에서처럼 앞으로 일어날 일들을 미리 알게 된다면 얼마나 좋을까? 미래의 불확실성이 누구나 다 알고 있는 사실이나 확실한 결과로 나타난다면 아마 세상은 지극히 단순하고 도저히 살아갈 맛이 없을지도 모른다. 역설적으로 오히려 불확실하다는 것이 그런대로 살아가는 맛을 느끼게 해준다.

우리는 불확실한 미래를 준비하면서 마음속으로나마 스스로 확실할 것이라고 위안한다. 그래도 불확실성은 언제나 사람 마음을 부담스럽게 한다. 혹여 나한테 불리한 결과가 나타날지도 모르기 때문이다. 흔히 주변사람들과 어떤 일을 의논할 때 "이건 나한테 좀 부담되는데"라는 말을 듣곤 한다. 근본 이유는 그런 일들이 혹시 자기한테 불리하거나 부정적인 결과를 가져올 거라는 불안감 때문이다. 한편, 이런 불안감이 누구에게든지 예외 없이 발생하는 현상으로 질병이나 전쟁, 자연재해, 사업도산, 가족해체 등을 들 수 있는데, 이런 사건은 가능하면 누구든지 피하고 싶어 한다. 바로 이런 것들을 위험이라 하며 리스크와 구별시킨다. 특히 금융투자세상에서는 더욱 구별한다.

위험은 미래의 불확실한 시간 속에 존재하는데 항상 그 결과가 누구에게든지 손실을 입히는 상태를 말한다. 그렇다면 위험을 사전에 방지하는 장치는 없을까? 보험은 인류역사상 위험을 회피하는 가장 대표적인 수단이다. 보험은 보험료라는 비용을 부담하고 미래의 불리한 결과를 사전에 없애버리는 사회적인 제도이다. 물론 100% 안전한 것은 아니다. 다만 과거의 손실경험에 비추어서 충분히 손실을 커버할 수 있도록 해준다.

때때로 미래의 일들이 항상 불리하지만은 않으며, 반대로 좋은 일도 생긴다. 사람들은 어떤 일을 시작하면서 한번쯤 전혀 예기치 못한 엄청난 수익, 즉 대박을 기대하곤 한다. 하지만 그 반대로 쪽박이 날 수도 있음을 알아야 한다. 앞으로의 일에 위험도 도사리고 있지만 그 이면에는 좋은 기회도 존재한다. 이처럼 불리한 위험과 유리한 기회가 동시에 존재하는 상황을 리스크에 노출됐다고 한다. 리스크는 '손실이나 불이익을 당할 가능성'과 '이익이나 유리한 상황을 얻을 가능성'을 동시에 지니는데 어느 쪽이 우세한지는 알지 못한다. 그래서 어느 쪽인지에 대한 가능성을 확률이라는 수단으로 해결하고자 한다. 그러나 금융투자세상에서는 좁은 의미로 미래의 이익을 제외하고 미래손실이 날 가능성만 리스크로 간주하며, 이를 계량화하고 통제할 수 있는 각종 수단을 만들어 낸다. 이런 모든 행위를 리스크관리라 한다. 리스크는 미래 발생할 손실을 관리하기 때문에 당장 급하지는 않다. 그래서 늘 의사결정 우선순위에서 밀려난다. 당연히 리스크관리가 소홀해질 수밖에 없다.

금융권뿐만 아니라 일상생활에서도 대부분의 사람들은 위험과 리스크를 혼동하여 사용한다. 가장 큰 이유는 영어를 잘못 번역해서 초래되었다고 생각한다. 보통 위험을 영어로 옮기면 risk와 danger가 되는데 두 용어는 분명한 차이가 있다. risk는 예상(기대)보다 달라질 가능성을 표시하므로 결과가 예상보다 더 좋을 가능성과 더 나빠질 가능성 모두를 포함하는 반면, danger는 예상보다 결과가 더 나빠질 가능성만을 의미한다. 또한, risk는 부담하는 대가로 기대수익이라는 보상을 받게 되지만, danger는 부담함으로써 받게 되는 대가가 거의 없다. 결국 risk가 리스크이고 danger가 위험인 것이다.

리스크와 위기도 엄연히 다르다

리스크는 앞서 말한 대로 미래 불확실성에 노출되어 자기한테 불리하거나 혹은 유리할 수도 있는 상황에 노출되는 경우를 말한다. 그러나 위험(danger)은 항상 불리한 경우에 발생된 것을 말한다. 한편, 위기(crisis)는 어떤 현상에서 위험한 고비나 시기를 말하는데 불리한 위험이 실제로 나타난 상태를 의미한다. 위험과 위기는 영어로는 그 개념이 명확하지만 우리말에서는 대부분 혼용되고 있다.

위기를 세분화하면 사건, 사고, 갈등, 위기로 구분된다. 이들의 개념을 간략히 살펴보자. 사건은 부분 조직에 물질적인 영향을 미치는 경우를, 사고는 전체 조직에 물질적인 영향을 미치는 경우를, 갈등은 부분 조직에서 상징적인 영향을 미치는 경우를, 위기는 전체 조직에 상징적인 영향을 미치는 경우를 말한다. 여기서 상징적이라 함은 평소에 조직원들이 조직에 대하여 세워두었던 어떤 가정이나 신념체계를 의미한다. 예를 들어 '우리 회사는 다른 어떤 회사보다도 직원들의 자기계발 투자만큼은 최고이다'라는 회사의 신뢰나 사명감, 소속감 등이다. 이것이 흔들릴 때 위기는 자연스럽게 나타난다. 한편, 비상사태는 주로 사람의 힘으로 어찌할 수 없는 자연재해를 의미하는 데 반해, 위기는 주로 인간이 초래한 인재를 뜻한다.

위기가 발생하는 근본원인은 개인과 조직이 한정된 자원을 가지고 서로 경쟁하기 때문이다. 경쟁은 필연적으로 위험한 상황을 초래하고 누구든지 이러한 상황을 피해갈 수는 없다. 그러나 이런 상황을 자기한테 유리하게 바꿀 수는 있다. 위기는 어떻게 대처하느냐에 따라 긍정적인 기회로도 활용할 수 있다는 점에서 위험과 다르다. 위험은 우연이든 필연이든 항상 자기한테 불리한 경우만 발생한다. 따라서 가능하면 멀리해야 한다. 그러나 위기는 경우에 따라서는 자기한테 유리하게 작용할 수 있는 상황이 된다. 그래서 리스크와 위기는 한통속인 개념이라고 볼 수 있다. 혹자는 넓은 의미로 리스크와 위기는 동일한 개념이라고 간주한다.

위기는 처음에 조그만 일로 시작하지만 그것이 차곡차곡 쌓여 감당하기 어려운 상황으로 퍼진다. 보통 이런 상황이 전개되면 일반개인이나 조직은 당황하게 되고 무조건 정보를 감추려는 속성을 보인다. 이것은 위기상황을 미리 준비하지 않는 조직에서 더 심하게 나타나며 이로 인해 통제불능 상황으로 치닫는다. 대표적인 사례를 살펴보자. 2006년 CJ그룹의 학교급식 전문회사가 납품하는 서울, 인천, 경기지역 22개 지역의 고등학교에서 집단 식중독사태가 발생하였다. CJ는 이 사태를 은폐하고 사태가 발생한 학교에 급식을 계속 공급하면서 자체적으로 문제를 해결하려고 하였다. 그러나 사태가 일파만파로 퍼지면서 결국 급식대란의 책임을 지고 CJ는 학교급식 사업에서 철수하였다. 또 하나는 2007년 발생하였던 태안기름유출 사고이다. 이 사고는 당시 태안 앞바다에 떠 있던 해상크레인이 유조선과 충돌하면서 최악의 기름이 유출되면서 발생하였다. 초기부터 당사자였던 삼성중공업은 침묵으로 일관하면서 화를 더욱 키웠는데 사고원인을 정확히 파악한 다음 방침을 정하겠다며 47일간이나 방치하여 여론의 호된 질책을 받았다.

대부분의 위기는 그 진실성 여부에 상관없이 소문에 의해 퍼지는 경우가 허다하다. 발 없는 말이 천리를 가듯이 소문의 위력은 대단하다. 이로부터 개인이나 조직을 보호하는 유일한 해법은 평소에 자기의 신뢰를 쌓아 가는 것이다. 주변인들과 좋은 인간관계를 갖고 있는 사람만이 소문에 대응할 여러 가지 방편을 강구할 수가 있다. 이런 경험이 있는 사람이라면 평소에 주변인들과 좋은 관계를 유지하는 것이 얼마나 중요한지 느낄 것이다. 굳이 위기관리를 위해서가 아니라 인생을 살아가면서 좋은 인간관계는 본인에게 무한한 도움을 주는 요인이다. 비즈니스 사회에서는 더욱 그러하다. 이러한 사실을 알고 있으면서도 실천하지 못하는 사람들이 얼마나 많은가? 참으로 안타까운 일이다.

3장 리스크를 측정해야 관리할 수 있다

투자세상에는 실로 다양한 리스크가 존재한다. 리스크별로 서로 상충되어 소멸되기도 하며, 서로 합쳐져서 새로운 리스크로 탄생되기도 한다. 지금까지의 금융투자 역사를 통하여 발생하였던 리스크는 크게 세 가지 형태로 구분할 수 있다. 주관적 리스크와 객관적 리스크, 순수리스크와 투기리스크, 재무리스크와 비재무리스크이다. 이 책에서 주로 다루는 리스크는 객관적 리스크이면서 투기리스크이자 재무리스크이다. 이 세 가지 리스크는 투자세상에서 일맥상통한다. 수익실현을 위해 불가피하게 수반되는 리스크이자, 대부분 투자세상에서 흔히 나타나는 리스크이기 때문이다. 이제부터 투자세상에서 리스크라는 용어가 등장하면 그 이면에는 항상 수익이 존재하는 것으로 인식해야 하며 무엇보다 이를 어떻게 측정할 것인지를 염두에 두어야 한다. 그래야 관리할 수가 있기 때문이다.

투자세상에서 리스크는 수시로 다양하게 나타난다

리스크는 그 측정요소의 하나인 불확실성이 무엇을 의미하느냐에 따라 여러 가지로 분류된다. 예를 들면 어떤 사람이 주식과 수익형 부동산을 매입하였는데 주식은 순전히 자기 돈으로 매입한 반면, 부동산은 은행에서 일정금액을 대출해서 구입하였다 치자. 이런 경우 주식은 매입한 주식의 가치하락에 대한 손실가능성만 염두에 두면 된다. 그러나 부동산은 보유부동산의 가치하락뿐만 아니라 은행대출금에 대한 이자를 제때 납입하지 못할 수 있는 불확실성도 염두에 두어야 한다. 만약 보유부동산의 가격상승으로 인해 자산가치는 증가하였지만 예기치 않는 사정으로 일정기간 대출이자를 낼 수 없는 상황이 발생하여 신용불량자로 등록되었다면 이 사람은 신용상의 불이익을 당할 리스크에 노출된다. 리스크관리 측면에서 보면 보유부동산의 가치상승을 이끌어 낸 시장리스크관리는 잘했던 반면, 신용상의 불이익을 초래한 신용리스크관리는 미흡했다고 할 수 있다. 이처럼 불확실성에 노출된 상황에 따라 해당 리스크를 구분하고 관리하다 보면 그렇지 않을 때보다 훨씬 더 구체적으로 본인에게 노출된 리스크를 파악하고 관리할 수 있게 된다. 투자세상에서 다양하게 나타나는 리스크를 크게 분류하면 다음과 같다.

첫째, 주관적 리스크와 객관적 리스크이다. 주관적 리스크는 말 그대로 개개인이 처한 상황이나 정신적인 태도로부터 촉발되는 심리적인 불확실성에서 출발한다. 따라서 이런 불확실성은 자주 노출되지만 객관적인 방법으로 불확실성의 크기를 측정할 수가 없는 것이 가장 큰 문제이다. 그래서 임상심리학적으로 개인의 불확실성에 대한 태도나 인식의 정도를 관찰할 수 있는 수준에 그친다. 그러므로 주관적인 리스크 상황은 사회학 또는 심리학 분야에서 주로 사용하는 심리적 실험 등을 통해 측정한다. 통상 재무적인 불확실성에서 논하는 리스크 중 주관적 리스크는 측정상의 곤란으로 사전에 배제된다. 다만 주관적 불확실성이 객관적인 리스크 평가에 영향을 줄

뿐만 아니라 개인 또는 집단의 의사결정에도 많은 작용을 한다면 그냥 지나칠 수는 없으며 그에 상응한 대안을 마련해야 한다. 반면에 객관적 리스크는 측정 가능한 불확실성이므로 주어진 과거데이터를 이용하여 평균과 분산을 측정하고 최종적으로 분산의 제곱근인 표준편차로 리스크를 계산한다.[6] 금융투자 분야에서 다루는 대부분의 리스크는 객관적 리스크에 해당된다.

둘째, 리스크가 손실과 이익의 기회를 동시에 제공하느냐에 따라 순수리스크와 투기리스크로 나뉜다. 순수리스크는 단지 손실의 범위가 0에서 +무한대(∞)인 경우를 말한다. 즉, 불확실성의 결과가 손실이 발생하느냐 혹은 발생하지 않느냐만의 상황일 때를 순수리스크에 노출됐다고 한다. 순수리스크는 최선의 경우 손실이 발생하지 않으나, 항상 손실이 발생할 기회가 존재하고 있으며 이익의 기회는 전혀 없는 상황이다. 우리 속담에 '잘해야 본전'인 상황과 같다. 순수리스크의 대표적인 예로는 화재, 낙뢰, 홍수, 지진, 폭발, 붕괴 등으로 인한 재산상의 손실이나 사망, 부상 등 인적 손실 등이 있는데 이를 위험이라고 표현하며 영어로는 danger라고 한다. 순수리스크, 즉 위험은 항상 손실만 도사리고 있으므로 무조건 회피의 대상으로 인식하고 일반 개인들은 주로 위험의 대가인 보험료를 지불하고 만약 사고가 발생하면 보험금을 받는 보험을 통하여 해결한다.

한편, 투기리스크는 손실의 범위가 −무한대(∞)에서 +무한대(∞)까지인 경우로 손실뿐만 아니라 이익의 기회도 동시에 상존하는 상황이다. 예를 들어 사업을 운영하다 보면 이익을 볼 수도 있고 손해를 볼 수도 있다. 또한 주식이나 부동산에 투자할 때의 이익과 손실

---

6) 이에 대해서는 1부 3장 '리스크를 어떻게 측정하는가?'에서 자세히 기술하였다.

의 가능성, 통화가치 변동으로 인한 수출입기업의 환차익과 환차손 등은 모두 투기리스크에 해당된다. 투기리스크 중 이익이 나는 가능성은 제외하고 손실이 발생할 가능성만 통제하는 것이 리스크관리의 주된 목적이다. 순수리스크와 투기리스크를 구분하는 이유는 리스크에 처한 불확실성에 따라 대응방법이 다르기 때문이다. 순수리스크를 관리하는 대표적인 방법은 보험이지만, 투기리스크를 관리하는 대표적인 방법은 분산투자, 파생상품을 이용한 헤징 등이 있다.

셋째, 투자세상에서 친숙하게 접근할 수 있는 재무리스크와 비재무리스크가 있다. 재무리스크는 주가, 환율 및 금리의 변동이나 금융채무의 불이행 등으로 인하여 금융투자시장에서 발생가능한 손실로 개인이나 기업의 재무상태에 불리한 영향을 끼치는 리스크이다. 보통 금융투자리스크라 하면 재무리스크를 의미한다. 이에 반하여 비재무리스크는 사업운영상 관리시스템 오류나 인적 자원의 도덕적 해이로 인한 예상손실, 기업이미지 훼손으로 인한 예상손실, 경영전략의 잘못 설정으로 인한 예상손실, 거래계약의 부적합한 법률처리로 인한 예상손실 등으로 개인이나 기업에 직접적인 재무손실을 끼치기보다는 잠재적이고 다가오는 미래에 영향을 미치는 무형의 손실이 대부분이다. 따라서 비재무리스크는 계량화뿐만 아니라 관리하기도 무척 어렵다.

재무리스크는 일반적으로 시장리스크, 신용리스크, 금리리스크, 유동성리스크 등으로 세분화된다. 시장리스크는 여러 리스크 중에서 가장 대표적이라 할 만큼 주변에서 가장 빈번하게 발생하는 리스크로 주로 금융경제변수, 즉 주가, 환율, 금리의 변동에 따라 일반투자자나 기업의 시장성 자산의 가치가 하락하게 될 리스크를 말한다. 달리 표현하면 거래가 가능한 모든 자산의 가격변동리스크라고도 한다. 예를 들어 A씨가 S전자 10주를 주당 100만 원에 사서 보유하고 있는데 보유주식 가격이 주당 90만 원이 되었을 경우 100만 원(10주 × 10만 원)의 평가손실이 발생한다. 이때 A씨는 시장리스크에 노출됐다고 하고, 보유주식 10주(총 1,000만 원)가 시장리스크 노출자산이 된다.

신용리스크는 주로 돈을 빌려간 사람이 이자를 제때 못 내거나 대출기간 중 채무자의 신용등급이 악화되어 만기에 원금을 갚지 못함으로써 개인이나 기업에 재산상의 손실을 끼칠 리스크를 말한다. 이 리스크는 채무자의 신용도가 하락하여 채무자가 담보로 제공한 자산의 가치가 하락함으로써 예상되는 잠재손실까지 포함하므로 개인이나 금융기관이 직면하는 리스크 중 그 영향력이 가장 크다고 할 수 있다. 한편 개인입장에서 보면 금융기관과의 거래보다는 주변의 친인척에 대한 거래관계에서 자주 나타나며 더욱이 이런 관계가 자발적으로 공개되지 않아 관리하기가 가장 부담스러운 리스크영역이기도 하다.

다음은 금리리스크이다. 이는 유동성리스크와 합쳐서 ALM(Asset Liability Management)리스크라 한다. ALM을 우리말로 '자산부채종합관리'라고 하며, 금융기관 특히 은행이 가장 역점을 두는 리스크관리 분야이다. 금리리스크는 자금조달과 운용기간이 서로 불일치할 때 그 기간 금리변동으로 인하여 보유자산의 가치하락이나 또는 부채가치가 상승하는 리스크를 말한다. 금융기관은 매일매일 자금이 입금되는데 해당만기는 천차만별이다. 운용기간 역시 마찬가지이다. 따라서 이를 계정별로 관리하고 분석하기 위해서는 해당 데이터를 체계적으로 관리하는 전산시스템 구축이 필수적이다. 그래서 ALM을 '자산부채종합관리시스템'이라 부른다.

현실적으로 금리가 변동하는 이유는 상당히 복잡하므로 논리적으로 설명할 수 없는 부분이 상당하다. 그래서 관리하기 어렵고, 예측 자체도 부담되며 설령 예측한다손 치더라도 그 예측치가 정확하지도 않다. 그럼에도 모든 금융시장 관계자들은 금리흐름에 상당히 민감하며 향후 진행방향에 대하여 촉각을 곤두세운다. 이는 대부분의 기관이나 개인의 자산 또는 부채가 금리와 관련되어 있어 수시로 금리리스크에 노출되기 때문이다. 흔히 자산이나 부채를 금리를 기준으로 구분할 때 금리에 민감한 금리민감자산과 부채, 금리에 민감하지 않은 고정금리자산과 부채, 그리고 금리와 관계없는 비금리 자산과 부채로 구분한다. 이 중 금리변동에 따른 손실에 노출되어 있는 금리민감자산이 금리리스크관리 대상이며, 금융시장에서 팔고 있는 변동금리부 상품의 대부분이 여기에 해당된다.

우리나라 경제는 IMF외환위기 이전까지만 해도 세계가 부러워할 만큼 눈부시게 성장하였다. 이는 실물 위주의 산업현장에서는 늘 자금이 필요하다는 의미이다. 돈을 빌려서 공장을 짓고 물건을 만들어 수출만 하면 대부분 이익이 계속해서 발생하였다. 개인들도 마찬가지였다. 돈을 빌려서 부동산이나 적당한 주식에 투자하면 어느 정도는 이익이 발생하였다. 그러면 금융기관 입장에서는 어떠했을까? 늘 돈이 부족한 기업들은 은행창구에 가서 돈을 빌리기에 급급하였다. 돈을 빌려주는 과정에서 금융기관은 자연스럽게 '갑'의 입장이 되었다. 더군다나 돈을 장기로 조달하고 짧게 운용하면서 매 기간 상당한 수익(예대마진)이 발생하였다. 낮은 금리로 유입되는 돈은 주로 소액예금주들이 가입한 정기적금이나 정기예금이 대부분이었기 때문에 큰 노력 없이 장기간 고금리로 빌려주기만 해도 안정적인 이익이 발생하였다. 더군다나 경제성장에 따른 대출수요가 증가하면서 대출금리도 지속적으로 상승할 수밖에 없는 구조여서 운용자산을 최대한 짧게 운용하면 할수록 그만큼 예대마진폭을 늘려 나갈 수 있었다. 이런 이유로 대부분 국내금융기관의 자산운용은 단기 또는 연동금리를 채택한 반면, 부채에 해당되는 자금조달은 고정금리 또는 장기부채로 조달하는 형태를 취해 왔다. 전형적인 '장기부채-단기자산운용'의 형태이다. 또한 당시 정부가 시중금리를 규제하였기 때문에 금리변동에 따른 손익의 영향은 미미하거나 어느 정도 예측 가능하여 관리하기도 수월하였다. 그러나 점차 국내시장금리가 자유화되면서 금리변동에 따른 손익영향이 상당히 높아지기 시작하였다. 만약 시중금리가 떨어지게 되면 단기자산의 운용수익률은 떨어지게 되고 반대로 고정금리부 부채조달비용은 고정되어 있어서 수익에 악영향을 미치게 되고 심지어는 역마진이 발생할 수도 있었다. 실제로 IMF외환위기 이전 대부분의 종합금융사들은 '장기조달-단기운용'의 구조를 취하여 상당한 수익을 시현하였다. 그들은 주로 국내보다도 차입이자가 저렴한 해외자금을 단기로 조달하였다. 문제는 IMF외환위기가 터지면서 발생하였다. 환율이 엄청나게 치솟으면서 단기로 조달한 자금을 상환할 때 원화를 외화로 바꾸는 과정에서 엄청난 환차손이 발생하였다. 더군다나 신규로 조달해야 하는 자금도 고환율로 인하여 수지에 맞는 저렴한 자금을 조달할 수가 없게 되었다. 결국 대부분의 종금사가 파산하였다. 이 사례는 지금도 금리리스크관리의 중요성을 가장 일깨워주는 대표적인 사례로 회자되고 있다. 금리리스크는 시중금리가 자유화되면서 금융기관이나 개인에게 아주 중요한 리스크관리 영역으로 부각되었다.

마지막으로 유동성리스크이다. 유동성리스크는 조달한 자금의 만기와 운용하는 자금의 만기가 일치하지 않아서 이를 일치시키기 위해 예기치 못한 자금을 유출하거나, 또는 지금 당장 유동자금 부족으로 인하여 평상시보다 비싼 자금을 빌려와 상환할 때 생길 수 있는 손실을 말한다. 그리고 유동성이 너무 풍부해서 돈 굴릴 데가 없는 경우로, 현금의 과다보유로 인한 기회수익이 저하되는 손실까지도 포함한다. 흔히 대부분 사람들은 만기까지의 자금상환이나 운용을 염두에 두고 자금을 집행한다. 그러나 만기 전에 예기치 않은 상황이 발생하여 불가피하게 해당 자금을 먼저 상환해야 할 경우가 종종 발생한다. 이때 예기치 않은 상황의 대부분은 신용상의 문제 혹은 시중금리의 급격한 변동에 따라 나타난다. 따라서 유동성 리스크는 자체적으로 발생하지 않고 이미 신용리스크나 금리리스크 등이 발생하여 그로 인한 결과로 나타난 경우가 대부분이다. 유동성리스크 역시 금리가 자유화되면서 시중자금의 이동이 빈번해지고, 예금자나 자금차입자의 금리민감도가 훨씬 높아져서 자금이동이 자주 발생하기 때문에 그 중요성이 커지고 있다. 또한 어떤 기관이 유동성에 문제 있다고 언론에 노출되는 순간 그 즉시 기업이미지, 즉 평판리스크에 노출된다. 이를 손실로 환산하면 엄청난 타격이 예상되므로 유동성리스크관리도 아주 중요하다.

한편, 비재무리스크는 크게 운영리스크, 전략리스크, 법률리스크로 구분된다. 운영리스크는 주로 금융기관이나 기업에서 중요시하는데, 부적절하거나 잘못된 내부결제프로세스(process), 인력자원, 시스템(system), 그리고 외부사건으로 인해 발생되는 손실을 말한다. 운영리스크도 회사손실에 미치는 영향은 엄청날 것이라고 인식하지만 실질적으로 계량화하기가 어렵기 때문에 그 중요성을 자주 간과한다.

전략리스크는 회사의 최고경영자가 부적절한 경영의사결정과 이에 대한 실행, 또는 외부 경영환경 변화에 적절히 대응하지 못함에 따라 예상되는 손실을 말한다. 이러한 리스크는 당장 드러나지 않고 잠재되어 있기 때문에 한번 발생하면 그 영향력은 상당하며, 이 리스크 역시 객관적으로 계량화하는 것이 어렵다.

한편, 법률리스크는 각종 규제를 위반하거나 바뀐 규정을 잘못 적용하면서 발생되는 예상손실이나 또는 부정확한 법률자문 및 서류작성과 서류검토 잘못으로 인하여 발생하는 손실을 말한다.

리스크를 어떻게 측정하는가?

리스크를 측정하기 위한 출발선은 불확실성에 있다. 불확실성의 핵심은 현재의 일이 앞으로 어떻게 변할지 모른다는 것이다. 인간은 태초부터 이러한 불확실성을 제거하고자 끊임없이 노력하였다. 금융투자세상에서 불확실성 제거작업은 영국의 산업혁명 이후 자본주의가 태동하면서 본격화되었는데 대부분의 재무학자들은 어떻게든 과거경험으로부터 방법을 얻고자 시도하였다. 역사는 반복한다는 지극히 평범한 진리를 이용하였던 모양이다. 20세기 들어와서 재무학자들은 불확실성을 미래의 예상치를 벗어나 변동할 가능성이라고 제시하였다. 그리고 그 크기를 과거데이터의 변동에서 계산한 다음, 이를 미래에도 적용하여 불확실성을 해소하고자 하였다. 불확실성을 실제결과와 미리 예상한 결과가 일치하지 않을 것이라 가정하고 계산하였던 것이다. 그러다 보니 계량화할 수 없는 불확실성은 자연스럽게 리스크 범주에서 벗어났다.

인간 생활에 도사리고 있는 어떠한 불확실성이라도 어느 정도 파악하고 관리할 수 있다면 좋으련만 그럴 수 없다는 것은 누구나가 잘 알고 있다. 그나마 측정가능하다고 판단되는 불확실성은 나름 통제할 수 있어 다행이다. 완벽하지 않다면 그에 상응한 대안을 찾아서 선택하는 것이 현명한 방법이다. 미래에 일어날 것을 정의하고 여러 대안 가운데 하나를 선택하는 능력은 현대 자본주의 사회를 지탱하는 핵심적인 사고형태로 자리 잡았다. 피터 L. 번스타인(Peter L. Bernstein)은 "리스크를 관리하는 능력, 그리고 그와 함께 리스크를 감수하고 앞을 내다보는 선택을 하고자 하는 욕구, 이 두 가지가 세계경제를 발전시키는 핵심요소였다"라고 주장하였다.

한편, 불확실한 상황에 대하여 일반개인들이 느끼는 심리적 불안, 근심, 의혹의 정도 등은 그 크기가 다르고 측정하기도 곤란하다. 그래서 재무학자들은 불확실성의 크기를 측정하는 표준화된 도구를 도입하였는데 그들은 리스크를 미래 예상되는 값으로부터 편차가 발생할 가능성, 즉 변동성으로 정의하고 분산 또는 표준편차로 측정하였다. 변동성은 간단히 투자한 어떤 자산의 포지션가치가 어떻게 변할지 모른다는 의미로 나한테 유리할 수도 불리할 수도 있다. 국내에서 가장 손쉽게 접할 수 있는 투자상품으로 펀드가 있는데 누구나 펀드 가입 시 우선적으로 고려하는 것은 펀드의 예상수익률이다. 예상수익률이 어떻게 변하는지는 지금까지 운용했던 과거 펀드수익률의 변동성을 보고서야 구체적으로 파악할 수 있다. 여기서 변동성은 연평균 수익률에서 벗어나는 정도를 나타내며, 과거수익률에서 연평균수익률이 매년 얼마나 고르게 나왔느냐로 변동성의 크고 작음을 평가한다. 예를 들어, 다음 표의 A펀드와 B펀드의 연평균수익률은 9%로 같다. 하지만 5년 동안 매년 수익률을 비교해보면 상당히 다르다는 것을 알 수 있다.

펀드의 연 수익률 비교

수익률	A펀드	편차	B펀드	편차
1년 전	−2%	−11%	8%	−1%
2년 전	11%	2%	10%	1%
3년 전	−5%	−14%	9%	0%
4년 전	5%	−4%	8%	−1%
5년 전	36%	27%	10%	1%
평균	9%	0%	9%	0%
표준편차(변동성)	0.02132%		0.00008%	

표에서 보듯 A펀드와 B펀드의 연평균수익률 9%가 산출되는 과정은 다르다. A펀드는 매년 수익률의 편차가 큰 반면, B펀드는 매년 고른 수익률을 보였다. 이런 경우 지금 투자하여 1년 뒤에 9%의 수익률을 올릴 가능성이 높은 펀드는 당연히 B펀드이다. 다만 명심해야 할 것은 이는 앞으로 예상되는 기대수익률이지, 실제 실현된 수익률이 아니라는 것이다. 실제로 1년 후 실현수익률이 9%보다 높을지 낮을지는 아무도 모른다. 단지 과거의 운용경험에 비추어볼 때 B펀드가 상대적으로 9%를 시현할 확률이 높다는 것이다. 이는 표준편차로 알 수 있다. 위의 표에서 표준편차를 계산해보면 A펀드는 0.02132%이며, B펀드는 그보다 훨씬 적은 0.00008%이다. 따라서 보유자산의 각각이 동일한 기대수익을 갖더라도 해당자산의 변동성, 즉 표준편차가 낮은 것이 리스크가 작다는 것을 알 수 있다.

이제 투자자가 부담하는 리스크 금액은 해당 자산의 익스포저(exposure)와 변동성의 결합이며, 익스포저 금액이 동일하다면 변동성의 크기가 리스크를 결정한다는 것을 알 수 있다. 익스포저는 명시된 익스포저뿐만 아니라 잠재된 익스포저까지 감안한 순수한 익스포저를 의미한다. 예를 들어보자. 만약 은행에서 1억 원을 대출하고 감정가격이 4천만 원인 주택을 담보로 제공하였다면 노출된 익스포저는 1억 원이 아니라, 1억 원에서 4천만 원을 차감한 6천만 원이 된다. 또한 주식이나 채권선물 및 옵션 등에 투자할 때 종종 헤지비율(hedge ratio)에 따라 헤지하는 경우가 있는데 이때도 헤지한 만큼을 제외한 순익스포저로 노출된 금액을 평가해야 한다.

리스크는 다음 식에서처럼 노출된 순익스포저와 그 금액의 과거 변동성만 알면 쉽게 계산할 수 있다.

리스크 = 순익스포저 금액 × 변동성

대부분 사람들이 주식이나 채권 또는 부동산 등 자기적성에 맞는 자산에 투자하는데 이의 리스크를 계산하려면 선택한 자산의 과거 수익률의 변동성, 즉 표준편차만 구하면 구체적인 숫자로 자산별 리스크를 상호 비교할 수 있게 된다. 리스크관리 입장에서 훨씬 진일보한 방법이라 할 수 있다. 더군다나 이 방법은 그리 어렵지 않기 때문에 누구든지 사용할 수 있다.

한편, 투자자의 투자자산은 대부분 한 종목 이상으로 구성되는데 이 경우 리스크를 측정하기 위해서는 리스크별 분산효과와 해당 자산별 보유기간을 고려해야 한다. 투자자산의 분산효과는 리스크 측정에서도 그대로 적용된다. 즉, 포트폴리오를 구축하면 개별자산의 리스크를 합한 것보다 포트폴리오를 통한 전체 리스크는 더 작아진다는 것이다. 이를 계산하기 위해서는 개별종목별 상관관계를 미리 알고 있어야 하며, 만약 보유종목이 열 개 이상이면 전산시스템으로 해결해야 한다. 여튼 이 방법은 지금껏 가장 오랫동안 광범위하게 사용되었던 리스크관리 수단이었다. 다만 완벽하지 않다는 게 단점이다. 실제로 투자에 따른 포트폴리오 효과를 감안한다는 것은 여러 제약조건을 미리 가정한 것이기 때문에 실제 산출된 값과 당초 예상된 값과는 차이가 날 수밖에 없다. 그럼에도 포트폴리오는 아직까지 투자세계에서는 가장 강력한 투자전략으로 꼽힌다.

보유기간의 경우 일반적으로 불확실성에 노출되어 있는 기간이 길면 길수록 해당 리스크의 값도 높아진다. 문제는 보유자산마다 보유기간이 틀릴 경우, 어떻게 합산하여 동일한 기준으로 환산하느냐에 있다. 예를 들어, A자산은 3개월 보유하고, B자산은 6개월 보유하였다면 각각의 리스크를 계산할 때 기준기간을 얼마로 적용하여 동일한 기준하에 계산하느냐인 것이다. 이를 위해서는 모든 기간의 변동성은 독립이며 동일한 분포라고 가정해야 한다. 이럴 경우 위의 예는 1개월을 기준기간으로 하여 3개월을 보유한 경우 $\sqrt{3}$, 6개월은 $\sqrt{6}$을 곱하면 된다. 제곱근을 취한 이유는 분산의 제곱근을 취해야 리스크, 즉 표준편차를 얻을 수 있기 때문이다. 간략히 살펴보자. 위의 가정에 따르면 모든 기간의 수익률과 변동성은 서로 독립이며 동일하므로 해당기간 변동성은 단위기간 수만큼 더해주면 된다. 예를 들어 두 기간 동안의 변동성을 계산하려면 아래와 같이 개별단위기간의 변동성을 더하면 된다.

두 기간의 변동성 = 단위기간 변동성 + 단위기간 변동성
= 2 × 단위기간 변동성

따라서 연간변동성은 일간변동성에 12를 곱해주면 된다. 최종적으로 구하고자 하는 리스크는 표준편차이므로 변동성(분산)의 제곱근을 취하면 된다. 이를 수학적으로 표현하면 다음과 같다. 연속된 기간이 서로 독립이라면 기대수익률과 분산은 시간에 대하여 선형으로 증가하고 리스크의 측정치로 쓰이는 표준편차는 시간의 제곱근에 선형으로 증가한다.

리스크를 관리하면 어떤 이점이 있는가?

투자를 하는 이유는 수익을 내기 위해서다. 수익에는 반드시 리스크가 따라 붙는다고 하였다. 그러니 리스크를 무조건 회피할 수가 없는 노릇이다. 어느 정도는 리스크를 수용해야 한다. '리스크를 수용한다'는 것은 보유자산 중에 리스크에 노출되어 있는 자산을 추출하고 그 자산이 미래 일정기간 끼칠 예상손실을 계산한 다음 그 손실액을 보유하고 있는 종잣돈, 즉 자기자본으로 감내할 수 있다는 의미이다. 이런 행위 자체가 리스크관리의 본질이며 가장 큰 이점이다. 리스크를 관리하기 위해서는 무엇보다 리스크를 계산해야 한다. 리스크는 투자자산의 변동성, 즉 표준편차로 측정한다고 하였다. 투자자산의 과거 수익률데이터만 있으면 공식에 의해 리스크를 간단히 구할 수 있다. 그러므로 보유자산의 과거수익률 흐름을 파악하는 것이 아주 중요하다.

쉬운 예를 들어보자. 내가 주식에 투자하고 싶었는데 마침 수중에 1,000만 원이 있다고 해보자. 그런데 500만 원은 나의 돈, 즉 자본이고, 500만 원은 남의 돈, 즉 부채이다. 총 1,000만 원을 한꺼번에 주식을 매입하면 부담스러워서 그중에 일부인 700만 원만 매입하기로 했다. 매입주식의 과거 5년 동안 일별 수익률데이터를 입수하여 표준편차를 계산하였더니 일일기준으로 4.5%였다. 주식매입으로 인한 리스크는 VaR(Value at Risk)[7]를 이용하면 다음과 같이 계산할 수 있다.

주식리스크
= 노출자산 700만 원 × 일별표준편차 $0.045 \times \sqrt{14}$ (주식보유기간 14일)
= 1,178,622원

매입한 주식의 리스크는 약 118만 원이며, 이는 주식을 구입해서 14일간 보유했을 때 입을 수 있는 최대손실액을 의미한다. 실제로 14일 이내 최대 손실이 발생한다 치더라도 자기자본인 종잣돈에서 모두 커버할 수 있다. 500만 원 자본에서 예상손실액 118만 원을 차감하더라도 382만 원이 남게 되므로 이후 재투자 여부를 판단할 수 있으며, 설령 손실이 발생하더라도 심리적인 안정감을 갖는다. 남는 금액 382만 원을 리스크버퍼(risk buffer)라고 한다. 한편 리스크버퍼가 소진되는 최대한도의 노출자산을 위 식을 이용해서 다음과 같이 역으로 계산할 수 있다.

$$\text{최대한도 노출자산} = \frac{5{,}000{,}000원}{0.045 \times \sqrt{14}} = 29{,}695{,}694원$$

7) VaR는 주어진 신뢰구간에서 발생 가능한 최대손실액을 의미한 대표적인 리스크측정기법인데 이에 대해서는 3부 6장 통합리스크에서 자세히 기술하였다.

즉, 최대한도로 약 3천만 원의 주식을 매입할 수 있다. 만약 이 경우 보유기간 동안 예상했던 손실이 실제로 발생한다면 종잣돈 500만 원은 하나도 남지 않게 된다. 그리고 이 경계선을 넘으면 부도에 이른다. 물론 확률적인 계산이기 때문에 실제손실은 예상손실보다 많거나 적거나 할 수 있다. 그럼에도 이런 사전작업은 투자의사결정 시 많은 도움을 준다. 대부분의 투자자들은 확률에 근거한 수치가 실제투자에서 무슨 의미가 있겠나? 반문할 것이다. 그러나 실제로 적용해 보면 투자의사결정시 훨씬 자유로움을 느낀다. 심지어는 그렇지 않았을 때의 상황과 비교하면서 보다 현명한 투자판단을 하려고 노력하는 자신에 대하여 뿌듯함을 느낀다. 그만큼 미래의 예상흐름을 구체적으로 느끼고 있기 때문이다. 실제 투자과정에서도 손실보다는 이익이 발생하는 경우가 많은데 이는 심리적으로 안정되어 있어 주식시장을 포함한 전체 금융흐름을 객관적으로 볼 수 있기 때문이다.

한편, 투자대비 리스크를 고려한다면 최대 3천만 원 한도에서 본인의 리스크 성향에 따라 취사선택할 수 있다. 처음에 투자한 700만 원은 리스크 한도금액인 3,000만 원 대비 23.6%를 선택한 것으로 리스크버퍼는 76.4%이다. 따라서 본인이 공격적인 스타일이라면 좀 더 비율을 올려서 최대 70%까지 선택할 수 있다. 이것은 단순한 숫자놀음이 아니다. 그렇다고 실제로 발생하는 것도 아니다. 단지 미래의 가능성을 예측하는 수단일 뿐이다. 그러나 아무런 기준 없이 선택한 것에 비하면 훨씬 현명한 방법이다. 만약 누군가가 이러한 방법으로 투자했는데도 불구하고 손실이 발생하였다면 달리 어쩔 수 없다. 지금까지 수많은 선각자들이 무수한 시행착오 끝에 그나마 이 방법이 최선의 방법이라고 제시했던 것이고 다만 완벽하지 않는 것이 흠이다. 따라서 이후에도 끊임없이 본인에게 적합한 최선의 리스크관리수단을 개발해야 한다. 그렇지 않으면 리스크관리가 실질적인 투자관리가 아니라 형식적인 수단으로 전락할 수도 있다.

두 번째 이점은 투자 시 고민했던 모든 투자전략들을 리스크와 수익의 상반관계라는 측면으로 취합해서 검토하고 수행토록 조성해준다. 따라서 일관되게 투자의사결정을 유지할 수 있다. 만약 누군가가 현재 1억 원의 여유자금을 가지고 있고 이를 반드시 투자해야 한다고 하자. 우선 당장 투자대상을 선택해야 한다. 은행 정기예금이나 국공채처럼 안정적인 곳에 넣어두면 좋지만 기대만큼 수익률이나 이자가 낮다. 그렇다면 주식에 투자[8]하여 보다 높은 수익을 기대할 수 있으나 자칫하면 수익은 그렇다 하더라도 원금까지 잃을 수도 있어 주춤거려진다. 이처럼 안정과 불안함의 양극단에서 서서히 적당한 중간단계를 고민한다. 이는 투자금액을 각각 나누어 양쪽에 동시에 투자하는 것으로 어떤 비율로 나눌지가 관건이다. 비율은 해당 자산의 리스크와 기대수익 간의 조합으로 얼마든지 계산할 수 있다. 문제는 투자성향이다. 본인이 좀 더 주식성향에 가깝다면 주식 비중을 올리면 된다. 반대로 예금성향에 가깝다면 예금비중을 올리면 된다. 이런 판단을 가능케 해주는 투자전략 또는 포트폴리오전략의 핵심은 리스크와 수익의 상반관계를 적절히 조합하는 것이므로 리스크관리와 무관하지 않다. 사실 투자자 자신도 모르게 오래전부터 리스크관리를 해왔던 것이다.

세 번째 이점으로 투자 시 나타나는 리스크프리미엄이 어느 정도가 적정한지를 판단케 해준다. 흔히 우리 주변에 위험한 일로 손해가

---

8) 직접투자이든, 펀드를 이용한 간접투자이든 상관없다.

발생한 경우를 수시로 목격할 수 있다. 그러나 리스크는 그 결과가 좋을 수도 있고 나쁠 수도 있다. 투자세상에서 리스크는 언제 어디서 나타날지 모른다. 그래서 불안하다. 때문에 보통의 투자자라면 리스크가 많은 것을 싫어한다. 만약에 리스크가 큰 만큼 어떤 보상, 즉 리스크에 걸맞은 프리미엄을 얹어 준다면 기꺼이 부담할 수도 있을 것이다. 그리하여 리스크프리미엄이 적정한지, 그리고 그것을 본인이 수용해도 되는 건지 판단하게 된다. 이러한 과정은 실제 투자에서 빈번하게 나타나는데 처음에는 익숙하지 않아 적당히 대처하게 된다. 그러나 지속될수록 어느 순간에는 투자자의 몸에 배게 된다.

2부

리스크관리에 필요한 투자습관

1장 투자의 맥은 금융흐름에서 짚을 수 있다

투자상품에 그럴듯하게 포장되어 있는 리스크를 제대로 파악하기 위해서는 무엇보다 금융전반에 관한 기본적인 개념과 거시적인 흐름을 파악해야 한다. 우선적으로 수많은 금융용어들을 정확히 이해할 필요가 있다. 돈만 하더라도 화폐, 지폐, 통화, 통화량 등 다양한 용어들이 사용되고 있는데 각각의 의미나 뉘앙스가 다르다. 아직까지도 대부분의 투자자들은 그 의미를 모르거나, 혹여 알더라도 어렴풋이 넘겨짚어서 사용하고 있다. 이제는 명확하게 이해해야 한다. 또한 전 세계적으로 금융거래가 별다른 제약 없이 이루어지고 있는 시대이다. 바야흐로 완전한 금융자유화 및 금융국제화 시대이다. 더불어 금융증권화 및 금융디지털화도 더욱 확산되고 있다. 그러므로 하루하루 다르게 변화무쌍한 금융흐름을 명쾌하게 파악할 줄 아는 혜안을 갖고 있어야 한다. 그렇지 않으면 살벌한 금융투자환경에서 낙오되거나 도태될 것이 분명하기 때문이다. 금융의 흐름을 이해하기 위한 최선의 방법은 금융의 근간을 이루는 골격과 각각을 연결시켜 주는 연결고리를 이해하는 것이다. 더불어 앞으로의 금융패턴이 과거처럼 규칙적으로 반복한다든가, 일정한 간격을 두고 변화하지 않는다는 것도 알아야 한다. 보통 상식으로는 전혀 예상치 못한

극단적인 사건도 빈번하게 발생할 수 있다는 것을 알게 된다. 바로 블랙스완(black swan; 검은 백조)이다. 이는 지금까지 투자세계에서 공든 탑을 쌓았던 수많은 투자자들에게 회복불가능한 치명적인 결과를 가져오는 엄청난 금융폭탄이다. 투자자라면 반드시 기억해 두어야 한다.

금융의 골격

금융이란 무엇일까? 과연 실체적으로 느낄 수 있는 것일까? 한눈에 파악할 수는 없을까? 대체로 금융관련 직업에 종사하는 사람들은 한번쯤 생각했을 만한 화두이다. 흔히 이 분야의 전문가들은 금융을 살아 숨 쉬는 생명체에 비유한다. 생명체의 근간을 이루는 뼈대를 알면 쉽게 그 근본을 파악할 수 있는데, 금융뼈대는 금융개념과 이를 근간으로 하는 금융용어로 구성되어 있으며 이들 각각이 상호 유기적으로 연결되면서 금융투자세상을 만들어 가고 있다.

금융이란 한마디로 '자금의 융통'을 말한다. 자금이란 돈, 화폐, 지폐, 통화 등을 총칭한다. 일상생활에서 흔히 자금이 넘쳐나거나 부족한 사람이 생기기 마련인데 자금여유가 있는 사람을 자금공급자라 하며, 반대로 자금을 필요로 하는 사람을 자금수요자라 한다. 자금수요자와 자금공급자가 서로 필요해서 거래하는 전부를 금융이라 한다. 그러면 왜 쌍방이 거래를 하는 걸까? 자금공급자는 우선적으로 번 돈을 소비하고 남은 돈을 현금형태로 보관하게 되면, 그에 따른 기회비용 발생과 인플레이션에 의한 화폐가치가 하락하기 때문이다. 반대로 자금수요자는 빌린 돈으로 투자하여 이자를 갚고도 수익이 남을 거라고 확신하기 때문이다. 쌍방 간에 원하는 금액과 빌려주고 받는 기간이 동일하다면 큰 문제 없이 거래가 이루어진다. 그러나 현실적으로 다양한 거래조건 및 이해관계자가 존재하기 때문에 누군가 중재하는 사람이 필요하다. 중재자는 이용하는 금액이나 이용기간이 달라 거래가 성사되지 못한 경우에 양자 간의 거래조건을 조율하여 거래가 가능토록 요구사항을 변환해 준다. 이러한 중재역할을 하는 곳이 지금의 금융기관이다. 금융기관은 점차 쌍방 간의 중개과정을 표준화하고 다양한 거래를 일괄적으로 중개하기 위해 금융상품을 개발하여 제공하기에 이른다. 금융상품은 시간이 흐르면서 예금상품, 금융투자상품, 보험상품, 자산운용상품 등 목적별로 세분화되면서 다양한 이해관계자들의 수요를 충족시켜 주었다.

이후 금융기관의 금융상품을 매개로 하는 중개과정이 복잡해지면서 점차 자금공급과 수요에 관계된 모든 이해관계자, 즉 정부, 기업, 가계, 금융기관 등이 한데 어우러진 조직화된 장소라 할 수 있는 금융시장이 형성되었다. 금융시장은 자금 사용기간에 따라 단기금융시장(money market)과 장기금융시장(capital market)으로, 거래의 책임소재에 따라 직접금융시장(대표적으로 주식과 채권 등)과 간접금융시장(대표적으로 예금시장 등)으로, 거래의 범위에 따라 국내금융시장과 국제금융시장으로 나뉜다. 또한 거래되는 금융상품의 형태에 따라 예금과 대출시장, 외환시장, 파생상품시장 등으로 나뉘며, 거래단계에 따라 발행시장(primary market; 1차 시장)과 유통시장(secondary market; 2차 시장)으로, 거래절차에 따라 거래소시장과 장외시장으로 분류된다. 다음은 우리나라 금융시장을 정리한 것이다.

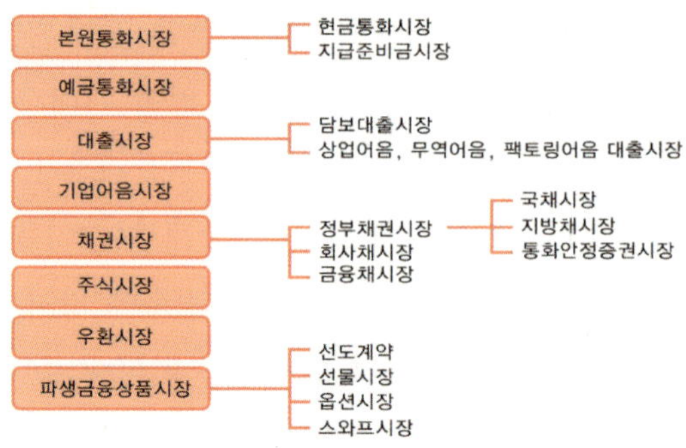

출처: 김학은(2007), p.709

금융상품으로 구분한 금융시장

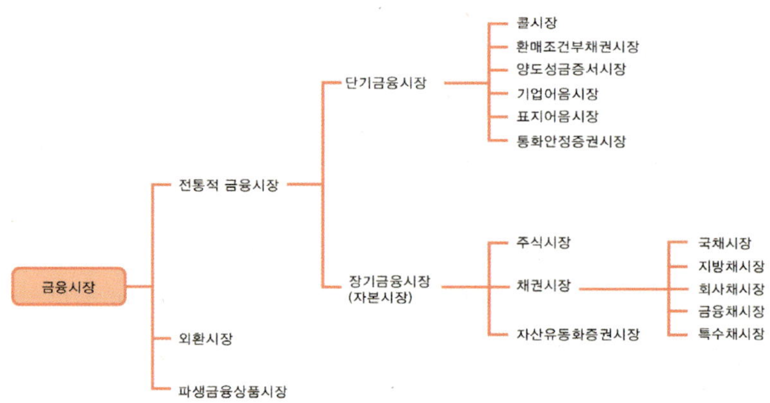

출처: 김학은(2007), p.711

만기로 구분한 금융시장

한편, 금융시장 이전, 18세기 영국의 산업혁명 이후 자본주의가
탄생하면서 더 넓은 시장이 이미 형성되어 있었는데 바로 생산요소
시장과 생산물시장이다. 흔한 표현으로 실물시장이라 하며 경제사회
에 필요한 수요에 비해 상대적으로 한정된 자원을 효율적으로 배분

하기 위하여 탄생되었다. 생산요소시장은 가장 기초적인 시장으로 노동, 토지 및 자본의 생산요소가 혼합되어 배분되는 시장으로 고용시장과 원자재시장으로 나뉜다. 생산물시장은 제품이 거래되는 도매시장과 소매시장으로 나뉜다. 생산요소시장과 생산물시장을 통하여 일차적으로 자금이 넘친 사람과 부족한 사람이 생긴다. 이 두 부류를 연결시켜 주는 곳이 바로 금융시장이며 이곳에서 궁극적으로 금융자산의 가격과 이자율이 결정되고 각종 거래신용이 창출되면서 현재의 금융제도로 정착되었다. 그러므로 금융시장은 생산요소시장과 생산물시장을 활성화하고 유지하는 핵심역할을 하고 있는 셈이다. 결국 금융자산에 투자함으로써 얻게 될 미래이득은 실물자산의 투자성과에 달려 있다고 할 수 있다. 여기서부터 자본주의 시장은 포괄적으로 금융시장과 실물시장으로 나뉘기 시작했으며 서로 뒤섞이기도 하면서 상호 보완적으로 발전하였다. 그리하여 투자대상에 따라 실물자산과 금융자산으로 자연스럽게 구분되었다.

실물자산이란 토지, 기계 등과 같이 제품을 생산하는 데 필요한 유형자산과, 생산과정에 동원되는 인적자원의 지식과 기술 등을 포함한 무형자산으로 나뉜다. 금융자산은 그 자체가 제품을 생산하는 데 직접 사용되지 않고, 실물자산의 이용으로부터 얻어질 미래소득에 대한 청구권을 가지는 자산이다. 한편, 경제발전에 따라 화폐가 본격적으로 유통되면서 금융자산은 주로 금융기관의 일시적인 자금 과부족을 메워 주는 화폐금융자산과 실물투자에 필요한 자금을 장기로 조달하는 비화폐금융자산으로 나뉘게 된다.

화폐금융자산이 거래되는 시장이 오늘날 만기 1년 이내의 단기금융시장이며, 이곳은 주로 금융기관이나 중앙은행이 수익보다는 유동성 거래와 국가의 통화신용정책을 실행하는 곳으로 자리 잡게 되었다. 따라서 시중의 통화량이나 자금흐름 정책을 파악하려면 단기시장에 관한 지표나 관련 통계를 이해해야 한다. 대표적으로 콜[9](call), 환매조건부채권[10](RP; Repurchase Agreement), 양도성예금증서[11](CD; Certificate of Deposit) 등이 있다. 비화폐 금융자산을 흔히 증권(securities)이라 부르며, 주식과 채권이 대표적이다. 이러한 자산이 거래되는 시장을 단기금융시장과 구분하여 장기금융시장이라 한다. 흔히 단기금융시장을 화폐시장, 장기금융시장을 자본시장이라고도 한다. 자본시장은 만기 1년 이상인 금융청구권이 거래되는 시장으로 저축을 장기적인 생산적 투자로 연결시키는 것이 주된 목적이다.

한편, 비화폐성 금융자산은 해당 자산으로부터 실현되는 미래수익의 불확실성 여부에 따라 무위험자산(risk-free asset)과 위험자산(risky asset)으로 구분된다. 무위험자산이란 미래수익에 대한 불확실성이 없는 자산을 말한다. 가장 대표적인 무위험자산은 만기가 짧은 정부보증 채권이다. 반면에 위험자산이란 미래수익이 불확실한 자산을 말한다. 예를 들어 주식투자에서 얻을 수 있는 수익은 기업의 영업실적에 따라 달라지며, 부동산 투자수익도 경제상황에 따라 달라진다.

---

9) 콜시장은 주로 금융회사 간에 초단기자금을 차입(call money)하거나 대여(call loan)하는 시장으로 1일 내지 수일 이내의 자금을 주로 전화 또는 통신망을 통해 거래하며 은행 간의 시장에서 가장 중요한 시장이다.

10) RP는 특정한 유가증권, 즉 주로 채권을 매매한 뒤 일정기간 후 매매 당시의 가격에다 소정의 이자를 더한 가격으로 되사거나 되팔 것을 약정한 매매 당사자 간의 계약을 의미한다. 현재 RP시장은 자금의 원활한 수급조절을 통해 단기금융시장의 자금흐름을 원활히 하고, 수익성이 높으나 유동성이 낮은 채권을 유동화할 수 있는 장점이 있다. 금융회사 간 RP거래는 단기자금 과부족 조절을 목적으로 은행, 자산운용사, 금융투자회사, 보험회사 등 콜시장 참가기관이 참여하고 있다.

11) CD는 은행의 정기예금에 대해 무기명으로 발행된 증서로서, 금융시장에서 자유롭게 매매될 수 있으며, 주로 은행 간의 자금조절이나 단기자금 조달 수단으로 많이 활용된다. 또한, 법적성격은 일반예금처럼 일정기간 소유권을 이전했다가 반환해 오는 계약이며, 권리의 이전과 행사에 예금증서가 필요하므로 상법상 유가증권에 해당된다.

증권시장은 재산의 권리를 표시한 증서인 증권이 발행되고 유통
되는 시장으로 광의로 단기금융시장과 자본시장을 포괄하는데, 협의
로는 자본시장만을 의미한다. 자본시장은 거래되는 증권에 따라 주
식시장, 채권시장, 파생상품시장으로, 자본이나 증권의 전달경로에
따라 발행시장과 유통시장으로 나뉜다. 우리나라는 2009년 2월 자본시
장법[12]이 통합 시행되면서 자본시장은 금융투자상품이 거래되는 시장
이 되었다. 한편, 금융투자상품을 매매, 중개, 집합투자, 자문, 신탁 등
을 계속적이고 반복적인 방법으로 행하는 자를 금융투자업자라고 한
다. 따라서 자본시장은 금융투자업자들에 의하여 금융투자상품이 거래
되는 시장이라고 할 수 있다. 국내 자본시장은 크게 주식시장, 채권시
장, 파생상품시장, 자산유동화증권[13](ABS; Asset Backed Securities)시장
으로 구분된다.

시간이 지나고 경제가 발전할수록 개인투자자들이 설비·기계 등
실물자산에 직접적으로 투자하는 기회는 줄어들게 되나, 금융자산의
투자기회는 증가하게 된다. 장기적으로 볼 때 금융자산에 대한 투자

---

12) 자본시장법은 은행법, 보험업법 등을 제외하고 자본시장을 규율하는 총 15개 법률 중 증
권거래법, 선물거래법, 자산운용업법, 신탁업법, 종합금융회사에 관한 법률, 증권선물거래
소법, 기업구조조정투자회사법 등 7개 법률을 통합하고 나머지 법률도 일괄 정비하여 금
융투자회사가 거의 모든 금융상품을 취급할 수 있도록 제정된 법률이다. 이에 따라 기존
증권업, 자산운용업, 선물업, 종금업, 신탁업 등 5개 자본시장 관련업이 금융투자업이란
단일 업종으로 합쳐져 겸영이 가능하고, 기본적으로 규제를 최대한 없애 증권사를 축으로
한 대형 투자은행을 키우겠다는 것이다. 금융투자회사는 투자매매 및 중개, 자문, 신탁,
집합투자, 투자일임에 해당되는 6개 업무를 전부 취급할 수도 있으며 원하는 업종만 선
택할 수도 있다. 이 법의 시행으로 금융시장은 크게 은행, 보험, 금융투자회사 3대 축으
로 재편되었다.

13) ABS는 부동산, 매출채권, 주택저당채권(Mortgage) 등과 같이 유동성은 떨어지나 재산적
가치가 높은 유·무형의 유동화자산을 기초로 하여 발행된 증권을 말한다. 즉, 자산보유
자는 보유하고 있는 기초자산을 특수목적회사(SPC; special purpose company)에 양
도하여, 이 SPC로 하여금 ABS를 발행·매각하게 하고, 그 매각대금을 기초자산을 양도
한 대가로 받음으로써 자금을 조달하게 된다. SPC는 자산보유자와 기초자산의 법률적
관계를 분리하기 위해 설립되는 서류상의 회사(paper company)이다.

는 국가경제를 발전시키는 실물자산에 대한 투자를 촉진시킨다. 예를 들어 어느 기업이 1,000억 원의 자금이 소요되는 공장을 건설하려 할 때 이 기업은 자금을 마련하기 위해 은행에서 차입을 하거나 자체적으로 주식이나 채권을 발행한다. 이때 은행에서 차입한 자금은 은행이 판매하는 예금에 투자자들이 투자하는 자금이며, 채권이나 주식을 발행하여 조달한 자금은 투자자들이 해당 증권을 직접적으로 매입한 자금이다. 그러나 자원의 희소성과 개발여력 한계로 인하여 점차 실물자산에 대한 투자보다는 금융자산 자체의 투자가 증가하고, 그 속도가 빨라지면서 서서히 금융자산이 실물자산을 앞지르는, 즉 금융경제가 실물경제를 좌우하게 되는 금융자본주의 시대가 도래된 것이다. 이러한 현상은 시대적으로 불가피할 수밖에 없다는 주장과 오히려 부작용이 많아져 자본주의가 피폐될 수밖에 없다는 비관적인 주장이 지금도 팽팽히 맞서고 있다. 아무튼 국가가 선진화될수록 금융경제가 상대적으로 발전할 수밖에 없다는 것은 주목할 필요가 있다.

금융의 연결고리

전체적으로 금융의 기본골격을 파악했다면 다음에는 이의 연결고리를 이해해야 한다. 이러한 관계는 시간이라는 사슬이 엮여 있어 복잡하게 움직인다. 사실 현재가치와 미래가치 간의 역학관계가 바로 금융 때문에 성립되는지도 모르겠다. 『자본의 전략』 저자인 천즈우(Chen Zhu Wu)는 금융의 핵심은 시공간을 초월한 가치교환이고, 이런 가치를 시간과 공간 사이에서 효율적으로 운용하기 위한 모든 거래를 금융거래라고 하였다. 그는 금융거래의 실체인 화폐로 인해 시간을 초월한 가치의 저장과, 공간을 초월한 가치의 이동이 가능해졌으며 그로 인해 세계경제가 혁신적으로 발전했다고 주장한다. 또한 그는 시간을 초월한 가치교환은 미래에 일어날 일과 관련되어 있다는 것과, 공간이라는 것은 미래에 나타날 많고 적은 이익이나 손실 및 기타 다양한 상황들을 뜻한다고 하였다. 그의 핵심은 금융이란 미래의 불확실성이고 결국 종착점은 리스크관리라는 것이다.

금융에서 시공간을 초월한 가치교환은 금융자유화, 금융국제화라는 대변혁을 가져왔다. 금융자유화란 말 그대로 금융제도에 필요한 각종 규제를 없애거나 느슨하게 한다는 의미이다. 대표적인 규제로 금리규제, 국제 간의 자금이동에 관한 규제, 외국금융기관의 진출규제, 그리고 금융기관의 업무규제 등이 있다. 이 중에 금리규제와 업무규제가 금융자유화의 핵심이다. 사실 금융자유화는 금융기관, 특히 은행의 편의주의에서 태동되었다. 20세기 이후 기업이나 개인의 자산규모가 커지게 되자, 그들은 은행예금으로 만족하지 못하고 보유자산을 직간접적으로 운용하는 데에 관심을 두기 시작하였다. 이에 은행은 위기감을 느끼고 기존의 전통적인 예금업무 외에 추가업무, 즉 투자업무가 가능토록 정부기관에 규제완화를 요구하면서부터 금융자유화가 시작되었다. 더불어 국제무역이 활발해지면서 국가 간의 금융에 관한 상호 의존관계가 높아지게 되고, 또한 새로운 금융기법, 즉 자산유동화나 파생금융상품이 지속적으로 개발되면서 금융자유화가 본격적으로 확산되었다. 한편, 금리규제는 국가 간의 자금이동이 빈번해지자 국내 금융시장과 국제 금융시장 간의 금리규제에 따른 금리차를 이용한 재정거래[14](arbitrage)가 활발해졌는데, 국가마다 이러한 폐단을 막고자 금리자유화가 덩달아 이루어졌다.

금융국제화는 국가 간 금융제도의 독자성이나 주체성은 그대로 유지하면서, 단지 국내시장을 개방하고 자금의 유입과 유출만을 자유롭게 하는 것을 의미한다. 반면, 금융통합화는 각국의 금융시장과 제도를 보편적인 통합기준과 규칙을 기초로 개편하여 통합적인 금융·자본시장을 형성한다는 의미이다. 따라서 금융통합화로 인해 세계 어느 금융시장에서도 24시간 거래가 가능해지고, 거래상품도 주식과 채권, 외환, 심지어 파생상품까지 다양해졌다. 그 결과 자연스럽게 실시간 금융거래가 늘어나게 되고 각국의 금융시장은 더욱 통합화를 추구하게 되는 순환구조가 형성되었다. 심지어 금융거래규칙이나 제도자체도 단일화되기 시작하였는데, 유로존(EURO Zone)이 대표적이다.

한편, 최초로 탄생한 국제적 통일기준은 국제결제은행(BIS; The Bank for International Settlement)이 1988년 7월에 제정한 '자기자본 규제에 관한 국제적 통일기준'이었다. 이후 BIS는 꾸준히 보완해 왔는데, 1997년 12월 신BIS 자기자본 규제에 이어 2004년 바젤Ⅱ 협약을 체결하여 2006년 말부터 회원국을 대상으로 시행하였으며, 우리나라는 2008년부터 도입하여 운영하고 있다. 2010년 9월에는 바젤 Ⅲ 규제안을 발표하였는데 이는 미국 서브프라임(sub-prime) 사태로 촉발된 글로벌 금융위기로 인해 많은 국가에서 은행의 과도한 레버리지(leverage), 자기자본의 질적 허약, 유동성 위기에 대한 취약성이 크게 부각되자 이를 보완코자 도입되었다.

금융증권화란 금융시장에서 증권을 이용한 자금조달과 이의 운용이 보편화된다는 것을 의미하는데 이를 통해 금융중개 방식도 직접

---

14) 예를 들어, 현물과 선물가격 차이를 이용하여 무위험수익을 노리는 거래를 말한다.

금융화되고, 대출채권도 증권화되었다. 증권화가 진행되면서부터 은행업과 증권업 간의 업무영역다툼이 더욱 치열해졌는데 이로 인해 금융패턴도 상당히 변하였다. 우선 국제금융시장의 자금조달방식이 대출시장에서 채권시장으로 변경되었으며, 국제적으로 자금이동 속도도 엄청 빨라졌다. 또한 증권화로 기초자산에서 파생된 다양한 금융상품이 무한정 보급되었다. 그로인해 건전한 금융발전보다는 오히려 부정적으로 악용되는 사례도 발생하였다. 대표적인 것이 2007년 미국 월스트리트 금융자본가들이 주축이 되어 만든 서브프라임 모기지 대출상품이다. 이 때문에 전 세계 금융투자자들이 엄청난 고통을 받았다는 것은 익히 알고 있을 것이다.

한편, 금융은 자의든 타의든 순환과정을 거치면서 성장과 축소를 반복한다. 금융투자세상에서 금융의 거품이나 붕괴만큼 드라마틱한 현상은 없다. 그동안 우리가 알고 있는 대부분의 금융사건은 다음과 같은 순환과정을 거쳐 왔다.

상식선의 투자 → 지나친 투자 → 투기 → 광적인 투기(버블, 거품) → 거품붕괴 → 금융위기 발생 → 구조조정 → 상식선의 투자

모든 금융거래에서 문제의 발단은 순환과정의 투기단계를 넘어선 광적인 투기에서부터 시작되었는데, 이미 수많은 과거사례를 통해 투기를 통한 버블조짐이나 내재된 거품이 결국에는 터졌다는 것을 익히 알고 있다. 그럼에도 또 당한다. 금방 이익이 날 것 같은 환상은 그동안 경험하였던 학습효과를 한순간에 마비시켜 버리는 마약과 같다.

일반적으로 버블은 어떤 이유로 인해 그 자산의 가격이 계속 폭등

한다는 것인데, 이에는 마땅히 합리적인 이유가 없다. 그럼에도 굳이 이론적으로 표현하자면 버블은 자산의 내재가치보다 거래되는 가격이 높아지는 현상을 말한다. 『버블경제학』의 저자 오바타 세키(Obata Seki)는 버블이란 금융이론으로는 설명할 수 없는 가격폭등이라고 지적했다. 흔한 예로 어떤 주식이 고평가되었다 또는 저평가되었다 할 때 고평가가 버블의 원천이다. 일단 버블이 되면 버블 자체가 상승 동력으로 작용하여 또 다른 버블을 키운다. 이는 '사니까 가격이 오르고, 가격이 오르니 다시 사는' 머니(money)게임으로 확산되는데, 주된 이유는 인간의 군중심리 때문이다. 사실 금융거래에서 거품자체가 문제되지는 않는다. 자본주의 세상에서 수익을 추구하는 이해관계자들에게는 태생적으로 거품이 존재할 수밖에 없기 때문이다. 문제는 거품이 붕괴될 때이다. 따라서 붕괴 조짐을 미리 예견하고 사전에 준비하지 않으면 약육강식의 금융투자세상에서 바로 낙오되거나, 심지어는 단 한 번의 손실로 인생이 끝나버리는 경우도 허다하다. 금융투자세상에서 살아남기 위한 가장 평범한 진리는 금융현상을 주의 깊게 관찰하고 끊임없이 공부하면서 스스로 터득하는 것뿐이다. 달리 왕도가 없다.

거품붕괴 후 찾아오는 금융위기는 누구나 피하고 싶어 한다. 금융위기는 주식시장 붕괴, 자산가격의 버블붕괴, 통화위기 및 외채위기 등 여러 경우를 포함하며, 그 용어도 전염, 은행위기(banking crisis), 뱅크런(bank run), 은행 패닉(banking panic) 등 다양하다. 금융위기는 크게 금융시장의 위기와 금융기관의 위기로 나뉜다. 금융시장 위기는 주식시장, 채권시장, 외환시장 등 금융시장에서 발생한 위기를 말한다. 대표적으로, 주식시장은 1987년 10월 19일 미국의 블랙먼데이(black monday)의 대폭락, 채권시장은 1998년 8월 러시아의 모라

토리엄(moratorium) 선언으로 인한 채권가격의 대폭락, 외환시장은 1997년 동아시아의 외환위기[15] 등을 꼽을 수 있다. 금융기관 위기는 은행, 증권사, 보험사 등 금융시장의 주요 참가자인 금융기관에서 문제가 발생하여 금융시스템 전체와 경제전반의 위기로 파급되는 과정을 말한다.

한편 주식시장이나 부동산 등 자산가격의 버블 붕괴로 촉발되는 금융위기가 있다. 역사적으로 볼 때 심각한 금융위기는 주식시장 붕괴보다는 자산가격 버블붕괴에서 초래하였는데, 자산가격 버블이 은행의 과도한 신용팽창과 결부되어 발생하는 경우에 금융위기 가능성이 높아졌고, 실물경제에도 미치는 영향이 더욱 컸다. 1980년대 이후부터는 금융위기라 하면 대부분 자산가격 버블의 영향이어서 이 위기가 가장 큰 관심사였다. 자산버블 위기의 가장 흔한 패턴은 경기 부양을 목적으로 시중에 돈을 푼 경우에 나타난다. 그럴 경우 유동성이 넘쳐나고, 이는 다시 신용팽창 및 자산가격 상승으로 이어져 버블을 형성한다. 만일 경제적 충격이 발생하여 자산가격이 폭락하면, 이는 다수 기업 및 가계 부도를 발생시키고, 이어 은행 및 외환위기로 전이되어 전 세계적으로 엄청난 악영향을 미친다. 2008년 미국의 금융위기가 좋은 예이다. 간략히 살펴보자.

2007년 들어 미국의 서브프라임 문제가 불거지기 시작하다가 2008년 9월에 리먼브러더스 투자은행이 파산했다는 소식에 세계 금융시장은 일제히 혼란이 빠졌다. 말 그대로 패닉이었다. 1929년 미국 대공

---

15) 동아시아 위기는 1997년 7월 2일 태국의 바트화가 폭락하면서 시작되어, 이웃나라인 인도네시아, 말레이시아, 필리핀으로 전이되었고 마침내 10월에는 한국에까지 파급되었다. 이런 위기를 겪게 된 근본적 원인으로 1994년에 단행된 중국 위안화의 40% 달하는 평가절하에서 그 원인을 찾는 시각도 있다. 위안화 평가절하로 인해 이들 국가들이 가격 경쟁력을 잃었기 때문이라는 것이다.

황 이후 무려 80년 만에 나타난 금융혼란이었다. 그런데 미국 서브프라임 사태는 지금까지 발생하였던 금융혼란과는 확연히 달랐다. 그간의 금융사태는 1차 금융상품, 즉 대출, 예금 등의 거래과정에서 거품이 조성되고 이러한 거품이 결국 폭발하면서 발생하였다. 그러나 서브프라임사태는 1차 금융상품을 기초자산으로 한 2차, 3차 등 연속해서 발행된 파생상품의 거품이 조성되면서 터진 사건이었다. 지금껏 보지 못했던 한 가지 상품에 다양한 이해관계자가 얽혀 있어 한 번 사건이 터지면 핵폭발처럼 그 파급효과가 커진 것이다. 물론 희생의 대다수가 일반 개인투자자였다. 이제는 금융시스템 전체가 매트릭스처럼 세분화되어 있어 본인이 선택한 상품이 다른 상품과 연계되는 복합금융화 시대이다. 미국 서브프라임 사태는 지금까지 발생하였던 금융위기하고는 전혀 차원이 달랐다.

서브프라임은 '최고급의 다음 가는'이라는 의미로, 신용능력이 다소 떨어진다는 뜻이다. 모기지는 주택을 담보로 한 대출이다. 따라서 서브프라임 모기지는 신용능력이 낮은 채무자를 위한 주택담보대출인 셈이다. 상식적으로 저신용 대출은 금융기관에서 꺼린다. 그런데 미국 내 금융기관들이 모기지대출상품을 자꾸 판매한 것은 특별한 기술이 있어서가 아니라 단순히 미국 내 집값이 계속 오를 것이라고 판단했기 때문이다. 웬만한 사람이라면 그 당시 집값이 오를 수밖에 없었음을 알고 있었다. 중앙은행 격인 연방준비제도이사회가 경기부양을 위해 금리를 계속 내렸고 그래서 시중에 넘쳐나는 돈이 부동산으로 몰렸다. 덩달아 남미 이민자와 흑인들까지 가세하여 평생 소원이던 집을 구입하는 이른바 미국판 드림(dream) 현상이 확산되면서 너도나도 담보대출로 집을 구입하였다 그러니 계속해서 집을 지어도 그 수요를 따라가지 못했다. 당연히 집값이 오를 수밖에 없었다. 점차 사람들은 '집을 사면 오르고, 오르니 다시 사고' 하는 머니게임에 빠져들었다. 이런 분위기를 금융기관이 놓칠 리 없었다. 설령 신용등급이 기준치보다 모자라도[16] 대출은 얼마든지 가능하였고 심지어는 주택가격 전액을 융자해 주는 파격적인 행사도 자주 있었다. 그런데 금융기관은 고정수입 한 푼 없는 대출채무자가 서브프라임 대출금으로 자동차를 구입하고 쇼핑하는 등에 흥청망청 탕진해 버렸다 해도 전혀 걱정하지 않았다. 대출이자가 연체될 경우 즉시 집을 가압류시켜 시중에 팔면 대출금을 충분히 회수하고도 남았기 때문이다. 이 모든 것은 집값이 꾸준히 올랐기 때문에 가능하였다. 반대로 주택가격이 떨어지면 파산은 불 보듯 뻔하였다. 문제는 여기서 그친 것이 아니다. 모기지대출 상품을 이용한 새로운 금융상품들이 추가로 개발되어 판매되었다. 대출상품은 금융기관이 채권자이고 일반개인은 채무자이다. 채권자인 금융기관은 만기까지 이자를 받는데 원금을 회수하려면 만기[17]까지 기다려야만 했다. 그러나 증권화 또는 유동화[18]로 만기 이전에도 원금회수가 가능해졌다. 2000년대 이후 은행 위주의 전통적인 금융기관들은 투자은행들의 시장 확충에 방어하고 기존의 수익기반을 더욱 견고히 하고자 대출 위주 영업에서 유동화를 통한 증권영업으로 변하였다. 그러면서 1차 대출상품보다 2차, 3차 등 다차원 금융상품 판매에 주력하였다.

증권화로 인해 서브프라임 대출채권이 주식처럼 누구나 쉽게 사고

---

16) 실제 대부분의 서브프라임 대출자의 신용등급은 엄청나게 낮았다. 단지 서류상으로만 거짓 기재했을 뿐이다. 물론 대출자가 한 게 아니라 중간에 대출브로커들이 속인 것이었다. 그들은 신용등급이 중요한 것이 아니라 오로지 대출중개수수료밖에 안 보였기 때문이다. 이것도 서브프라임 사태가 터진 큰 원인이었다.

17) 모기지론은 보통 30년이 만기이다.

18) 이는 기초자산을 담보로 새로운 증권을 만들어 현금흐름을 창출하는 과정인데 이에 대한 자세한 내용은 2부 3장에 기술하였다.

팔 수 있게 된 것이다. 가만히 있는 대출이 움직일 수 있는 증권으로 변한 것이다. 더구나 증권화된 상품에 다른 상품, 즉 자동차할부채권 이나 상업어음 채권 등을 추가하여 다시 사고팔고 하였다. 또한 기존 금융상품보다 상대적으로 수익률이 높다 보니 이런 상품에 전 세계 의 기관투자자와 개인투자자들이 달려들었다. 결국 서브프라임 모기 지사태가 터지면서 전 세계로 확산되었고 피해를 본 사람들도 대부 분 일반투자자였다. 증권화만 아니었어도 서브프라임 사태는 미국 내 부의 문제로 끝났거나 충격의 강도가 현저히 떨어졌을 것이다.

블랙스완(black swan; 검은 백조)

사람은 나이를 먹으면서 점차 세상살이가 어렵고 곳곳에 위험이 도사리고 있다는 것을 느끼게 된다. 더욱이 수많은 이해관계가 얽혀 있는 비즈니스 세계에서 이런 현상은 비일비재하다. 금융시장은 더 하다. 매 순간 수익추구를 위해 치열하게 싸움이 벌어지는 아주 위 험한 곳이다. 이 가운데 주식시장은 더욱 그렇다. 하지만 특이하게 도 주식시장은 위험한 줄 알면서도 항상 사람들로 넘쳐 난다. 왜 그 럴까? 이익과 손실이 공존하기 때문이다. 주식을 거래하다 보면 손 실이 나거나 수익이 미미하더라도 언젠가는 큰 이익이 날 수 있다는 기대나 희망을 갖게 된다. 금융시장만큼 이익과 손실이 드라마틱하 게 발생하는 곳은 없다. 우선 이익과 손실이 기대보다 자주 발생한 다면 리스크에 크게 노출된다고 할 수 있다.

금융자본주의가 태동되면서부터 세계적으로 유수한 금융경제학자 들은 금융시장에 존재하는 리스크를 계량화하고자 끊임없이 시도하였다. 불확실성에서 출발한 리스크를 객관적으로 인식하고 측정함으로써 수익추구과정에서 필연적으로 따라다니는 리스크를 통제하여 그로부터 자유로울 수 있도록 부단한 노력을 쏟아부었다. 덕분에 전 세계 금융시장은 그 규모나 운용기술이 비약할 정도로 성장하였다. 한편, 새로운 금융상품이나 첨단기법이 등장할 때마다 당초 예상치 못했던 또 다른 새로운 리스크가 등장하였는데, 이는 앞으로 어떠한 최신 금융기법이 개발되어도 그에 따르는 필연적인 리스크를 없앨 수 없다는 반증이다. 그 결과 세계 도처에서 금융불안과 위기는 끊임없이 발생하였고, 그에 따른 미래 불확실성도 계속해서 이어졌다.

미국의 경우 1987년 블랙먼데이를 시작으로 1989년과 1990년 사이 정크본드(junk bond) 시장의 붕괴, 2000년과 2001년도에 IT버블 붕괴 및 엔론(Enron) 사태 발발, 그리고 2007년 후반기 서브프라임 모기지 사태 발생 이후 희한하게도 갈수록 금융위기의 반복속도가 빨라지고 그 진행시간도 길어졌다. 또한 1980년대부터 지속된 라틴아메리카 위기[19], 1992년 유럽 ERM(Exchange Rate Mechanism) 위기[20], 이 위기 때 조지 소로스를 중심으로 한 대규모 투기자본들이 영국의 파운드화에 대해 약 150억 달러의 매도포지션으로 투기적 공격을 개시한 결과 이탈리아, 스페인으로까지 그 위기가 번졌다. 그리고 1997년 동아시아 외환위기에 이어 1998년 러시아 국가부도 위기[21] 등을 들

---

19) 동 위기는 1980년대 외채위기, 1994~1995년 데킬라위기, 1999년 브라질 위기, 2002년 아르헨티나 위기 등 여러 번 발생했다.

20) 유럽 ERM 위기는 1992년 대규모 자본의 투기적 공격에 의해 영국, 이탈리아, 스페인이 ERM을 탈퇴하면서 발생하였다.

21) 소련 붕괴 이후 대부분 동구권 국가들과 마찬가지로 러시아도 90년대 내내 심각한 경기 침체 및 인플레이션에 시달렸다. 1997년 들어서야 IMF지원으로 루블화 가치를 안정시키고 인플레이션을 일부 진정시키기 시작했다. 그러나 재정적자 문제는 여전히 해결되지 못했고, 정부부채도 지속적으로 급증해 갔다. 급기야 1998년 8월 러시아 정부는 환율목표

수 있다.

한편, 다음 그림은 금융위기 간 충격을 비교한 것인데 그중 눈에 띄는 것이 미국의 서브프라임 모기지 사태이다. 이때 시장충격의 지속기간은 블랙먼데이 때보다 거의 10배 이상 길게 나타나 있다. 이는 어느 누구도 상상하지 못했던 현상이며, 통계적으로도 가장 극단적인 사건으로 간주되고 있다.

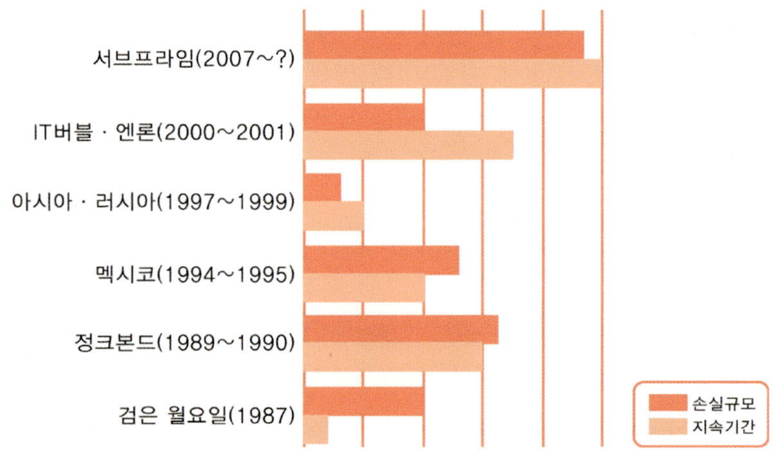

주: 미국기업들의 이득(earnings)에 대한 충격. 지속기간은 위기 직전 분기의 이득수준으로 회복될 때까지의 분기수. 손실규모는 위기 직전 분기이득(A) 대비 지속기간(B) 중 총손실규모의 배율(=B/A)
자료: Econcrnist. 2008. 5. 17.
출처: 김인준 · 이영섭(2009). p.56

국제금융위기 충격비교

를 포기하고 동시에 부채에 대한 채무불이행 및 외자지급 동결을 선언했다. 이후 루블화 가치는 급락하였고 인플레이션은 급등하는 최악의 사태에 직면하게 되었다.

금융시장에서 전혀 예상치 못했던 큰 사건을 금융용어로 '블랙스 완(black swan)'이라고 한다. 2010년대 들어 중동의 민주화 바람, 일 본의 대지진 참사, 유럽 재정위기 등 금융시장에 찬물을 끼얹는 돌발 변수들, 즉 블랙스완이 느닷없이 밀어 닥치고 있는데, 이는 금융투자 세상에서 수익을 추구하는 투자자들의 노력을 한순간에 물거품으로 만들어 버린다. 블랙스완은 월스트리트의 투자전문가이자 새로운 현 자로 떠오른 나심 니콜라스 탈레브(Nassim Nicholas Taleb)가 그의 베 스트셀러인『블랙스완』에서 처음 사용하였는데 이는 서구인들이 18 세기 오스트레일리아 대륙에 진출했을 때 '검은색 고니'를 처음 발견 한 사건에서 가져온 은유적 표현이다. 당시 흑고니의 발견은 백조는 곧 흰색이라는 경험법칙을 완전히 무너뜨린 획기적인 사건이었다.

우리나라도 예외는 아니다. 1997년 IMF외환위기 이후 2002년 벤 처 열풍으로 시작된 닷컴버블 붕괴, 2004년 신용카드 사태, 2008년 미국의 서브프라임 사태 및 2009년 동유럽 재정적자로 시작된 유로 존의 계속된 재정위기로 인한 국내 외환시장의 불안 등 크고 작은 금융위기가 반복적으로 발생하였다. 이 중 특이한 것은 미국의 서브 프라임 사태를 받아들이는 시장참가자들의 반응이었다. 심지어 금융 에 관심이 없는 일반사람들조차 무언가 이상하게 흘러가고 있다는 것을 깨달았다. 지금까지 금융자본주의 근간이 되었던 이론적인 명 제나 기본원칙에 문제가 있지 않나 하는 의구심이 발동한 것이다. 이는 금융 투자세상에 엄청난 후폭풍을 몰고 왔다.

현대 금융이론의 초석은 1952년 해리 마코위츠(Harry Markowitz) 가 그의 논문에서 발표하였던 포트폴리오(portfolio) 이론이다. 그는 이 공로로 1990년에 노벨경제학상을 수상하였다. 그의 저서『포트 폴리오 선택(portfolio selection)』은 재무관리 발전의 획기적인 전기를 마련하였다는 평가이다. 그가 발견한 것은 리스크가 있는 주식들을 일정한 방법으로 포트폴리오를 구성하면 전체 포트폴리오의 리스크는 그 안에 포함된 개별주식의 리스크보다 작아진다는 것이다. 포트폴리오 이론은 주어진 리스크하에서 가능한 한 가장 높은 수익률 혹은 주어진 기대수익하에서 가능한 한 가장 적은 리스크를 얻는 최적의 자산군을 선택하는 것이다. 문제는 포트폴리오 이론에 전제된 두 가지 가정에 있었다.

첫 번째 가정은 오늘의 증권가격은 내일의 증권가격 변화에 영향을 주지 않는다는 것으로, 가격변화들이 서로 독립적이라는 것이다. 이는 오늘 주가는 오늘의 모든 변동요인들을 반영하여 형성된 것이고, 내일 주가는 내일의 변동요인들을 반영할 것이므로 오늘과 내일의 주가는 상호 독립적으로 움직인다는 것이다. 따라서 어떠한 기술적 방법에 의한 모든 주가예측은 의미가 없으며, 한마디로 주가예측은 불가능하다는 것이다. 이는 1900년 프랑스 수학자인 루이 바슐리에(Louis Bachelier)가 당시 확률이론 분야에 신기원을 기록한 랜덤워크(random walk) 이론에 근거한 것이었다.

랜덤워크는 임의의 과정을 통해서 생성된 연속 숫자들을 의미한다. 예를 들면, 가지고 있는 동전을 던졌는데 10회 연속해서 뒷면이 나왔다 하더라도 다음번에 뒷면이 나올 확률은 여전히 50%라는 것이다. 이를 '무작위적 가격변화', '갈지자로 멋대로 걷는 것'이라고도 표현한다. 이 이론은 유진 파마(Eugene F. Fama)가 주창한 '효율적 시장가설[22](EMH; Efficient Market Hypothesis)'을 통해 그 영향

---

22) 이상적인 자본시장에서는 모든 정보가 이미 그날 자본가격에 반영되어 있다는 가설로 자본시장의 효율성 여부를 이용 가능한 정보범위에 따라 약형, 중형, 강형으로 구분된다. 약형시장의 정보범위는 역사적 정보, 중형시장은 과거자료 외에 공시자료까지, 강형은 비공식적인 내부자료까지도 포함한다.

정도에 따라 약형, 중형, 강형 시장으로 변형되어 근래까지 금융시장에 존재하는 모든 상품의 자산가격 모델링(modeling)의 핵심이론으로 정착되었다. 그러나 실제 현실에서는 금융자산의 가격변화들이 서로 독립적이지 않다는 것이 속속 드러나기 시작하였다. 『시장변화를 이기는 투자』의 저자 버튼 맬킬(Burton G. malkiel)은 이 책의 부제를 '랜덤워크가 월스트리트에 추락했다'로 했을 만큼 랜덤워크 이론을 다양한 증명과 함께 부정했다. 또한 '시장이 완벽한 랜덤워크는 아니다'라고 주장하였다. 효율적 시장이론에 대해서도 부정적인 시각을 나타냈다. 이 이론의 불합리성에 결정적 일침을 가한 사람은 『프랙털 이론과 금융시장』의 저자 브누아 만델브로트(Benoit B. Mandelbrot)이다. 그는 많은 금융시장에서 결정된 일련의 가격들은 일종의 기억을 갖고 있어, 만약 오늘 가격이 크게 오르거나 내린다면 내일도 그처럼 심하게 움직일 가능성이 눈에 띄게 커진다고 하였으며, 이의 근거로 프랙털[23] 이론을 제시하였다. 예를 들어보자. 어떤 기업이 오늘 하는 일, 예컨대 인수합병, 신제품 개발 등의 일은 그 기업이 지금부터 10년 뒤에 어떤 기업이 될 것인지에 영향을 미친다. 마찬가지로 오늘날 그 기업의 주가 움직임은 내일의 주가 움직임에도 영향을 미칠 것이다. 오늘 어떤 기업에 나쁜 소식이 발생하면 어떤 투자자는 재빨리 반응하는 반면, 이들과 다른 경제적 목표와 좀 더 장기적인 안목을 갖고 투자하는 사람들은 한 달이나 1년 동안 아무 반응을 보이지 않을지도 모른다.

현대 금융이론의 근간인 포트폴리오 이론의 두 번째 가정은 금융시

---

23) 눈송이를 자세히 들여다보면 마치 나뭇가지와 같은 형상을 하고 있는 것을 알 수 있다. 눈송이를 구성하는 가지를 다시 더 크게 확대해서 보면 역시 비슷한 가지가 나타난다. 이처럼 자기복제에 의해 부분이 전체를 형성하는 것을 프랙털이라고 한다.

장에서 가격의 변화는 정규분포를 따른다는 것이다. 보통 어떤 사건이 발생할 확률과 그 결과값은 일정한 분포[24]를 갖는다. 평균적으로 가장 자주 일어나는 사건은 확률이 높은 반면, 사건의 빈도가 줄어들면 확률도 낮아진다. 이처럼 사건의 빈도와 확률은 일정한 상관관계를 가지는데, 그중 '종' 모양의 확률분포를 정규분포라 한다. 이는 확률분야에서 가장 많이 적용되고 실제적으로 가장 많은 사회현상을 대변하고 있어 금융이론에서도 절대적으로 인용되었다. 대표적으로 랜덤워크, 효율적 시장가설(EMH; Efficient Market Hypothesis), 자본자산가격결정[25] (CAPM; Capital Asset Pricing Model), 리스크가치[26](VaR; Value at Risk), 옵션가격결정모델[27](OPM; Option Pricing Model) 등 대부분의 금융모델이 정규분포를 기본가정으로 채택하고 있다.

그러나 결론적으로 금융의 가격변화는 정규분포를 따르지 않는 경우가 자주 발생한다. 이에 대한 연구결과는 이미 수많은 학자들이 제시하여 더 이상 거론할 필요조차 없다. 이 분포에 따르면 수많은 조그만 변화들은 가운데로 집중하여 모여 있는 반면, 간헐적으로 발생한 큰 변화들은 분포의 양쪽 가장자리에 모여 있음을 알 수 있다. 따라서 대부분 통상적인 가격변화는 정규분포의 평균과 분산을 통

---

24) 이를 확률분포라 하며 금융세상에서 자주 사용하는 분포로 균등분포, 정규분포, 로그정규분포가 있다.

25) CAPM은 시장의 초과수익률만으로 해당 투자안의 수익률을 간단하게 알 수 있는 도구로 투자뿐만 아니라 경영에 수반되는 광범위한 투자의사결정에도 활용되는 현대금융이론의 초석이다.

26) VaR는 정상적인 시장여건하에서 주어진 신뢰수준으로 목표기간 동안에 발생할 수 있는 최대손실금액을 말하며, 1994년 J. P. Morgan이 리스크측정기법으로 처음으로 도입하여 사용하였다. VaR모델의 형식은 다양하지만 그 기초는 리스크측정 도구로서 표준편차를 공통적으로 사용하고 있다

27) 1973년 피셔 블랙과 마이런 숄즈 교수가 발표한 모델로 보유자산의 현재가격, 가격변동성, 만기 시 옵션의 권리행사가격 등을 기초로 시장에서 거래할 수 있는 옵션가격을 산출하는 모델이다.

하여 가격변화에 대한 가능성을 예측할 수 있으며 다행스럽게도 대부분 잘 들어맞는다. 그러나 양쪽으로 갈수록, 즉 분포의 꼬리 부분으로 갈수록 이러한 예측은 빗나간다. 문제는 여기서부터 시작된다. 지금까지 발생하였던 대부분의 금융위기는 바로 정규분포상의 꼬리부분에 있었다. 특히 두터운 꼬리부분이 가장 중요한데 그만큼 충격이 강하다. 예를 들어보자. 1987년 미국의 블랙먼데이 당시 S&P500 지수는 하루에 무려 20% 이상 폭락하였다. 이를 정규분포에 대입해보면 분포곡선에는 거의 나오지 않을 만큼 맨 왼쪽으로 치우친 곳까지 가야 겨우 확인할 수 있는 위치이다. 그만큼 일어나기 어려운 사건인 것이다. 문제는 이 같은 극단적인 가격변화가 표준모델이 제시한 것보다 훨씬 더 자주 발생하고 그 강도도 커질 것이라는 데 있다. 그러므로 꼬리 부분이 점차 뚱뚱해지는 것을 주목해야 하며, 특히 레버리지를 이용한 포트폴리오에서는 더욱 세밀한 관심을 가져야 한다.

지난 1세기 동안 금융투자의 표준모델은 나름대로 금융시장 발전에 지대한 공헌을 하였고, 투자자들로 하여금 금융현상을 이해하는 데 많은 도움을 주었다. 그러나 금융이론의 기본전제인 핵심적인 가정이 현실과 맞지 않다는 것도 알아야 한다. 앞으로의 금융패턴은 이론과 실제가 더욱 벌어지는 기이한 현상들이 넘쳐날지도 모르기 때문이다.

2장 금융원리를 터득해야 투자기회를 얻는다

　금융원리를 알기 위한 첫 번째 단추는 금융거래에서 시작된다. 금융거래는 반드시 돈이 따르기 마련이므로 돈의 흐름, 좀 더 크게는 화폐의 신용창출과정을 알아야 한다. 이를 이해하면 바로 자본주의, 특히 금융투자세상에서 왜 투자를 해야 하는지, 그로 인해 빈부격차에 이은 양극화가 왜 발생하는지를 한눈에 파악할 수 있게 된다. 또한 투자를 하면서 필연적으로 등장하는 것이 바로 남의 돈인 부채이다. 부채를 조달하면 그에 따른 대가인 이자를 지불해야 하는데 이의 개념과 돈의 상대파트너인 물건가격과 어떤 관계인지도 파악해야 한다. 크게 확대해 보면 금융세상과 실물세상으로 오가면서 필연적으로 나타나는 인플레이션과 디플레이션 현상, 그리고 이의 파급효과를 알아야 비로소 금융원리를 파악할 수 있다.

　금융원리를 알게 되면 거래단위가 크든 작든, 장소가 국내든 국외든 상관없이 모든 금융패턴의 진행과정과 앞으로의 진행방향에 대하여 완벽하지 않더라도 나름 이해할 수 있게 된다. 이런 학습행태가 지속되다 보면 최고 전문가 수준은 아니더라도 국내외 금융전반에 대한 명시적인 흐름과 그 속에 숨어 있는 암묵적인 흐름까지도 파악할 수 있는 혜안이 생기게 된다. 덩달아 자연스럽게 금융지표 간 상관관계도 명확히 이해하게 된다.

화폐의 신용창조

화폐란 상품을 매매하고, 채권·채무 관계를 청산하는 일상거래에서 일반적으로 통용되는 지불수단을 말한다. 따라서 지폐와 동전 이외에 금융기관의 예금을 포함, 다양한 금융자산을 화폐로 볼 수 있다. 한편, 통화란 어떤 특정 경제사회에서만 통용되는 화폐를 의미하고, 어느 일정 시점에서 국민경제에 유통되고 있는 화폐량을 통화량이라 하며, 통화량을 측정하는 기준이 되는 지표를 통화지표라 한다. 그런데 통화는 금융상품 매입자 입장에서는 자산이지만, 반대로 금융상품의 발행자 입장에서는 부채가 된다. 따라서 금융기관에서는 통화를 '유동성 부채'라 하며, 현행 우리나라의 통화는 금융기관별로 유동성에 따라 분류한다. 우선 본원통화(RB: reserve base)이다. 이는 중앙은행만의 유동성 부채를 통화로 간주하는 것으로 지준예치금과 화폐발행액을 합하여 산출한다. 다음으로 중앙은행과 예금은행의 유동성 부채를 통화로 간주하는 것으로, 이는 M_1(통화), M_2(총통화), M_3(총유동성)로 나뉜다. 숫자가 커질수록 통화의 범위가 넓어지는데 그만큼 시중에 통화량이 많음을 의미한다.

통화지표의 범위

구분	내용
M1(통화)	현금통화 + 요구불예금 + 수시입출식 저축성예금
M2(총통화)	M1 + 2년 이하 정기예·적금, 실적배당형 상품, 금융채 + 시장형 상품 + 기타(투신증권저축, 종금사 발행어음)
M3(총유동성)	M2 + 만기 2년 이상 정기 예·적금 및 금융채 등 + 한국증권금융㈜의 예수금 + 생명보험회사의 보험계약준비금 등

통화공급은 중앙은행에서 처음 발권하는 본원통화에서 시작되며, 이는 실제로 눈에 보이는 화폐이다. 이후 각 시중은행들에 유통되며, 은행은 다시 일반개인들에게 화폐를 유통시킨다. 이 과정에서 눈에 보이지 않는 새로운 화폐가 만들어지는데, 이를 본원통화와 구분하기 위해 신용통화라 한다. 따라서 시중에 흘러 다니는 통화량은 본원통화와 신용통화를 합친 것을 말한다.

신용통화는 어떻게 만들어지는가? 간단한 예를 들어보자. 우선 중앙은행인 한국은행이 본원통화 1,000원을 시중에 공급하는데 편의상 A은행에만 입금한다고 하면 다음 그림처럼 A은행에 본원적 예금 1,000원이 입금된다. 은행은 고객이 예금한 돈을 가지고 다시 대출할 때에 일정 비율의 돈을 지불준비금 형태로 금고에 비치해야 하는데 이 비율을 지급준비율이라 한다. 만약 예금에 대한 지급준비율이 10%일 경우, A은행은 지급준비금 100원을 금고에 예치하고 남은 잔액인 900원을 신규로 대출해 줄 수 있다. 만약 900원을 대출받은 개인이 자기의 거래은행인 B은행에 다시 예금한다면 B은행은 A은행과 마찬가지로 지급준비금 90원을 남겨둔 잔액 810원을 또다시 대출해 줄 수 있다. 810원을 대출받은 개인은 또다시 자기의 거래은행인 C은행에 예금하는 등 계속해서 예금－대출 과정이 이루어지게 된다. 이런 반복적인 과정을 화폐의 신용창조과정이라 한다.

A은행			B은행			C은행	
금고 100 대출 900	예금 1000		금고 90 대출 810	예금 900		금고 81 대출 729	예금 810

화폐의 신용창조과정

앞의 예를 일반화해 보자. 중앙은행이 S원을 발행, 동시에 동일금액이 A은행에 요구불 예금으로 예치되고, 지급준비금 r을 제외하고는 전액 대출된다고 가정한다. S는 최초로 시중에 유출된 돈이다. 그리고 S(1-r)은 A은행에서 지불준비금만큼 남기고 또 다른 은행에 대출된 돈이다. 앞의 예처럼 이런 과정이 계속된다면 전체 시중의 통화량은 다음과 같은 식으로 계산된다.

$$\text{통화량} = S + (1-r)S + (1-r)^2 S + (1-r)^3 S + \cdots\cdots$$

위의 식은 두 번째 항부터 $(1-r)$을 각 항에 곱한 다음 이를 모두 합하도록 되어 있다. 이를 수학적으로 무한한 숫자가 일정비율만큼 곱해져 모두 더해졌다고 해서 무한등비급수라 하며 이의 합을 구하기 위한 공식은 다음과 같다. 다음 식에 의하면 전체 합은 처음 항과 공통의 항만 있으면 계산할 수 있다.

$$\langle\text{무한등비급수}\rangle \text{ 합산 공식} = \frac{\text{초항(처음 항)}}{1 - \text{공비(공통의 항)}}$$

공식에 의하면 통화량 전체의 합은 다음과 같이 계산된다.

$$\text{통화량} = \frac{S}{1-(1-r)} = \frac{S}{r}$$

앞의 간단한 예에서 최종적으로 새로 창조된 예금을 이 공식에 대입해 계산해 보면, 본원예금 1,000원의 10배인 10,000원이 된다. 따라서 신용통화 9,000원이 새로 만들어진 셈이다. 만약 지급준비율이 5%라면 신용통화는 20배로 늘어나게 된다. 늘어난 10배 또는 20배를 통화승수라 한다. 통화승수는 본원통화와 광의통화인 총통화금액의 비율로 시중은행이 신용창조를 얼마나 했는지를 나타낸 지표이며, 우리나라의 경우 매월 한국은행에서 통화유동성 통계지표에 통화승수를 고시하고 있다. 결국 시중통화량은 통화정책 당국이 통화량에 결정적인 영향을 미치는 본원통화의 지급준비율을 어떻게 결정하는가에 달려 있는 것이다. 한편, 은행의 화폐를 통한 신용창조, 즉 대출금의 창조로 개인들은 빚, 즉 부채가 새로 형성되고, 이 빚은 또 다른 수익을 내기 위해 재투자되거나 단순소비를 위해 투자되면서 금융거래의 윤활유 역할을 한다. 그러므로 한 나라의 은행은 국가 전반적인 경제흐름에 상당히 중요한 역할을 하고 있는 셈이다.

흔히 신용경색이라는 용어가 언론매체에 자주 등장하는데 이는 말 그대로 자금수요자와 자금공급자 간의 신용, 즉 대출이 잘 이루어지지 않는다는 것을 의미하며, 그 원인이 자금공급자에 있는지, 아니면 자금수요자에 있는지에 따라 국가경제에 미치는 파급효과는 상당히 달라진다. 지금까지 발생했던 대부분의 신용경색은 주로 자금공급자가 원인을 제공하였는데 대부분은 단순히 맘에 안 들면 돈을 안 빌려주겠다는 지극히 '갑' 입장에서 행동했기 때문이다. 이것이 바로 신용화폐의 창조능력을 갖고 있는 은행과 그렇지 못한 사람들 간의 현실이다.

진짜 문제는 화폐의 신용창조 현실보다는 이런 원리로 인해 시중의 누군가는 금전적인 피해를 봐야 한다는 것이다. 결국 이를 통해 부자와 가난한 사람 간의 빈부격차가 발생하는데 그 격차는 확대될 뿐이지 해소되지는 않는다. 돈이 필요해서 부득불 은행을 통하여 돈을 빌렸다면 정해진 때에 은행에서 빌린 돈의 원금과 이자를 갚아야 하며 만약 제때에 갚지 못하면 담보로 잡혔던 자산을 은행에 넘겨주어야 한다. 자산을 지키고 싶다면 다른 누군가의 돈, 즉 원금을 가져와야 한다. 시장에 있는 돈은 오로지 원금뿐이기 때문이다. 결국 이자는 허상일 뿐이고 실제 존재하지도 않는 돈이다. 이런 현상은 의자 뺏기 게임과 비슷하다. 모두 의자에 앉으려 하지만 사람 수만큼 의자는 충분하게 준비되어 있지 않다. 당연히 의자에 앉지 못하는 사람이 생긴다. 전체적으로 항상 빌린 금액보다 갚아야 할 금액이 더 많아지는데 이를 '빚의 무한 순환'이라고 한다. 결국 이러한 시스템에서는 누군가는 파산할 수밖에 없다. 이에는 개인이나 기업, 심지어 정부도 해당된다. 예를 들어, 정부가 경기부양을 위해 추가 재정지출을 결의할 경우 재원, 즉 돈이 필요하다. 이 돈은 지금 있는 국민들에게서 추가로 세금을 걷거나 혹 여의치 않다면 미래의 후손들이 내야 할 세금을 담보로 증권, 즉 국채를 발행하여 조달한다. 그리고 집행될 돈은 누군가 언젠가는 갚아야 할 빚인데 대부분 미래의 후손들에게 떠넘겨진다. 정부 역시 화폐신용 창조시스템의 일원에 불과할 뿐이다.

그렇다면 이런 시스템에서 화폐가 줄어들 경우는 없는가? 두 가지 경우가 있는데, 하나는 누군가 부도가 나서 돈을 갚지 못해 그 액수만큼 돈이 허공으로 날아가는 것이고, 다른 하나는 은행, 엄밀히 말하면 중앙은행이 시중의 돈을 회수하는 것뿐이다. 이 두 가지 모두 금융경제생활에서는 자주 발생되지 않는다. 일단 돈은 한번 풀리면 그 나름대로 자생력을 갖추고 흘러가며 물리적으로 방해하면 할수록 저항력이 생겨서 마찰을 불러오기 때문이다. 자본주의하에서 화폐의 신용창조시스템은 우선적으로 은행이 주도하고 있기 때문에, 그와 관련된 수많은 행적과 스캔들이 동서고금을 막론하고 발생하였으며 아직도 드러나지 않은 음모와 의혹 등은 이미 여러 책에서 소개되고 있다.

인플레이션(Inflation)

인플레이션은 물가가 지속적이면서 현저하게 상승하는 현상을 말한다. 반대로 물가가 지속적으로 하락하면 디플레이션(deflation)이라고 한다. 한 나라의 경제가 성장하는 과정에서는 일상적인 인플레이션이 발생하는데 이는 경기 사이클(cycle)상 염려할 필요가 없는 안정적인 단계로 그 나라 경제에 부정적인 것보다는 긍정적인 영향을 더 많이 끼친다. 한편, 물가가 하락하는 경제후퇴기, 즉 디플레이션은 나라경제에 부정적인 영향만 미치므로 위정자들이 가장 경계해야 하는 경기 사이클이다. 대표적인 예로 일본을 들 수 있는데, 그들은 지난 2000년대부터 전형적인 디플레이션을 겪고 있는 중이다. 한편, 경제성장률이 하락하면서, 즉 경기가 침체되면서 물가가 상승하는 현상이 나타나기도 하는데 이런 특이한 현상을 스태그플레이션(stagflation)이라 한다.

물가는 우선적으로 물건을 만드는 데 필요한 원자재의 수요와 공급에 의하여 결정된다. 만약 원자재 공급이 어떤 이유로 인해 줄어들게 되면 당연히 물건 개수가 줄어들게 되고 따라서 물건 값은 상승하게 된다. 그만큼 물가의 상승과 하락은 자본주의 경제에서 충분히 예견된 사안인 만큼 어느 경제주체이든지 사전에 충분히 대처 가능한 일이다. 더군다나 자본주의 역사상 수많은 시행착오를 겪으면서 축적된 노하우가 있기 때문에 물가 문제는 대부분 해결할 수 있었다.

그러나 원자재 이외의 요인으로 물가가 상승한다면 문제는 복잡해진다. 가장 대표적인 것이 시중의 통화량이다. 통화량의 많고, 적음으로 인해 물건의 구매력을 나타내는 화폐가치가 요동친다면 물가자체의 변동 때보다 훨씬 더 요동을 치게 된다. 만약 물건의 생산량이 화폐량과 같은 속도로 증가한다면 물가는 안정될 것이다. 더구나 소득증가에 따라 사람들이 화폐를 보유하고자 한다면 시중에 돈이 줄어들어 오히려 물가는 점진적으로 하락할 수도 있다.

화폐 측면에서 인플레이션은 화폐증가율이 물가상승률보다 높은 경우에 나타난다. 이는 화폐증가율만 조절하면 충분히 인플레이션을 조절할 수 있다는 의미이다. 그러나 이게 만만치 않다. 밀턴 프리드먼(Milton Friedman)은 그의 저서 『화폐경제학』에서 "인플레이션은 화폐가 직접적인 원인이고 물가상승은 그 결과이다"라고 주장하였다. 그는 단적으로 인플레이션은 화폐량이 생산량보다 더 급속히 증가할 때 발생하는 화폐적 현상이라고 하였다. 그러면서 화폐의 과도한 발행이 가장 큰 문제라고 지적하였다. 또한 그는 인플레이션과 알코올 중독을 교훈적으로 비유하였다. 알코올중독자가 술을 마시기 시작하면 처음에는 기분이 좋아진다. 그러나 다음날 아침 숙취에서 깨어날 때에야 비로소 나쁜 효과가 있었음을 깨닫는다. 그리곤 후회한다. 다시는 먹지 않겠다고 말이다. 인플레이션도 마찬가지이다.

한 나라가 인플레이션 과정에 처음 들어설 때 그 효과는 좋게 보인다. 화폐 증가는 그 처분권을 가진 자가 누구건 간에 다른 어느 누구의 지출억제를 강요하지 않고서도 지출을 늘어날 수 있게 해준다. 이에 따라 일자리가 늘어나고 사업이 활기를 띠면서 거의 모든 사람들은 행복해한다. 처음에는 그렇다. 사회경제적으로도 좋은 효과이다. 그러나 점차 지출이 증가하면서 물가 상승압박이 나타나기 시작한다. 근로자들은 비록 명목임금은 상승하였지만 그에 상응한 화폐구매력이 떨어지는 것을 알게 되고, 사업가들은 매출이 증가했더라도 생산비가 상승하여 제품의 가격상승 없이는 예상했던 수지가 맞지 않는다는 점을 알게 된다. 서서히 가격인상과 소비감소 등 나쁜 효과들이 나타난다. 알코올중독자의 경우처럼 화폐발행을 더욱 늘리고 싶은 유혹이 생긴다. 더군다나 어느 누구도 화폐발행 건을 반대하지 않기 때문에 이런 유혹을 물리치기가 결코 쉽지 않다.

인플레이션을 처방하는 방법은 알코올중독을 처방하는 것과 거의 유사하다. 금주(禁酒)를 결심하는 알코올중독자는 처음에는 거부반응에 대한 심한 통증을 느끼다가, 점차 한 잔 마시고 싶은 욕구를 느끼지 않는 행복한 상태로 변한다. 인플레이션의 경우도 마찬가지이다. 화폐증가율 감소에 따른 효과로 경제성장 둔화, 일시적인 실업률 증가가 나타나지만, 1~2년이 지나면 비로소 인플레이션의 진정, 안정적인 경제성장과 같은 좋은 효과가 나타나기 시작한다.

한편, 1971년 달러를 매개로 한 세계 각국의 통화가치를 금으로 묶어두었던 브레턴우즈 협정(Bretton Woods Agreements)이 붕괴되면서 화폐를 금으로 교환할 수 있도록 해주는 안전장치가 없어졌다. 그 결과 미국을 포함한 세계 모든 나라는 너무나 자연스럽게 아무런 제재도 받지 않고 화폐를 발행할 수 있게 되었다. 통화발행 시스템 자체가 완전히 바뀌게 된 것이다. 브레턴우즈 협정이 붕괴되기 전에는 해당 통화가치를 절하하고 싶을 때 해당 통화와 금 사이의 교환비율을 낮게 조정해야 하는데 금 보유가 여의치 않을 경우 그렇게 할 수가 없었다. 그러나 협정이 붕괴되면서 굳이 금이 필요 없게 되자, 평가절하를 마음껏 할 수 있게 되었고, 덩달아 대내외에 발표할 필요도 없이 반복적으로 할 수 있게 되었다. 금과 교환할 필요가 없는 화폐를 흔히 '법정 불태환 통화'라고 한다. 이런 화폐가 등장하면서 인플레이션이 본격적으로 나타나는데 협정 붕괴 이전 체제에서는 인플레이션이나 디플레이션 등이 그리 문제시되지 않았다. 그리고 불태환 통화가 등장하면서부터 금리, 즉 이자율도 중요해지기 시작하였다. 이자율의 상승과 하락으로 인해 통화량의 과부족이 발생하면서 물가에 직접적인 영향을 미치기 때문이다. 통상 정부당국은 통화량보다는 이자율로 통화량을 조절하는데, 이자율 조절이 질적 통제라 하면, 통화량 조절은 양적 통제 수단인 셈이다.

흔히 자금을 사용하는 대가로 이자를 지급하는데 사용자금(원금)에 대한 이자의 비율을 이자율 또는 금리라 한다. 이자율은 우선적으로 실물과 금융부문의 연결고리 역할을 한다. 즉, 이자율은 실물부문에 해당되는 가계저축과 기업의 투자여부에 영향을 미치는데, 주로 자금조달과 자금운영의 가이드라인이 된다. 자금수요자 입장에서는 자본비용(cost of capital)이 되고, 자금공급자 입장에서는 투자수익률(return of investment)이 되므로 양자 간의 의사결정에 가장 중요한 척도가 된다. 또한 금융부문에서 보유기간에 따른 현재가치와 미래가치 간의 연결고리 역할을 한다. 예를 들어 1년 후의 미래가치는 지금 현재가치에다 1년 동안 생기는 이자를 더하면 되는데 이를 식으로 나타내면 다음과 같다.

$$\text{미래가치} = \text{현재가치} + \text{현재가치} \times \text{연이자율}$$
$$= \text{현재가치} \times (1 + \text{연이자율})$$

한편, 미래가치를 지금의 현재가치로 환산하는 것을 할인(discounting)이라 한다. 그리고 원금에 이자를 가산하여 이자가 부리되는 복리법과, 단순히 원금은 변하지 않고 이자만 부리되는 단리법이 있다.

이자율에는 다양한 종류가 있는데, 이 중 가장 중요한 것이 명목이자율과 실질이자율이다. 명목이자율은 물가상승률에 따른 화폐구매력의 감소를 보전하기 위한 보상을 포함한 이자율이고, 실질이자율은 물가변동이 없는 순수이자율을 말한다. 만약 물가가 상승하면 실질이자율은 명목이자율에서 물가상승률만큼 차감해야 한다. 저축자나 투자자의 관심은 명목이자율에 있는 것이 아니라 실질이자율에 있기 때문에 저축과 투자의 결정요인은 실질이자율의 증감이다. 이를 식으로 표현하면 다음과 같으며 피셔방정식(Fisher equation)이라고도 한다.

$$\text{명목이자율} = \text{실질이자율} + \text{기대인플레이션}$$

위의 식에서 기대인플레이션이 명목이자율보다 높으면 실질이자율은 마이너스(-)가 된다. 이는 저축을 하면 할수록 손해라는 뜻이다. 반대로 돈을 빌린 입장에서는 이익이 된다. 즉, 부채를 보유하고 있는 경제주체는 인플레이션으로 뜻하지 않게 이익을 본다는 의미이다. 그래서 부채과다 보유자는 이러한 인플레이션을 기다리고 있거나 오히려 인플레이션을 유발하는 행위를 조장한다. 결국 인플레이션으로 인해 이익을 보는 사람과 손실을 보는 사람이 생긴다. 이익을 보는 집단은 주로 주식, 채권, 부동산 등 실물자산을 소유하고 있거나 화폐부채를 소유한 사람들이다. 반면, 손실을 보는 집단은 주로 예금이나 현금 등 화폐자산을 소유한 사람들이다. 인플레이션은 경기사이클상 필수불가결하게 나타나므로 승자와 패자 간 수익률 싸움은 불을 보듯 뻔하며, 이로 인한 사회후생적인 부작용은 이루 말할 수 없이 많아진다.

우리나라의 경우 1970년대 초반부터 정부주도의 대대적인 경제개발 사업이 시작되었는데 이후부터 부동산을 통하여 자산증식을 꾀한 투자자들은 인플레이션 덕을 톡톡히 봐서 대부분 엄청난 이익을 취하였다. 단순하게 보더라도 집값이 계속 상승하다 보니, 그 집을 담보로 빌린 대출금 이자율보다 집값 상승률이 높아, 그 차액이 고스란히 이익으로 남았다. 그 대신 은행 등 금융기관에 정기예금이나 정기적금을 꾸준히 불입한 사람들은 인플레이션만큼 손실을 보았다.

금융지표 간 상관관계

일반적으로 금융시장에서 인식하고 있는 대표적인 금융경제 지표는 금리·주가·환율이라고 할 수 있다. 그 외에 통화량, 물가 등이 있으며 이들 지표에 직간접적으로 영향을 미치는 원자재 가격, 외국인투자자금 등이 있다. 금융경제지표는 상호 간에 영향을 미치는데 그 미치는 정도는 실로 복잡하다. 또한 영향을 주는 쪽과 받는 쪽의 순서도 항상 같지 않다. 따라서 금융경제지표 상호 간에 미치는 파급효과나 예상경로를 파악하는 것은 다분히 어렵다. 그래서 경제주체 중 가장 대표성을 지닌 기업의 경영성적표가 반영된 주가를 중심으로 다양한 금융경제지표 간의 상관관계를 파악하는 것이 오히려 이해하기 쉬우며 이를 응용하는 데도 도움이 된다.

우선 금리와 주가의 관계이다. 투자세상에서 자금을 사용하는 대가로 이자를 지급하는데 이때 사용원금에 대한 이자의 비율을 금리 또는 이자율이라고 한다. 이자율이 변동하는 요인은 크게 경기변동, 인플레이션, 화폐공급, 국제수지, 환율, 국제금리 등 주요 거시 경제변수와 금리자유화, 자본자유화 등 제도적 요인, 그리고 세금납부, 명절 등 계절적 요인으로 구분된다. 일반적으로 다른 여건이 동일하다면 금리와 주가는 반비례관계에 있다. 즉, 금리가 상승하면 주가는 하락하고, 금리가 하락하면 주가에는 긍정적으로 작용한다. 그러나 항상 그런 것은 아니다.

만약 금리와 주가가 동일한 방향으로 움직인다면 어떻게 할 것인가? 간단한 판단지표가 Yield Gap이며, 이는 흔히 주식과 채권 중 어느 상품에 투자하는 것이 유리한지도 보여준다. Yield Gap은 다음과 같다.

$$Yield\ Gap = 채권수익률 - \frac{1}{PER}$$

만약 Yield Gap이 양수이면 주식보다 채권에 투자하는 것이 유리하며, 반대로 음수이면 채권보다 주식에 투자하는 것이 유리하다. 위 식에서 PER(price earning ratio)의 역수는 주식을 매수했을 때 투자자가 이론적으로 얻을 수 있는 이익의 정도를 나타낸다. PER는 주가수익률이라고 불리는데 주식의 1주당 시장가격인 주가와 1주당 순이익의 비율을 말한다. 이 비율이 높으면 회사의 이익에 비해 주가가 상대적으로 높다(고평가)는 의미이며, 비율이 낮으면 주가가 이익에 비해 낮다(저평가)는 의미이다. PER를 달리 표현하면 시가총액을 당기순이익으로 나눈 수치이다. 즉, 해당기업을 현재 주가수준에서 인수한다면 매년 당기순이익만으로 투자원금을 회수하는 기간을 뜻한다. 예를 들어 PER가 4이면 4년치 당기순이익만으로 투자원금을 회수할 수 있다는 의미이다. 달리 표현하면 매년 25%($\frac{1}{4} \times 100$)의 투자수익률을 기대할 수 있다는 의미이다. 그러므로 대부분의 투자자들은 시중금리와 비교해서 상대적으로 PER 값이 낮은 주식을 선호한다.

한편, 금리스프레드는 장기금리에서 단기금리를 차감한 것으로 장기금리가 단기금리보다 높은 장고단저 현상이 일반적이다. 이론적으로 장·단기 금리스프레드가 축소되는 경우 혹은 역전될 경우 경기 침체와 이에 따른 주가하락 가능성이 높아짐을 의미한다.

두 번째, 환율과 주가관계이다. 일반적으로 환율은 외환시장에서 외환의 수요와 공급에 의해 결정된다. 그러나 실제로는 각국의 이자율, 물가, 국제수지 등 복합적인 요인에 의해 결정되며 동시다발적으로 영향을 미치기 때문에 환율예측은 상당히 어렵다. 이러한 환율의 움직임은 주가변동에 바로 영향을 미친다. 대체적으로 우리나라처럼 수출주도형 국가에서는 환율과 주가는 같은 방향으로 움직인다. 또한 우리나라를 포함 신흥국으로 외국인 투자자금이 국내에 유입되면 해당 주가는 상승하고, 반대로 유출되면 해당 주가는 하락한다. 보통 국내투자자인 경우에는 주가등락에만 관심을 가지지만, 외국인 투자자들은 환율을 고려하여 자국화폐로 환산한 주가에 관심

을 두고 투자를 결정한다. 그들은 주가차익과 함께 환차손익도 중요
시한다. 때에 따라서 투자한 주식에서 이익이 발생하고 동시에 이를
해당국가 통화로 환산하면서 이익이 발생할 수 있기 때문이다. 물론
그 반대일 때도 있다. 그래서 외국인투자자들은 실시간으로 환율과
주가, 두 가지 요인을 고려하여 국내 시장에 참가하고 있다. 보통 상
승 장세에서는 주가상승률이 환율상승률보다 높을 경우 외국인들의
투자자금 유입이 많아진다. 반면, 하락 장세에서는 오히려 환율하락
률이 주가하락률보다 높으면 투자한 주식에서 발생한 손실을 환차
익으로 만회하기 때문에 이 경우에도 외국인들의 투자자금 유입이
많아진다.

3장 증권화에 의한 새로운 투자패턴을 숙지해야 한다

대부분의 사람들은 주택구입 시 일정금액을 은행에서 대출받는다. 이 경우 은행은 개인이 보유한 주택을 담보로 하여 대출을 해주고, 이후부터 원하는 날짜에 이자를 정기적으로 받으며, 만기가 되면 원금도 돌려받는다. 이때 은행은 이자와 원금을 돌려받을 권리를 확보한 셈이며, 이 권리를 가지고 있으면 돈이 제때 들어오니 돈이 되는 권리, 즉 자산이라 할 수 있다. 그러나 일반시중에 유통되는 자산과는 달리 당장 돈으로 바꿀 수는 없다. 만기까지 묶여 있기 때문이다. 해결방법은 만기 전에 다른 사람이 살 수 있도록 새로운 증권을 만들면 된다. 이를 간단히 증권화라 하는데 이를 통해 다양한 금융비즈니스가 탄생하였고 금융투자시장은 더욱 활성화되었다. 더불어 금융투자상품이 한층 복잡해졌다.

증권화의 기원

자산의 증권화는 1980년대 채권의 증권화부터 시작되었다. 채권증권화는 1980년대 외화부족에 시달렸던 멕시코의 디폴트(default)에 대처하기 위해 미국정부가 강구한 수법이다. 당시 멕시코 정부의 계속된 채무상환 연체로 미국은행은 심각한 경영난에 직면하였다. 이 것을 구제한 것이 '브래디플랜(Brady Plan)'이었다. 니콜라스 브래디 (Nicholas Brady)는 아버지 부시정권에서 재무장관으로 일했다. 우선 미국은행이 보유한 멕시코정부의 달러화 표시 채권을 액면가에서 할인하여 브래디증권이라는 새로운 증권으로 재편했고, 그것을 세계 은행 등의 국제금융기관이나 일본, 유럽 등의 은행이 인수했다. 그 리고 인수은행들은 그 증권을 멕시코에 진출하려는 다국적기업에 전매했다. 다시 그 증권을 산 다국적기업은 멕시코정부에 환매를 요 청하였다. 하지만 멕시코정부에는 애당초부터 외화가 없었다. 그래 서 증권을 주식과 교환했는데, 그 주식은 민영화된 예전의 정부출자 기업이 발행한 것이었다. 이렇게 해서 멕시코에서 국영기업의 민영 화가 이루어졌고, 다국적기업은 민영화된 기업의 주식을 취득함으로 써 멕시코에서 성장기반을 마련하였다. 이것이 당시 '채권의 주식화' 로 불린 증권화의 시초였다. 이후 금융시장에 증권화를 통한 채권시 장이 활성화되었으며 2000년대 들어와서 증권화의 붐은 그 당시 정 크본드를 가장 인기 있는 채권으로 둔갑시켰다. 증권화가 일반화되 기 전에 미국 금융업계의 채권거래는 상당히 보수적이어서 신용평 가기관으로부터 높은 등급을 받은 채권만 거래되었다. 그러나 증권 화를 통하여 다양한 채권이 발행되었으며 덩달아 수익률도 기대이 상이었다. 신용등급이 최하위인 정크본드까지 증권화되면서 수익률 은 최고조로 달하였다. 이후부터 리스크테이킹(risk taking)이란 말이 일반화되었고, 고수익/고위험의 금융상품이 쏟아지게 되었다. 높은 수익을 보장하면서도 그에 상응한 고위험은 회피해버리는 금융비즈 니스가 화려하게 등장한 것이다. 점차 증권화의 기술은 계속 새롭게 진전되었으며, 리스크를 전매하는 조직도 우후죽순으로 생겨났다.

자산보유자로부터 유동화 자산을 양도받아 이를 기초로 유동화 증권을 발행하는 유동화전문회사(Special Purpose Company)가 대표적이다. 그러나 고정된 자산을 유동화하여 살아 움직이는 증권으로 변환시키는 참신하고 획기적인 금융기술이 궁극적으로는 치명적인 독으로 다가왔다. 미국의 서브프라임 모기기 사태의 근본 원인이 바로 증권화 때문이었다.

증권화의 종류

증권화는 보유자산을 담보만 하면 얼마든지 가능하다. 대표적으로 보유채권담보, 부실자산담보, PF(Project Financing)담보, 여러 채권을 합하여 담보하는 경우이다. 이런 것을 통틀어 자산유동화증권(ABS; Asset backed Securities)이라 한다.

자산유동화증권이란 부동산, 매출채권 등과 같이 유동성은 떨어지나 재산적 가치가 높은 유·무형의 유동화 자산을 기초로 하여 발행된 증권이다. 자산보유자는 보유하고 있는 기초자산을 특수목적회사(SPC)에 양도하여, 이 SPC로 하여금 ABS를 발행·매각하게 하고, 그 매각대금을 기초자산을 양도한 대가로 받음으로써 자금을 조달하게 된다. SPC는 자산보유자와 기초자산의 법률적 관계를 단순히 분리하기 위해 설립되는 서류상의 회사(paper company)이다. SPC는 자산보유자가 가지고 있는 다른 자산과 구분하기 위하여, 즉 회계처리과정을 투명하게 하기 위해 도입되었으나 현실적으로는 자산보유회사의 지시를 받아 운영되고 있다. 우리나라는 IMF외환위기 때 일반기업과 금융기관의 유동성이 심각해지자 이를 해소하기 위해

1998년 도입되었으며, 이를 통해 해당 기초자산 보유자는 재무상태를 개선할 수 있게 되었다. 금융기관은 보유한 위험자산을 매각, 현금화함으로써 BIS비율 등 자기자본비율을 끌어올릴 수가 있고, 기업은 보유자산을 유동화해서 자금을 조달하므로 신규로 부채비율을 높이지 않고도 자금을 조달할 수 있다. 또한 신용도가 낮은 자산보유자가 우량자산을 기초로 하여 신용등급이 높은 ABS를 발행하게 되면, 비용을 줄이면서 자금을 조달할 수 있게 된다. 국내에서 거래되는 다양한 자산유동화증권을 다음 표에 정리하였다.

자산유동화 증권 종류

분류	개요
매출채권, 카드, 자동차저당채권 ABS	해당 채권을 각각 기초자산으로 하여 발행된 ABS
NPL ABS	금융기관의 부실자산(NPL; none performing loan)을 기초자산으로 하여 발행된 ABS
MBS(mortgage backed securities)	부동산 저당채권을 기초자산으로 하여 발행된 ABS
PF(Project Financing) ABS	PF의 미래수익을 기초자산으로 하여 발행된 ABS
CDO(collateralized debt obligation)	다수의 채권을 기초자산으로 하여 발행된 ABS

한편, 위의 표에서 다수의 채권을 기초자산으로 하여 발행된 CDO(collateralized debt obligation)는 기초자산이 채권인 경우 CBO(collateralized bond obligation)라 하며, 여신(loan)만을 기초자산으로 하여 발행되면 CLO(collateralized loan obligation)라고 한다. 그리고 합성CDO(synthetic CDO)는 금융기관이 대출채권 등의 리스크 헤지를 목적으로 특수목적회사(SPC ; Special Purpose Company)와 신용파생계약(CDS; Credit Default Swap)을 체결한 후, SPC가 그 신용파생상품을 기초로 발행하는 ABS를 말한다. 신용파생계약은 간단히 신

용위험을 별도의 보험자에게 전가하고 대신 보험료를 지불하는 일
종의 보험계약이다.

증권화의 속성

2008년 미국 금융위기의 주범이었던 서브프라임 모기지 대출채권
은 다른 대출채권에 비하여 태생적으로 연체율이나 부도율이 높을
수밖에 없었다. 대출대상 자체가 신용도가 하위인 계층에다 담보비율
도 대출의 100%까지 이르러 본래부터 신용리스크가 높은 채권이었
다. 그런데 당시 투자자들은 이러한 대출채권이 증권화라는 금융기술
을 통하여 리스크가 낮아질 거라고 믿고 샀다. 미국의 경우 2003년부
터 2007년 초반까지만 해도 금융공장에서 증권화 상품을 만들어 시
장에 내놓기만 하면 없어서 못 팔 정도로 인기가 높았다. 증권화의
속성을 알았더라면 이런 상황은 오지 않았을 것이다.

첫 번째 속성은 증권화를 통해 액수가 큰 대출채권을 가능한 한
많이 모아서 한데 묶은 다음, 이것을 다시 소액채권으로 만드는 것
이다. 소액이면 누구든지 손쉽게 투자할 수 있기 때문이다. 특히 주
택가격은 거래단위가 최소한 몇 억 원이기 때문에 이런 금액을 그대
로 증권화하면 일반투자자들이 구입하기에는 상당히 부담된다. 대출
상품담당자는 이런 점에 착안하여 소액으로 재조립한다. 그러면 노
출자산이 적어지므로 리스크금액도 소액으로 바뀐다. 하지만 전체
리스크는 전혀 줄어들지 않고 동일하다. 단지 금액만 조정됐을 뿐이
다. 예를 들어 증권화 전에는 1명이 리스크 전체를 부담했다면 이것
을 10명에게 분배했다는 의미이다. 10명이 느끼는 리스크에 대한 충

격이나 강도는 변하지 않았는데 노출된 자산의 규모만 소액으로 변경됐을 뿐이다. 보통 액수가 작고 남들도 하면 대부분의 사람들은 따라 하기 마련이다.

두 번째는 증권화를 통해 소액으로 쪼개지만 여기에 순서를 매긴다는 것이다. 바로 선순위, 중간순위, 후순위이다. 이를 트렌치(tranche)라 하는데 각각의 트렌치는 순서가 매겨진 채권들로 구성된다. 이 채권의 본질은 똑같으나 단지 순서가 다르다고 하여 투자은행들은 이를 성격이 다른 채권으로 구분하여 판매하였다. 미국의 경우 보통 모기지채권은 통상 약 30% 정도가 제때 이자를 못 내는 연체채권이다. 만약 순서를 매기지 않고 그대로 동일하게 증권화해서 판매한다면 투자자는 구입하려고 하지 않는다. 혹시 내가 구입한 모기지채권이 30% 안에 포함돼서 이자를 받지 못할 수도 있다고 생각하기 때문이다. 이에 착안해서 대출상품개발자가 순위를 매긴다. 그리하여 100% 중 연체율 30%를 제외한 70%는 안전하게 이자를 받을 수 있기 때문에 선순위채권에 배정한다. 이는 최상위 트렌치채권으로 가장 안전한 신용등급(예를 들어 AAA등급)을 받고, 대신 그에 상응한 낮은 금리를 적용받는다. 그리고 나머지 30%가 연체채권인데 이것이 동시에는 발생하지 않을뿐더러 그중에 과거실적 등을 통해 거의 연체하지 않을 거라고 판단되는 20%를 추출하여 중순위트렌치[28]에 배정하고 상위 트렌치보다는 약간 높은 금리로 판매한다. 나머지 10%로 구성되는 연체채권은 최하위 트렌치로 구분하여 판매하는데, 주로 모기지채권에서 발생하는 모든 손실을 부담해야 한다. 그래야만

---

28) 이를 흔히 메자닌(mez-zanine)트렌치라 한다. 메자닌은 원래 건물 1층과 2층 사이에 있는 라운지 등의 공간, 즉 '중간방'을 의미하는 이탈리아어로 자본시장에서는 담보와 신용 사이 혹은 부채와 자본 사이의 경계를 의미한다.

당초 예상했던 30%의 연체율이 소화되기 때문이다. 이렇게 순위를 매긴 모기지채권을 모기지담보부증권(CMO; Collaterized Mortgage Obligation)이라 한다. CMO는 간단히 말하면 채권과 유사한 지급구조를 갖추면서, 전체 리스크 스펙트럼(risk spectrum)을 투자자의 구미에 맞도록(risk appetite) 적절히 배분한 채권이다.

일반적으로 투자자는 양극단이 비대한 투자구조를 선호한다. 즉, 리스크스펙트럼의 양극단에 투자하고 싶은 성향이 강하다. 예를 들어 보유자금이 1,000만 원 있다고 하자. 이 중 900만 원은 가장 안정적인 자산에 투자하고, 나머지 100만 원은 높은 이익/높은 리스크 자산에 넣고 싶어 한다. 이런 형태의 대표적인 투자상품이 근래 펀드시장에서 인기가 높은 주가지수 연계상품 ELS(Equity Linked Securities)[29]이다. 최초의 모기지상품은 이런 양극단의 중간 정도에 해당되었다. 즉, 가장 안전한 자산에 투자하는 사람들 입장에서는 그다지 안전해 보이지 않았고, 고수익을 추구하는 사람들에게는 "요거다" 하는 높은 수익을 제공하지도 않는, 말 그대로 어정쩡한 상품이었다. 이런 문제가 증권화를 통해 순서를 매기고 여타조건을 가미하면서 해결되자, 이 상품은 폭발적으로 인기를 끌게 되었다. 당시 CMO는 대단한 금융발명품이었고 대출채권시장에 엄청난 영향을 끼쳤다. 순식간에 모기지대출과 모기지 담보부채권 판매가 돌고 도는 선순환이 계속되면서 대출시장 전체는 급격히 확대되었다.

그런데 시장이 과열되면서 문제가 터졌다. 누구나 달려들면서 대출영업 경쟁이 치열해지고 대출구조도 복잡해졌다. 구조가 복잡해지다 보니 자꾸 정도를 벗어난, 무늬만 현란한 상품들이 등장하였다.

---

29) 이에 대한 자세한 설명은 본서 〈별첨 2〉에 기술하였다

더불어 전산시스템이 갈수록 고도화되면서 CMO공장에서는 아무도 이해할 수 없는 별의별 트렌치로 조합된 상품을 무작위로 만들어낼 수 있었다. 이런 형태의 상품들은 아무리 구조가 복잡해도 이자지급 원천은 모기지풀(mortgage pool)에 모두 담겨야 한다. 그러다 보니 높은 신용등급의 멋있는 선순위 트렌치를 많이 뽑아낼수록, 밑에 있는 최하위 트렌치에서는 그만큼 모든 손실을 떠안아야 한다. 최하위 트렌치는 정크본드 수준을 넘어 가히 엄청난 뇌관을 안고 있는 핵폭탄으로 변했다.

더욱 문제는 최하위 트렌치에 투자한 사람이 많았다는 것이다. 만약 시장상황이 좋아져서 당초 예상했던 연체율이 30%가 아니라 20%였다고 하자. 그러면 원래 30%로 예상하고 배정됐던 트렌치에서 10%의 이익이 발생한다. 이 모든 이익을 바로 최하위트렌치가 전부 가져간다. 물론 반대로 손실이 나면 전부 책임져야 한다. 이것은 일종의 도박이다. 그리고 정크본드타입의 채권은 엄청 저렴하게 살 수 있어서 더욱 매력적이다. 순식간에 몇 백 %의 수익률을 낼 수 있는 전형적인 투기상품이다. 주식보다 오히려 더 화끈한 상품인 것이다.

더더욱 문제는 2007년 당시 최하위 트렌치에 미국의 간판투자은행인 베어스턴스, 리먼브러더스, 메릴린치, AIG투자, JP모건 등이 투자했다는 점이다. 그들은 엄청난 규모의 자금을 조성하여 그에 맞는 헤지펀드를 수십 개 운영하고 있었는데 이들 펀드의 대부분이 최하위 트렌치에 배정되는 채권을 엄청나게 보유하고 있었다. 왜냐하면 싸게 구입하고 비싸게 팔 수 있어 과거처럼 엄청난 수익을 안겨다 주기 때문이었다. 이때마다 최고경영자나 펀드운영자들은 그에 상응한 인센티브로 엄청난 보너스를 챙겼다.

가장 최악의 문제는 헤지펀드의 대부분이 자기자금을 별로 들이지 않았다는 점이다. 당시 모기지상품에 투자한 헤지펀드들은 통상 자기자본의 5배 내지 10배의 레버리지를 일으켰다. 당시에 베어스턴스나 리먼브러더스는 모기지의 최하위채권에 집중 투자하여 단번에 고수익을 노리다가 상황이 악화되자 바로 파산해 버렸다. 직접적인 원인은 레버리지 때문이었다. 결론적으로 이런 방식의 투자는 여차하는 순간에 손실이 눈덩어리처럼 불어나는 아주 치명적이고 위험한 투자라는 것이다.

세 번째, 증권화로 인해 여러 채권을 모을 때 성격이 다른 자산, 즉 이질적인 채권을 함께 의도적으로 묶는다. 예를 들어, 서브프라임 모기지 담보채권에 미국 동부의 뉴욕저택과 서부 캘리포니아의 주택담보대출을 섞을 경우 상대적으로 리스크가 분산되는 효과가 나타난다. 그 이유는 뉴욕의 금융업 경기가 나빠져도 서부의 IT산업이 해외 신흥국의 수요로 인해 좋을 수도 있기 때문이다. 물론 이것은 현실과 맞지 않다. 다만 단순히 그냥 묶는 것보다는 이렇게라도 하는 것이 리스크관리 차원에서 현명한 대응인 것이다. 모기지 담보상품 개발자는 아무리 신용이 나쁘고, 담보가 약하고, 소득확인조차 안 되는 대출채권들만 모았다 하더라도 이들 대출이 동시에 연체되거나 부도가 발생하지 않을 거라는 논리를 주장했다. 통계학적으로 보더라도 대수의 법칙을 적용한 충분히 합리적인 판단이라 할 수 있다. 그러나 실제로는 대부분이 불량한 대출채권이어서인지 한꺼번에 문제가 터져 미국의 서브프라임 사태가 발생한 것이었다.

결론적으로 증권화로 인한 리스크 축소는 책상에 앉아 계산하는 방식대로 되지 않는다는 것이다. 아무리 과학적이고 합리적인 통계모델을 사용하더라도 현실과 맞지 않는다는 것을 분명 인식해야 한

다. 증권화로 인한 리스크를 쪼개거나, 순위를 매겨 그 정도를 달리
하거나, 의도적으로 다른 지역을 섞어 분산을 유도해도 리스크는 전
혀 축소되지 않는다. 리스크가 이쪽에서 저쪽으로 옮겨 갔을 뿐이지
그 자체가 없어진 것은 아니다. 하지만 두 번째에서 지적했듯이 리
스크순서를 바꿔서 조합하면 그렇지 않을 때보다 훨씬 고객의 취향
에 맞는 다양한 상품을 제공할 수 있다는 것은 상당히 매력적이다.

4장 투자자의 행동심리를 꿰뚫고 있어야 한다

투자자라면 투자하기 전에 최소한 준비해야 할 기본원칙이 있다. 우선 투자할 대상에 관한 지식이 있어야 한다. 대체로 거시경제정책에서부터 주식, 채권, 펀드 등 다양한 금융상품의 특징, 그리고 해당 기업의 재무상황과 이와 관련된 최근 동향 등을 알아야 한다. 물론 오랜 기간 관찰해야 함은 당연하다. 다음으로 어떻게 투자할지에 대한 방법을 터득하는 것이다. 이것 역시 무수한 시행착오 끝에 깨닫게 된다. 그러나 수학공식처럼 시행착오를 거듭한다고 해서 더 많이 깨닫는 것은 아니다. 투자에서 '어떻게'는 투자자의 심리가 들어가 있기 때문이다. 투자자라면 남의 심리파악에 앞서 투자자 스스로의 성향이나 기호를 정확히 파악하고 덤벼들어야 한다. 그래야만 어려운 상황에 직면했을 때 자기 자신을 극복하고 이겨낼 수 있다.

일반적으로 모든 경제주체들은 최대한 합리적으로 판단하여 의사결정을 한다는 것이 전통적인 경제학이론이다. 즉, 합리적인 인간을 전제로 한다. 그러나 현실은 그렇지 않다. 특히 투자세계에서는 더욱 비합리적인 현상이 목격된다. 현실적으로 대부분의 개인은 합리적인 의사결정을 내리지 못하고 여러 심리적 요인에 의하여 갈등을 느끼며, 그 결과 비이성적인 오류를 범하게 된다. 그러므로 비합리적인 행동방식을 밝혀내고 이를 체계화하고자 하는 관심과 노력은 지금의 금융투자세상에서는 필수불가결하다.

투자세상에서 자주 접하는 투자심리 사례는 다양하며, 일상적인 심리현상보다 훨씬 복잡하고 그에 따라 객관적인 결과를 끄집어내기가 어렵다. 대표적인 사례로 군중심리, 자기과신 및 자기봉사 편향, 틀짓기 효과, 보유효과, 닻 내리기 효과, 휴리스틱(heuristic) 판단, 도박의 오류와 자기관여의 현상 등을 들 수 있다.

군중심리

과거 금융시장 역사를 살펴보면 상식적으로 이해가 되지 않는 비합리적인 현상들이 되풀이되고 있음을 알 수 있다. 대표적으로 17세기 네덜란드 튤립 열풍, 20세기 말 전 세계적으로 휘몰아쳤던 닷컴(.com)주 열풍, 그리고 21세기 들어 미국의 주택모기지 대출 열풍 등을 들 수 있다. 이런 상식 이하의 투자열풍에 번번이 많은 사람들이 몰려드는 이유는 무엇일까? 바로 '군중심리' 때문이다. 이는 단순히 어떤 이유로 인해 판단을 내릴 시점에서 자신의 생각이 아닌 주변사람들의 생각을 따른다는 의미로 동조현상이라고도 한다.

금융시장 역사 중 가장 드라마틱하고 후세에 교훈이 될 만한 군중심리 사례가 네덜란드의 튤립열풍이다. 처음 네덜란드에 들어온 튤립은 그냥 귀족계급들의 관상용 꽃이었는데 이게 사회적 지위를 상징하게 되면서 귀부인들의 액세서리, 마차장식에까지 사용하게 되었고 꽃의 색깔과 무늬에 따라 튤립에 '황제, 총독, 제독, 장군'과 같은 이름을 붙였는데, 최상급 꽃은 당시 집 한 채 값과 같았다고 한다. 그런데 튤립은 알뿌리 식물이어서 일단 심으면 다음 해 봄이 될 때까지 색깔이나 무늬를 알 수가 없는 독특한 특징이 있었는데 이게 바로 투기대상이 되는 단초 역할을 하였다. 만약 평범한 알뿌리를 심어서 다음에 황제 튤립이 피면 대박이 되는 것이다. 그러니 일반서민들도 알뿌리를 사게 되고 상황이 거듭될수록 튤립가격은 폭등하고 살려는 사람도 폭발적으로 늘어났다. 이제 튤립거래는 국가적으로 '뜨는 사업'이 되었고 유럽 전역에서 네덜란드로 모여들었으며 현금이 없으면 외상으로 사기도 하였다. 가장 올랐을 때, 튤립 한 뿌리로 돼지 8마리, 양 12마리, 와인 6톤, 배 한 척을 살 수 있었다고 한다.

누구든지 쉽게 접근하는 주식시장에서도 군중심리는 다양하게 나타난다. 우선 남이 주식으로 한몫 잡으면 괜히 초조해하는 현상이다. 주변에서 누가 주식으로 거액을 벌었다는 이야기를 들으면 자기도 주식투자를 하지 않으면 기회를 놓칠 것 같다는 초조감이 드는 사람은 조심해야 한다. 대체로 언론매체에서 특집기사가 나올 때쯤 되면 시장이 폭발직전이라고 보면 된다. 두 번째는 시장에서 재료와 수급에 관계없이 거래량이 폭발적으로 늘어날 때 판단력을 잃는 경우이다. 이런 상황에서는 모두가 대범하게 주식을 사기 때문에 자기도 안심하고 사는데 이것이 군중심리의 전형이다. 마치 자기만 마음이 약해져 매입을 하지 않으면 왠지 낙오되고 손해를 본 듯이 불안해한다. 세 번째, 시중의 과잉유동성 또는 해당기업의 신기술과 신제품에 대한 장래가치의 과대평가 등으로 인해 머니게임에 편승하는 경우이다. 이런 상황에서는 '오르니까 사고, 사니까 오른다'는 머니게임 특유의 메커니즘이 발동하게 되고, 혹여 이런 과정에 낙오되면 목돈 벌 찬스를 잃게 될까 봐 초조함과 조급함이 극에 달한다.

금융시장에서 성공원리는 간단하다. 바로 '싸게 사서 비싸게 파는 것'이다. 하지만 지금 이 순간에도 고점에 사서 저점에 파는 바보들은 여전히 존재한다. 개인적으로는 현명하지만 군중심리에 현혹된 사람들이다. 튤립열풍에서 보듯이 시장의 본질을 파악하고 당시 시장에서 반대되는 행동을 했더라면 아마도 그는 엄청난 부를 획득했을 것이다. 군중이 가는 길을 알아야만 나의 자산을 지켜낼 수가 있다.

자기과신 및 자기봉사 편향

흔히 기업의 고급정보나 해당 사업파트의 고위급을 통해 나온 정보를 들을 때면 누구든지 솔깃한다. 자기과신에 빠지는 가장 흔한 사례이다. 설령 알고 있는 정보가 많다고 주식시황을 남보다 잘 예측할 수 있을까? 대부분 정보가 많아지면 지식도 늘어나 의사결정의 정확도가 높아질 것이라고 확신한다. 특히 똑똑한 사람일수록 이런 생각을 갖는다. 전형적인 자기과신의 태도라고 할 수 있다. 금융시장에서 자기과신으로 인해 투자손실이나 기대만큼 수익을 내지 못한 경우는 비일비재하다. 단지 자기과신 때문이라는 것을 몰랐을 뿐이다.

자기과신은 자신의 능력을 과대평가하거나 자기가 다른 사람의 눈에 더 좋게 비칠 것이라고 믿으며, 무엇을 예측할 때 실수할 확률이 적다고 믿는 성향을 말한다. 이런 현상은 주식투자에서 자주 나타난다. 자기과신 투자자는 자신이 가진 정보의 정확성을 과신하기 때문에 투자에 따른 위험요소를 과소평가하거나 자신이 투자하는 상품수익률이 높을 것이라 믿고 예상수익률도 다른 사람이 생각하는 것보다 더 높게 잡는다. 그러므로 아주 자연스럽게 투자를 결정하곤 한다. 결과는 어떨까? 미국 캘리포니아 대학의 바버(Barber)와 오딘(Odean) 교수의 연구결과에 의하면, 자기과신이 높으면 투자수익률이 떨어지고 거래빈도도 잦아진다고 한다. 또한 그들은 자기과신을 할수록 자신이 가지고 있는 정보의 양과 질에 대한 확신이 강해져 거래를 자주 하는 편이라고 분석하였다. 그 외 남성이 여성보다 자기과신의 경향이 높고, 주식투자에서 있어서 남성은 자기과신으로 인해 여성보다 낮은 수익률을 얻는다고 하였다.

한편, 투자자들 자신은 그럭저럭 잘해 나가고 있다고 생각하고, 적어도 자신의 투자실력은 평균 이상이라고 여기는 경향이 있다. 물론 금융시장의 패닉이나 특정한 사건이 발생하여 주식시장 전체가 붕괴될 경우 대부분의 투자자들은 손해를 본다. 심할 경우 주식시장을 떠나는 사람도 나타난다. 그럼에도 사람들은 일정시간이 지나면 실제 기대했던 결과 이상으로 자신은 잘하고 있다고 느낀다. 이런 현상을 심리학적으로 '자기봉사 편향'이라고 한다. 주식투자는 그 결과가 이익인지 손실인지 바로 알 수가 있다. 따라서 본인의 투자성적에 대하여는 객관적으로 평가할 것 같은데도 실제로는 그렇지 않다.

대부분의 사람들은 자기의 성공에 관하여 자신의 노력이나 남들보다 우수한 잠재능력의 결과라고 생각한다. 적어도 노력과 상관없이 작용한 우연의 역할에 대해서는 과소평가한다. 또한 뜻하지 않은 실패를 당할 경우 '단순히 운이 나빴다'며 우연의 탓으로 돌려버린다. 그로 인해 어떤 결과가 자신의 노력이나 능력으로 달성되었다고 느끼는 성공의 기억은 강하게 남고, 우연의 탓으로 치부하는 실패의 기억은 희미하게 잊힌다. 대체로 자기의식이 강한 사람들에게 이런 현상은 자주 나타난다.

자기봉사 편향에 노출되어 있음을 알고 있어도 이것은 마음속에 무의식적으로 작용하기 때문에 그 어떤 객관적인 자료를 보여주어도 인정하려 하지 않는다. 설령 객관적인 자료가 기대 이상으로 저조했더라면 이런 형태의 사람들은 "그때의 실패는 운이 나빴기 때문이다. 그 일이 없었으면 훨씬 더 성적이 좋았을 것이다"라고 핑계를 댄다. 결국 자신은 그럭저럭 잘해 왔다는 인식을 바꾸는 일은 거의 없다.

틀짓기 효과

사람들 누구나 복권을 살 때 당첨을 꿈꾼다. 또한 주식이나 채권을 살 때는 혹시라도 해당 기업이 파산해서 주식이나 채권이 휴지조각이 되지 않을까 염려한다. 부동산을 구입할 때도 마찬가지이다. 매도자가 사기를 쳐서 혹시 무언가 잘못되지 않을까 걱정한다. 그러나 이런 일들은 금융거래에서 매우 드문 현상에 해당된다. 일반적으로 대부분의 사람들은 드문 현상이 일어났을 때의 상황에 초점이 맞추어져 있으며, 그 확률을 높게 예상하는 경향을 보인다. 한편, 주식시장이 폭락한 뒤 일정 시간이 지나 안정된 움직임을 보이면 대부분 사람들은 언제 폭락이 있었냐는 식으로 주식시장을 바라본다. 사람들은 먼 과거보다 비교적 가까운 과거의 기억에 한층 더 강한 영향을 받는다. 바로 익숙함 때문이다. 만약 주가가 계속해서 안정된 추이를 보이면, 그 상황에 익숙해져 먼 과거에 발생했던 폭락사태는 일어나지 않을 것이라고 느낀다. 이런 상황에서는 드문 현상이 일어났을 때의 일이 기억 속에서 멀어지기 때문에 사람들은 그 확률을 거의 무시하는 경향을 보인다. 이처럼 사람들은 드문 현상의 발생확률을 어떤 유형의 것은 항상 과대평가하고, 다른 유형의 것은 항상 과소평가하게 된다.

이와 같이 어떤 문제의 어디에 초점을 맞추고 어떤 틀로 파악하느냐에 따라 전혀 다른 답이 나오는 것을 틀짓기 효과 또는 프레이밍 효과(framing effect)라고 한다.

틀짓기 효과는 통상 어떤 문제나 상황이 제시되는 방법, 표현하는 틀에 따라 상황을 판단하는 방향이 달라지는 현상을 말한다. 프로젝트를 제안할 때, 같은 내용을 설명해도 누가 하느냐에 따라 또는 프레젠테이션의 방식이나 표현기법에 따라 모두 달라 보이는 것도 전형적인 프레이밍 효과라고 할 수 있다. 투자시장에서 이런 대표적인 현상이 이익과 손실의 인식차이이다. 심리학자의 연구결과에 의하면 사람들은 일반적으로 손실보다는 이익에 더욱 민감하며, 손실에 대해서는 조금 더 위험한 선택을 한다는 것이다. 그들은 동일한 100만 원의 손실과 이익이라면 사람들은 손실의 크기를 이익의 크기보다 2배쯤 크게 느낀다는 것을 밝혀냈다. 대체로 투자자는 원금은 지켜야 한다는 생각에, 이익의 구간은 견디려 하지만 손실은 받아들이기 어렵다고 느낀다. 인간은 리스크를 회피하진 않지만 그에 상응한 이익과 손실을 동일하게 보지 않는다는 것이다. 특히 신중한 성격보다는 본능이나 직관에 의해 투자하는 사람에게 프레이밍 효과가 더욱 크게 나타난다고 한다. 실제 투자에서 똑같은 상황을 두고도 투자자들이 각기 다른 태도를 취하는 이유가 여기에 있다. 따라서 정형화된 형식의 투자기법은 모두에게 적용될 수 없다.

보유효과

대부분의 사람들은 흔히 이사를 가기 전에 물건을 정리하면서 필요 없는 것은 버려야지 라고 생각한다. 그러나 생각만큼 쉽지 않다. 바로 내 물건이 되면 버리기가 아깝기 때문이다. 또한 중고물건을 살 때도 싸게 사려고 애쓰지만, 반대로 자기의 중고물건은 비싸게 내 놓는다. 내가 가지고 있는 물건에 실제보다 더 높은 가치를 부여한 적은 없는가? 내가 보유한 것에 높은 가치를 부여한 것은 바로 내 손때가 묻은 것이고 내가 좋아하는 것이며 세상에 하나밖에 없는 것처럼 생각하기 때문이다. 어떻게 보면 당연하다고 볼 수 있지만 이것도 하나의 심리적인 현상이며, 이를 보유효과 또는 소유효과라 한다. 보유효과는 자신이 가지고 있는 물건에 시장가격보다 더 높은 가치를 부여하지만 같은 물건을 사려고 할 때는 시장가격보다 더 싸게 사고 싶어 하는 성향을 말한다. 경제적 합리성에 의하면 두 금액은 같아야 하는데 현실에선 사람들이 심리적으로 두 가지를 다르게 느끼는 이중성을 보인다.

증권시장에서 보유효과는 큰 영향을 미친다. 이익이 난 종목은 더 큰 이익을 바라고, 손해를 본 종목은 곧 반전할 것이란 기대를 안으면서 계속 보유하려는 경향이 강하다. 심리적으로 볼 때 매수와 매도기간과 휴식기간을 똑같이 바라보기란 정말 어렵다. 연구결과에 의하면 보유효과는 적은 수량의 거래에서 두드러지며, 기관투자가보다는 일반투자자의 거래에서 더욱 강하게 나타나는데, 특히 온라인 데이트레이더에게는 아주 강하게 나타난다고 한다.

이를 극복하는 방법은 없는가? 그 답은 역지사지이다. 즉, 현재 주식을 갖고 있으면 '지금 이 주식을 이 주가에 사더라도 충분히 매력적인 가격인가?'를 반문 해봐야 한다. 매력적이지 않으면 보유주식을 적극적으로 매도해야 한다. 설령 당장은 아니더라도 매도를 항상 고려해야 한다. 같은 방법으로 사고 싶은 주식이 있을 때는 '지금 이 주식을 갖고 있는데 팔아야 하는 것은 아닌가?'라고 반문해야 한다. 팔아야 한다는 생각이 들면 절대로 매수해서는 안 된다. 투자 초보자일수록 반드시 이런 과정을 거쳐야 한다. 그렇지 않으면 어렵게 장만한 내 돈이 그냥 남들 노는 굿판에 좋은 먹잇감으로만 헌납될 뿐이다.

닻 내리기 효과

닻 내리기란 배가 항구에서 닻을 내려 머무는 것을 말한다. 그러면 파도가 치거나 바람이 불어도 배는 움직이지 않는다. 배가 움직이려면 닻을 끌어올려야 한다. 인간의 심리도 이와 같아서 처음에 떠올린 값에 묶여 이를 변화시키기가 어렵다. 가장 흔한 예로, 시장에서 물건을 흥정할 때 붙어 있는 가격표가 기준가로 작용하는 경우이다. 즉, 가격표는 이미 내려진 닻이며 흥정은 이 가격표부터 시작된다. 이런 현상을 닻 내리기 효과라 하며 투자세계에서도 다분히 나타난다. 특히 투자과정에서 겪었던 보유종목의 가장 높은 가격이나 가장 낮은 가격은 처음부터 끝까지 매수 또는 매도의 기준가로 작용한다. 따라서 이러한 기준가격으로 인해서 적절한 매매타이밍을 놓치게 된다. 그러면 손실로 이어질 가능성이 높게 된다. 닻 내리기 효과, 즉 정박과 조정은 투자의 세계에서 매매를 결정하는 타이밍에 영향을 미치는 중요한 요소다. 특정 종목의 최저가와 최고가, 조정 시기의 저점과 고점은 중요한 정박가격이다. 사실 매수가격이 높으면 손절매하는 것이 정말 어렵다. 자신이 매수한 가격이 기준가격으로 이미 옮겨졌기 때문이다. 매수가격이 매도에 영향을 미친 것이다.

일반적으로 '매수가격은 잊어라, 손절매율을 미리 정하고 기계적으로 매매하라, 수익률에 연연해하지 말고 시장에 순응하라, 너무 자주 주가를 확인하지 마라'와 같은 격언은 정박과 조정이라는 투자심리를 일깨우는 말이다. 가령 어떤 투자자는 하루도 빠짐없이 주가를 확인한다. 이 경우 매일매일의 주가가 정박가격이 된다. 우리는 매수가격과 매도가격을 잊고 매매에 임하는 것이 불가능하다는 것을 알고 있다. 따라서 과거 주가의 모습을 적어도 5년 정도 살펴보고 투자하되, 시장을 이겨야 한다는 가장 보편적인 욕심을 버려야 한다.

휴리스틱(heuristic) 판단

만약 여러분 앞에 넥타이를 매고 말쑥한 차림의 사람이 있다고 하면 그는 변호사와 엔지니어 중 어떤 직업군에 속할까? 대부분의 사람들은 변호사라고 추측할 것이다. 흔히 사람들은 무언가 판단할 때 평소에 듣던 것을 기준으로 한다. 확률적으로도 발생가능성이 높다고 생각한다. 또한 주변에 친숙한 것을 기준으로 판단을 내리기도 한다. 왜 그럴까? 인간은 살아가면서 수많은 의사결정을 하게 되는데, 이때 평소에 아는 것이나 친숙한 것을 선호하는 습성으로 판단하기 때문이다. 사람들은 대부분 뭔가를 판단할 때, 객관적인 모든 정보를 수집하고 분석한 다음, 의사결정을 하는 것이 아니라 정보의 극히 일부를 토대로 답을 끄집어내는 경우가 많다. 심지어는 무의식 중에 지극히 기계적이고 고정적인 방법으로 해결점을 찾는 경우도 있다. 이처럼 약간의 정보를 토대로 일정하게 패턴화된 방법을 이용해 답을 찾는 것을 휴리스틱이라 한다. 이는 어리석고 저급한 해결방식이 아니라 아주 간단한 해결법일 뿐이다. 그리고 대부분의 경우 크게 도움이 된다. 경험에 기반에 둔 판단이기 때문이다. 휴리스틱은 경험에 기반하여 문제를 해결하거나 발견해내는 방법의 일종이다. 이는 투자에서도 그대로 적용된다. 투자자들은 친숙하고 잘 아는 기업을 주로 선호한다. 그러다보니 간혹 좋은 투자대상과 좋은 회사를 혼동하기도 한다. 좋은 투자대상은 저평가된 기업과 성장성이 있는 기업을 말하는데, 이런 회사들을 선택해야 나중에 수익을 실현할 확률이 높아진다. 그런데 좋은 회사는 이미 주가에 가치와 성장성이 반영된 경우가 많다. 좋은 회사가 좋은 투자대상이 되는 것이 아니다. 그럼에도 대부분 사람들은 좋은 회사가 좋은 투자대상이라고 믿는다.

특히, 주식시장에서 휴리스틱은 자주 목격된다. 주식시장은 하루에도 수없이 많은 다양한 정보들이 넘쳐난다. 따라서 모든 정보를 분석하기에는 현실적으로 힘들다. 그러므로 취사선택을 하는데 그때 많은 사람들이 휴리스틱을 사용한다. 가령 수많은 애널리스트의 예측 중에서 하나를 선택하기 위해 유명한 스타급 애널리스트의 예측만을 믿거나 또는 과거에 예측이 잘 맞았던 애널리스트만을 신뢰하는 경우이다.

도박의 오류와 자기관여의 환상

예를 들어, 동전 던지기 게임을 하는데 앞면이 나오면 내가 이기고, 뒷면이 나오면 상대방이 이긴다고 해보자. 처음 몇 번은 앞과 뒤가 적당히 섞여 나오다가 6회 때부터 뒷면이 연속해서 다섯 번이나 나왔다. 그러면 다음에 앞면이 나올 확률은 얼마일까? 당연히 50%이다. 하지만 인간의 심리는 뒷면이 계속 나오면, 무의식중에 앞면이 나올 확률을 조금씩 높게 예상한다. 이를 심리학적으로 도박의 오류라고 한다. 주식시장에서 주가가 연속해서 하락하면 다음에는 상승할 것이라고 생각한다. 물론 상승할 수도 더욱 내려갈 수도 있다. 어느 누구도 알 수가 없다. 하지만 인간의 마음은 상승할 확률이 크다고 보게 된다. 투자자라면 한 번쯤 평소에 잘 알고 있는 기업의 주식이 연속해서 하락하면 서둘러 주식을 사버리거나, 팔아야 할 주식을 그대로 보유하고 있다가 손실이 불어나는 경험을 했을 것이다.

한편, 자신이 관여함으로써 확률이 변하는 것처럼 느끼는데 이를 자기관여의 환상이라고 한다. 대부분의 사람은 로또복권을 구입할 때 주변 사람들에게 부탁하지 않고 자신이 직접 사러 간다. 무의식중에 자신이 직접 관여하면 어떤 사건이 발생할 확률이 높아진다고 착각하는 것이다. 만약 주식시장에서 비슷한 실적을 보인 A사와 B사가 있다고 하자. 이럴 경우 대부분의 투자자는 두 회사 중 자신이 잘 알고 있는 회사의 주식이 상승할 확률이 높다고 느낀다. 다행히 A사와 B사의 주가가 비슷하게 움직이면 크게 문제될 것이 없지만, A사와 B사보다 실적이 우수한 C사가 있더라도 자신이 잘 알고 있는 회사의 주식만이 높이 상승할 것이라고 느끼는 것이 문제이다. 또는 친한 친구에게서 "너에게만 알려주는 정보인데"라며 D사의 주가가 조만간 올라갈 것이라는 귀에 솔깃한 이야기를 들었다고 하자. 사실 그 정보 자체가 틀릴 수도 있고, 또한 자기한테뿐만 아니라 다른 사람들에게도 알려줬을지 모른다. 그럼에도 자신만 알고 있는 정보로 인해 D사의 주가가 상승할 확률이 높다고 여기게 된다. 물론 아직 시장에 공시되지 않은 내부정보로 인해 정말 D사의 주가가 상승할 확률이 높아질 수도 있다. 이럴 경우에는 더욱 친구의 정보에 기울게 된다. 객관적인 판단이 흐려지는 시점이다. 친구가 선의 혹은 다른 목적으로 정보를 알려줬던 것 자체가 문제가 아니라 이제부터는 본인의 이성적인 판단력이 점차 흐려지는 것이 문제이다. 한편, 과거 투자에 성공한 경험이 있는 종목이 있으면 역시 그 기업의 주가가 다른 기업보다도 상승할 확률이 높다고 느낀다. 이처럼 확률적인 접근방법이 상승할 것인지, 하락할 것인지를 객관적으로 판단하지 못하고 한 방향으로 편중되는 것을 심리학적으로 '인지편향'이라 한다.

5장 투자두뇌의 역량은 확률론적 사고에 달려 있다

세상을 살면서 최소한 한 번이라도 어떤 투자의사결정에 대하여 심각하게 고민했던 사람이라면 상승이냐, 하락이냐로 투자결과를 예측할 수 없다는 사실을 충분히 잘 알고 있다. 만약 아주 친한 사람이 이 종목에 투자하면 상승할 확률이 100%라고 강력히 권하면 가지고 있던 모든 재산을 투자하는 것이 당연하다. 그러나 세상물정 모르는 아주 순진한 사람들 빼고는 그런 일은 있을 수 없다는 것을 잘 알고 있다. 신(神)이 아닌 이상 미래를 예단하는 것 자체가 잘못이다. 그렇다면 친구의 말을 듣는 사람은 당연히 스스로 80%이든, 60%이든 투자했을 때의 상승가능성을 예측해 보고, 어느 정도 투자할지를 결정해야 한다. 그래서 만약 상승할 확률이 80%라고 판단이 서면, 나머지 20%는 하락할 확률이므로, 이때 발생할 손실이 얼마이고 과연 내가 감당할 수 있는가를 가늠해 보는 것이다. 투자세상에서 확률론적 사고는 반드시 필요하다.

확률론적 접근방법

간혹 투자세미나에 참석해 보면 이런 질문이 당연히 나온다. "그렇다면 앞으로 어디에 투자하거나, 어떤 종목을 사야 하나요?" 대부분의 전문가라면 다음과 같이 대답한다. "불확실한 요소가 많기 때문에 자신있게 권해 드릴 수는 없습니다. 그럼에도 원하신다면 이런 종목을 권해 드립니다. 다만 확률적으로 보았을 때 대략 80% 정도는 승산이 있을 거라 예상합니다." 그런데 이런 대답은 전문가일수록 더욱 많이 사용한다. 그러나 일반 대중은 "이 종목에 투자하면 돈을 법니다"라는 말을 듣고 싶을 뿐이다. 설령 투자결과가 예상을 빗나가더라도 당장은 투자 시 도사리고 있는 마음속의 불안감을 해소해 줄 그런 말이 필요한 것이다.

이런 상황은 일반인뿐만 아니라 전문가들이 모인 투자회사에서도 종종 나타난다. 투자분석 회의 때 상사가 투자전망을 질문할 경우 담당 펀드매니저가 "여러 상황을 최종적으로 고려할 때 상승할 확률은 80%이며, 하락할 확률은 60%입니다"라고 대답하면 상사는 "그래서 어쩌란 말인가? 투자하라는 건가? 하지 말라는 건가?" 전문가들 회의에서조차 나타나는 이런 현상의 주된 원인은 투자결과에 대한 확신이 없기 때문이다. 그러나 생각해 보라. 어느 누가 앞으로의 불확실한 미래를 자신있게 주장하겠는가? 상사는 있을 수 없는 답을 요구하고 있는 것이다. 물론 상사도 질문에 대한 답이 빤한 것을 알고 있다. 이럴 경우 할 수 있는 최선의 방안이 바로 확률적인 접근방법이다. 좀 더 올바른 투자의사결정은 어떤 종목이 오르고 내리고를 판단하는 것이 아니라 상승할 확률이 몇 퍼센트인가를 살펴보고 투자여부를 판단하는 것이다.

확률론적 투자자는 "지금 나의 예측이나 기대가 과연 맞는 것인가, 만약 잘못되었다면 어떤 일이 일어날 것인가, 손실은 얼마이고, 감당할 수 있을까? 그리고 나의 가족이나 주변에 어떤 영향을 미칠 것인가?"와 같은 질문을 수없이 반복하면서 어떤 사태가 어느 정도의 확률로 발생할 것인가를 가급적 객관적으로 예측한다. 그리고 투자 이후 일어날 수 있는 다양한 시나리오와 그에 따른 이익과 손실을 예상하여 최종적으로 의사결정을 내린다. 한편, 이런 타입은 다소 냉소적일 수 있으며 더구나 논리적이어서 따분할 수 있다. 주로 좌뇌형 사람들이 해당된다. 반면, 우뇌형 사람들은 스스로의 직감이나 동물적인 감각에 더 우선하여 판단하곤 한다. 사실 어떤 경우든 그 결과가 본인이 예측한 대로 나오면 전혀 문제없다. 그러나 지금의 세상은 우리가 생각한 것보다 훨씬 복잡하다. 앞으로는 더욱 그러할 것이다. 그만큼 세상의 한정된 자원은 고갈되어 가고 시간이 갈수록 원하는 목표수익률 경쟁은 치열해질 수밖에 없기 때문이다.

세상에는 굳이 확률론적 사고가 필요 없는 경우도 많다. 일상적이며 단순한 사항에 대해서는 확률론적 사고가 오히려 비효율적일 수 있다. 이런 경우에는 비확률론적 사고가 상당히 유효하며 문제해결에 도움이 된다. 예를 들어, 한 방을 노리는 단기 투자를 한다면 굳이 확률론적 사고를 할 필요가 없다. 어차피 한 번에 승부수를 띄워 결판을 내야 한다. 필요한 것은 넉넉한 자금과 두둑한 배짱이다. 하지만 원하는 대로 성공해서 대박을 남겨도, 결국에는 큰 손해를 보고 그때까지 벌었던 이익을 모조리 날려버리는 경우가 허다하다. 주식시장에서 이런 사람들이 자주 목격된다. 주변에 일시적으로 성공을 거둔 사람은 많지만 오랫동안 꾸준히 이익을 남긴 사람들은 흔치 않다. 장기적이고 지속적인 성공을 실현하기 위해서는 확률론적 사고가 반드시 필요하다.

확률론적 사고에 필요한 핵심요소

불확실한 세상에서 필요한 것이 확률론적 사고이다. 따라서 확률론적 사고는 확실한 세상에서는 굳이 필요 없는 사고방식이다. 불확실하다는 것은 무엇인가? 우선 불확실성은 어느 누구도 예측할 수 없다. 사전에 무슨 일이 일어날지 모르기 때문에 무엇이 올바른 대처방법인지 미리 알 수가 없다. 그렇다고 뜻밖의 사태가 발생하면 그냥 손 놓고 있을 수도 없다. 불확실성에 대처하는 현명한 방법은 우선 다양성을 확보하는 것이다. 다양한 관점, 다양한 기법, 다양한 재능과 같은 다양성이 예측할 수 없는 사태에 대응할 수 있는 버팀목이 된다. 다양성이 풍부한 사람일수록 긴급사태가 발생할 때 이에 대처하는 힘이 의외로 강하다.

두 번째, 불확실한 세상에서 실패는 피할 수 없다. 그러니 불확실성에서 비롯된 실패는 너그럽게 받아들일 줄 알아야 한다. 오히려 그런 실패를 반면교사로 삼아 적극적으로 활용할 필요가 있다. 불확실성 때문에 실패하는 것은 결코 잘못이 아니다. 중요한 것은 실패로부터 배우고 수정할 수 있는 힘이다. 실패하지 않는 것보다 실패를 겪은 뒤 이를 수정하고 보완하는 자세가 훨씬 더 중요하다.

세 번째, 불확실한 세계에서는 모든 현상이 확률을 동반한다. 올바른 방식으로 올바른 결과가 나오는 것도, 실력이 있는 쪽이 이기는 것도 모두 확률적인 현상이다. 하지만 늘 그렇게 되는 것은 아니

다. 단기간으로 보면, 확률대로 결과가 나오지 않는 일은 비일비재
하다. 확률은 횟수가 거듭되어야만 비로소 모습을 나타내므로 단기
적인 일보다 장기적인 일에서 안정되게 나타난다. 그러므로 불확실
한 세상에서는 장기적인 관점으로 접근해야 한다. 일반적으로 실력
이 있는 사람이 단기전에서는 이길 수 없는 경우도 있지만, 장기전
에서는 거의 실력대로 결과가 나온다. 시간이 흘러가면서 수많은 우
연이 생겨나지만 서로 그 영향을 상쇄하기 때문에 차츰 불확실성의
안개가 걷힌다. 투자자라면 그때부터 비로소 투자의 맥을 느끼기 시
작한다. 시장에서 타이밍(timing)을 알아간다는 의미이다.

시장의 타이밍은 투자에 있어서 가장 논란을 불러일으켰던 화두이
다. 시장에 내로라 하는 투자전문가들이 투자경험을 이야기할 때 빼
놓지 않는 부분이 투자타이밍이다. 바로 이익과 손실에 직결되기 때
문이다. 전설적인 금융가의 한 사람인 존모건(J. Pierpont Morgan)은
시장을 예측해 달라는 질문에 "앞으로 시장은 등락을 거듭할 것입니
다"라고만 대답하였다. 시장움직임에 타이밍을 잡아 저렴한 가격으
로 주식이나 채권을 구매하고 비싼 가격에 되팔기란 모래밭에서 바
늘 찾기처럼 참으로 어렵다. 그런데 이 어려움은 투자자의 지식이나
근면함이 모자라서가 아니라 시간의 틀을 잘못 짜고 있기 때문에 주
로 발생한다. 단기적인 시간의 틀 속에서 시장의 타이밍을 잡으려
한다면 인간으로서 느끼는 감정 때문에 이성적으로 올바른 방향에
서 벗어나는 행동을 하게 된다. 더불어 단기간에 나타나는 다양한
금융경제 통계는 무작위인 경우가 많아, 매수 또는 매도에 일정한
방향성을 잡는 데 방해될 뿐이다. 그럼에도 투자자는 투자의 타이밍
을 잡기 위해 부단히 노력해야 한다. 방법은 장기적인 시각을 가지
는 것이다. 앞으로 3개월 또는 1년이 아니라 3년 또는 5년을 예측하

기 위해 집중해야 한다. 그래야만 불확실한 세상이 보이기 시작하게
되고 이때부터 성공가능성은 더욱 높아진다.

결론적으로 불확실한 세계에서는 다양성 확보, 실패의 허용과 활
용, 장기적인 관점이 필요하며, 이 세 가지가 확률론적의 사고의 근
간이다.

1장 주식투자리스크

주식시장은 17세기 영국의 산업혁명 이후부터 지금까지 모든 사람들이 가장 쉽게 접근할 수 있는 대표적인 시장이다. 예나 지금이나 주식시장에는 수익을 내고자 고군분투하는 수많은 투자자들이 서성댄다. 수익에는 그에 상응하는 리스크가 반드시 따른다. 따라서 주식시장에서 이익을 내기 위해서는 적정수익을 내면서 리스크를 줄이는 방법, 즉 포트폴리오 이론을 명확하게 이해해야 하며, 이를 근간으로 한 분산투자 및 최적자산배분의 기본개념도 파악해야 한다. 또한 자본자산가격 모델에서 도출된 주식의 리스크 측정수단인 베타(β)에 대해서도 철저히 이해해야 한다.

주식가격은 어떻게 산정하는가?

주식이란 주식회사의 자본을 이루는 단위금액을 표기하고 그 권리를 나타내는 증서이다. 주식가격은 그 주식을 발행한 회사가 보유한 가치의 산유물이다. 가치는 원칙적으로 현재시점에서 미래의 회사성장성을 평가하는 것으로 알 수 있다. 재무적으로 표현하면 미래에 벌어들이는 수익의 현금흐름을 현재시점으로 모두 환원하여 계산한 값이다. 그런데 미래에 벌어들일 것이라고 예상한 금액은 사람마다 모두 다르다. 이런 현상이 주가에 반영되어 가령, A회사의 주가를 어떤 사람은 저렴하다고 생각하고, 어떤 사람은 비싸다고 생각한다. 때문에 사고팔고 하는 주식거래가 이루어진다. 그러면 저렴하다 또는 비싸다고 하는 근거는 어디에 있는가? 미래의 흐름을 예측하는 기준이 서로 다르기 때문이다. 이것 때문에 주식시장이 존재하며 어느 한편은 수익이 생기고 누군가는 손실이 발생하는 제로섬(zero sum)게임을 한다.

포트폴리오 이론은 무엇인가?

수익을 내면서 리스크를 줄이는 대표적인 방법으로 포트폴리오이론이 있다. 이 이론의 핵심은 리스크가 내재된 주식들, 즉 개별종목들을 모아 포트폴리오를 구성하면 개별주식 간에 내재된 리스크가 서로 상쇄되어서 전체적으로 합산한 종목들의 리스크가 줄어든다는 것이다. 이는 당시 투자자들에게 단비와 같은 것이었다. 투자에 따른 기대수익을 예상하는 것이 너무 막연하였는데 이 이론으로 인해 어느 정도 장래의 투자성과를 파악할 수가 있었다. 실제로도 포트폴리오를 구성해서 분산투자를 하면 전체적으로 리스크가 줄어든 것을 알 수 있다. 그러나 항상 줄어들지는 않으며 일정한 조건을 충족해야 하는데 이는 개별종목 간 상관관계를 통해 알 수 있다. 상관관계를 알기 위해서는 분산(variance)과 공분산(covariance)을 알아야 한다. 분산은 평균에서부터 얼마나 떨어져 있는가를 나타내는 수치이다. 공분산은 변수가 두 개 이상 있을 때 나타난다. 예를 들어 두 변수 X_1, X_2의 평균과 분산은 다음과 같이 구할 수 있다.

$$평균(기대치):\ E(X_1 + X_2) = E(X_1) + E(X_2)$$
$$분산:\ V(X_1 + X_2) = V(X_1) + V(X_2) + 2COV(X_1, X_2)$$

위의 분산공식에서 두 변수의 분산 합은 개별분산에서 공분산 항만큼 증가한 것을 알 수 있다. 만약 두 변수가 서로 독립이면 공분산 항은 없어진다. 공분산이란 두 가지 이상의 변수가 있을 때 그 변수들이 함께 움직이는 정도를 나타내는 숫자로 변수들이 서로 독립일 경우에는 0(zero), 서로 같이 움직일 경우 숫자가 점점 커지고, 그 반대일 경우 숫자는 마이너스로 바뀐다. 공분산 값은 그 자체가 절대값이기 때문에 높고 낮음을 비교할 수가 없다. 따라서 공분산을 두 변수의 표준편차로 나누어 버리면 두 변수 간의 상관관계를 표준화시킬 수 있는데 이를 상관계수(correlation coefficient)라 하며 산출식은 다음과 같다.

$$상관계수:\ \rho(X_1, X_2) = \frac{두변수의\ 공분산(COV(X_1, X_2))}{X_1의\ 표준편차(\sigma_1) \times X_2의\ 표준편차(\sigma_2)}$$

위의 식에 의하면 상관계수는 항상 -1에서 $+1$ 사이의 값만 취한다. 만약 상관계수가 $+1$이라면 변수들 간 완전히 적극적인 상관관계가 있는 것이며, -1일 때는 완전히 소극적인 상관관계가 있으며, 0(zero)일 때는 하등의 관계가 없다는 것을 의미한다. 다음 표에서처럼 포트폴리오를 구축한 종목 간 상관계수가 $+1$이면, 즉 상관관계가 동일한 방향으로 모두 같다면 전혀 분산효과가 발생하지 않으므로 리스크 상쇄효과는 없다. 따라서 상관관계가 1 미만이어야 리스크 감소효과가 나타나며 점차 숫자가 줄어들수록 그 효과는 커진다. 극단적으로 상관계수가 −1이라면 포트폴리오를 통하여 내재된 리스크 전부를 상쇄시킬 수 있다.

상관계수와 분산투자의 리스크 감소효과

상관계수	분산투자의 리스크감소 효과
+1.0	리스크 감소 불가능
+0.5	리스크 감소 약간만 가능
0	리스크 감소 상당수준 가능
−0.5	리스크 대부분 제거 가능
−1.0	리스크 전부 제거 가능

출처: 시장변화를 이기는 투자, p.245

포트폴리오이론의 근간인 최적 자산배분(optimal asset allocation)의 핵심은 포트폴리오 기대수익률을 그대로 유지하면서 분산을 최소화시키는 방법에서 출발한다. 분산을 최소화하려면 앞의 분산공식에서 공분산 항을 마이너스(-)로 바꿔버리면 된다. 그러면 두 변수의 분산값은 각각의 개별 분산값보다 오히려 줄어들게 된다. 이 분산값이 변동성이며 리스크이다. 실제로 개별단위의 투자보다 집합단위의 투자로 인해 종목 간 분산을 최소화하면, 즉 리스크를 최소화할 수 있다면 한 종목에서 발생한 기대수익률보다는 여러 종목을 투자하면서 기대수익률을 더 높일 수 있다. 이 원리가 그 유명한 해리 마코위츠(Harry Markowitz)의 평균·분산모형이론이다. 그는 1950년대 포트폴리오 이론을 창안하여 이의 공로로 1990년에 노벨경제학상을 수상하였다. 그의 저서 '포트폴리오 선택(Portfolio Selection)'은 재무 관리 발전의 획기적인 전기를 마련했다는 평가를 받고 있다. 그는 대학교수, 컴퓨터시스템 오퍼레이터(operator), 헤지펀드운용사 CEO 등 경력도 화려했다.

현실적으로 포트폴리오를 통한 분산투자로 주식에 내재된 모든 리스크를 제거할 수는 없다. 그 이유는 시장에서 거래되는 모든 주식이 어느 정도는 함께 오르고 함께 내리는 경향이 있기 때문이다. 따라서 분산투자를 하면 리스크의 일부분은 줄일 수 있지만 전부를 줄일 수는 없다는 것을 알아야 한다.

한편, 금융시장에 거래되는 모든 자산은 크든 작든 리스크가 있으며 최소한 무위험자산이 갖고 있는 무위험수익률보다는 높아야 한다. 그렇지 않다면 굳이 위험자산에 투자할 필요가 없다. 위험자산의 투자수익률을 시장 전체의 수익률과 비교하여 간단하게 보여 준 식이 윌리엄 샤프(William Sharpe)와 존 린트너(John Lintner), 그리고 피셔 블랙(Fischer Black)이 개발하였던 자본자산가격모델(CAPM; Capital Asset Pricing Model)이다. CAPM은 투자뿐만 아니라 경영에 수반되는 광범위한 투자의사결정에도 활용되는 현대금융이론의 초석이다. CAPM에 의하면 위험자산의 초과수익률(위험자산수익률－무위험자산수익률)은 시장의 초과수익률(시장전체수익률－무위험자산수익률)과 선형관계이며 이의 기울기를 베타(β)라고 한다. 이를 식으로 나타내면 다음과 같다.

위험자산의 초과수익률 = 베타(β) × 시장의 초과수익률

위의 식에서 베타가 1이면 위험자산의 초과수익률은 시장의 초과수익률과 같아진다. 만약 1보다 크면 위험자산 초과수익률은 시장초과수익률의 증가보다 더 많이 증가하게 되고, 1보다 작으면 그 반대이다. 즉, 베타가 크면 클수록 수익률의 변동 폭은 커지므로 그만큼 리스크도 커진다고 할 수 있다. 이런 의미에서 베타는 초과수익률을 많이 내기 위한 그만큼의 리스크를 부담해야 하는 잣대가 되는 셈이다.

CAPM의 기본 가정은 시장이 효율적이고 합리적이어야 한다는 것이다. 이 가정 때문에 CAPM이 완벽하게 맞는다고 할 수 없다. 그렇다고 틀렸다고도 할 수 없다. 어느 누구도 틀렸다고 증명하지 못했기 때문이다. 흔히 말하는 시장수익률은 사실 육안으로 확인할 수 없는 추상적인 것이다. 단지 종합주가지수나 그에 상응한 대용지표로만 측정할 뿐이다. 그런데 헤지펀드와 같이 절대수익을 추구하는 투자상품은 이러한 CAPM에서 기대한 초과수익률보다 더 높은 수익, 즉 알파(α)가 있다고 하여 흔히 대안투자 또는 고수익-저위험 투자라고 한다. 알파(α)는 시장에 의해 설명되지 않은 수익이므로 리스크와 관련이 없는 초과수익률이나 개별적으로 투자한 고유의 수익률을 의미한다.

주식의 리스크 측정

샤프는 CAPM에서 더 간단한 모형, 즉 시장모형을 제시하였다. 시장모형은 예를 들어 어떤 주식 A의 수익률 R_A가 시장 전체 수익률(예: KOSPI) R_M에 대하여 선형관계를 갖고 있다고 가정한 수익생성모형인데 이를 식으로 나타내면 다음과 같다.

$$A\text{주식의수익률}(R_A) = \text{상수}(\alpha) + \beta \times \text{시장 전체의수익률}(R_M) + \text{오차}(\epsilon)$$

위 식에서 개별주식의 변동성, 즉 리스크를 계산하기 위해 좌변과 우변에 분산을 취해보자. 그렇게 되면 상수항은 항상 고정된 값이기 때문에 분산은 0(zero)이 된다. 따라서 다음과 같은 식을 도출할 수 있다.

$$A\text{주식의 변동성}(\sigma_A^2) = \beta^2 \times \text{시장전체의 변동성}(\sigma_M^2) +. \text{오차의 변동성}(\sigma_\epsilon^2)$$

위의 식은 샤프가 지적한 대로 상당한 의미를 내포하고 있다. 그는 개별주식의 변동성은 두 개의 항으로 구성되어 있으며, 첫째 항을 체계적 리스크(systematic risk), 둘째 항을 비체계적 리스크(unsystematic risk)라 하였다. 체계적 리스크는 주식시장 전체(예를 들면, 종합주가지수)의 수익률 변동에 기인한 리스크로 분산효과가 불가능한 시장 고유의 리스크를 의미하며 시장 전체의 리스크라고도 한다. 그리고 비체계적 리스크는 주식시장 전체의 변동과 관계없이 기업고유의 이유로 인해 발생하는 리스크이며 분산효과가 가능하다. 기업고유의 특수리스크라고도 한다. 이에는 주로 기업의 주가가 시장과는 별도로 움직이는 경우가 해당되는데, 예를 들어 대규모 신규계약 체결, 기업이 소유한 부동산에서 광물자원 발견, 노사문제, 분식회계, 재무담당자의 공금횡령 등이다. 이런 요소로 인해 주가가 요동치는 리스크는 분산투자로 상쇄할 수 있다. 포트폴리오이론의 핵심은 주식들이 항상 동일한 방향으로 움직이지 않는 한, 한 주식에서 발생한 수익의 변동은 다른 주식에서 발생하는 수익의 변동에 의해서 서로 상쇄되거나 완화된다는 것이다. 분명한 것은 두 번째 항은 분산투자로 제거할 수 있지만 첫 번째 항은 분산투자를 해도 없어지지 않는다는 사실이다. 현실적으로 시장을 주도하는 주식들은 대개 같은 방향으로 움직이기 때문에 분산투자한 포트폴리오도 역시 같은 방향으로 갈 수밖에 없다. 이는 분산투자가 만능이 아니라는 의미이다.

위의 식에서 리스크를 계산하기 위해서는 최종적으로 표준편차를 구해야 한다. 이를 구하기 위해서는 다음과 같이 좌변과 우변에 제곱근을 취하면 된다.

$$A\text{주식의 표준편차}(\sigma_A) = \sqrt{\beta^2 \times \text{시장 전체의 변동성}(\sigma_M^2) + \text{오차의 변동성}(\sigma_\epsilon^2)}$$

위 식 중 오른쪽 제곱근 안의 두 번째 항은 포트폴리오를 구성하면 0(zero)이 될 수 있기 때문에 최종적으로 아래와 같은 식을 얻게 된다.

$$A\text{주식의 표준편차}(\sigma_A) = \sqrt{\beta^2 \times \text{시장 전체의 변동성}(\sigma_M^2)}$$
$$= \beta \times \text{시장 전체의 변동성}(\sigma_M)$$

위 식을 통하여 분산투자하에서 개별주식의 변동성, 즉 리스크는 시장 전체의 변동성에 베타를 곱하여 계산할 수 있다. 만약 베타를 구하려면 다음과 같이 하면 된다.

$$\beta = \frac{A\text{주식의 변동성}(\sigma_A)}{\text{시장전체의 변동성}(\sigma_M)}$$

베타는 개별주식의 변동성을 시장지수 변동성으로 나누면 되며, 실제로는 과거의 경험데이터를 가지고 개별주식의 수익률을 종속변수로 하고 시장전체 수익률, 즉 종합주가지수(KOSPI) 수익률을 독립변수로 놓고 회귀분석을 이용하여 산출한다. 이렇게 산출된 베타값이 바로 개별주식의 리스크이다. 이는 시장 전체 리스크를 1이라고 할 때 개별기업의 체계적 리스크의 정도가 얼마인지를 나타내는 수치이다. 만약 어느 기업의 베타가 2라면 이 기업은 시장 전체, 즉 평균보다 두 배 더 리스크가 크다는 것이고, 베타가 0.5라면 시장평균에 절반 정도라는 것이다. 따라서 투자자는 개별기업의 베타를 감안해 적절한 포트폴리오를 형성함으로써 주식투자에 따른 리스크를 자신의 취향에 맞추어 조정할 수 있다. 예를 들어 시장평균과 같은 수준으로 리스크를 맞추려면 베타가 2인 주식에 $\frac{1}{3}$, 그리고 베타가 0.5인 주식 $\frac{2}{3}$를 투자하면 이 포트폴리오 베타는 $1(2 \times \frac{1}{3} + 0.5 \times \frac{2}{3})$이 된다. 결론적으로 체계적 리스크는 베타로 조정하고 비체계적 리스크는 포트폴리오를 구성함으로써 주식에 대한 리스크를 선제적으로 관리할 수 있다.

여기서 중요한 것은 리스크에는 보상이 따른다는 점이다. 즉, 리스크 회피자에게 리스크를 떠안게 하려면 그에 상응한 보상을 해주는 것이 합리적이다. 이런 논리에 따르면 포트폴리오 효과로 인해 자연스럽게 제거되는 비체계적인 리스크는 보상할 필요가 없다. 종목 간의 상관관계에 의해 본인의 노력 없이도 스스로 알아서 리스크가 상쇄되기 때문이다. 따라서 투자세상에서 어떠한 비체계적 리스크를 떠안는다고 해서 그에 따른 추가보상을 기대해선 안 된다. 리스크를 떠안는 대가로 추가보상을 받을 수 있는 부분은 전체 리스크 가운데 분산투자로 제거할 수 없는 체계적 리스크뿐이다. 그러므로 베타가 진정한 리스크 지표가 되는 것이다.

현실적으로 주식시장에서 개인투자자들이 적절하게 포트폴리오를 구축하고 운용하는 것은 상당히 어렵다. 왜냐하면 주식매입의 최초 시점에는 나름 적절하게 배분한다손 치더라도 실시간 변화하는 주식시장에서 그에 맞는 포트폴리오를 시간에 따라 조정하는 것은 생각보다 쉽지 않기 때문이다. 이런 문제를 해결할 수 있는 것이 인덱스펀드(index fund) 투자이다. 이는 종목 선택에 대한 고민 없이 저렴하게 시장을 살 수 있다는 점에서 매력적이다. 더욱 매력적인 것은 소액으로 매우 폭넓은 분산이 가능하다는 점이다. 『시장변화를 이기는 투자』의 저자 버튼 G. 맬킬(Burton G, Malkiel)은 1973년에 이미 인덱스방식의 투자수단이 소액투자자들에게 절실하다고 주장하였다. 한편 인덱스펀드이지만 주식시장에 상장된 상장지수펀드(ETF; Exchange Traded Fund)가 있다. 또한 인덱스펀드는 아니지만 일부가 인덱스지수를 추구하는 주식연계증권(ELS; Equity Linked Securities)이 있다.[30]

---

30) 인덱스펀드, 상장지수펀드, 주식연계증권에 관한 세부내용은 〈별첨 2〉에 기술하였다.

2장 채권투자리스크

근래에 일반인들도 채권투자에 아주 관심이 많아졌다. 그러나 채권은 주식과 달리 거래형태가 다양하고, 거래조건도 상당히 복잡하다. 그로 인해 채권투자자라면 무엇보다 채권의 정확한 의미와 독특한 특성을 이해해야 한다. 채권은 안전하면서도 동시에 불안전하기 때문이다.

채권투자의 본질은 이자수익이지만 시장금리 변동에 따라 언제라도 시세차익으로 돌변할 수 있다. 그만큼 채권투자는 고민을 많이 해야 하며, 채권의 리스크 역시 복잡하다.

채권이란 무엇인가?

채권이란 한마디로 돈을 빌릴 때 언제까지 사용하고 갚겠다는 증서이다. 물론 돈을 빌려준 사람은 그 대가로 이자를 받는다. 따라서 채권은 언제까지, 즉 만기까지 이자를 제때 주고받으면 전혀 문제가 없다. 더구나 만기에 원금을 제대로 돌려받으면 더할 나위 없이 좋은 투자수단이다. 자본주의가 시작되기 전에 화폐라는 통화수단이 등장하면서 돈을 빌리고 빌려주는 거래는 주로 개인들끼리 이루어졌고 그 금액도 소규모였다. 물론 서로 간의 약속과 신의가 있었기 때문에 가능한 일이었다. 그러나 금액이 커지면서 채권이라는 명문화된 서류로 거래 상대방의 신의를 구체적이고 명확하게 나타냈다. 18세기 영국의 산업혁명 이후 자본주의가 본격적으로 태동하면서 신규투자와 대규모 생산을 위한 설비자금이 필요한 기업입장에서는 채권을 통한 자금차입이 적격이었다. 은행에서 대출받는 것보다 훨씬 유리하였던 것이다. 당시에도 은행대출을 받기 위해서는 은행의 입맛에 맞도록 까다로운 대출심사에 응하거나 지나치게 높은 이자 때문에 돈을 빌려 쓰면서도 상당히 불편하였던 모양이다. 그러나 채권의 발행조건을 충족하고 어느 정도 발행기업의 평판만 있으면 얼마든지 채권을 통해 자금조달이 가능하였다. 채권을 회사에서 발행한다고 해서 회사채로 불리었다.

한편, 회사마다 매출규모나 영업이익, 미래의 성장동력이 다르므로 똑같은 조건으로 채권을 발행토록 놔 둘 수는 없었다. 회사마다 순위를 매겨 우수회사는 조달이자를 싸게 하고, 그렇지 않은 회사는 비싸게 조달토록 하였다. 이렇게 하지 않으면 자금을 빌려준 입장에서 굳이 신용이 안 좋은 회사의 채권을 살 필요가 없기 때문이었다. 이러한 작업이 점차 회사별 신용평가체계로 자리 잡게 되었으며, 신용평가사는 주기적으로 기업의 신용에 관한 다양한 요소를 종합적으로 평가하고 정해진 규칙대로 신용점수를 매겼다. 대체로 신용평가사마다 점수결과는 조금씩 다르지만 대략 10개 등급으로 분류[31]하였는데 1등급이 AAA등급으로 가장 우수하고, 10등급인 D등급이 최하위점수를 받은 기업에 부여되었다. 통상 4등급인 BBB등급이 일반투자자

---

31) 채권의 신용등급에 관하여는 본 장의 '채권에는 신용리스크도 있다' 참조

들이 투자하기에 적격하다고 제시된 등급이다.

등급결과는 자금조달 여부에 결정적인 역할을 하기 때문에 기업 입장에서는 상당히 중요하다. 때문에 신용평가사와 기업들 간의 미묘한 신경전이 지금도 끊임없이 계속되고 있다. 그러므로 신용평가는 엄정하고 투명한 잣대로 명확히 계산하고 그 계산방법도 일관성 있게 적용되어야 하며 무엇보다 해당기업들이 그 결과에 수긍해야만 건전하게 발전할 수 있다. 신용평가의 시초는 S&P(Standard & Poor's)이며, 세계적으로 S&P, 무디스(Moody's), 피치(Fitch) 등이 있고, 우리나라에는 한국신용평가, 한국기업평가 등이 있다.

채권은 다양하게 발행된다

채권은 거래당사자 간 입맛대로 다양하게 발행할 수 있어 그 종류도 다양하다. 먼저 채권발행 시점에 채권으로 인해 문제가 발생하면 누군가 보증하는 보증채와 그렇지 않은 무보증채가 있다. 보통 채권은 다른 금융증서에 비해 거래기간이 장기이다. 따라서 만기가 될 때까지 다양한 금융환경에 노출되어 있어 향후 경제상황이 어떻게 변할지 아무도 장담을 못한다. 그 때문에 보증채가 상대적으로 안전하며, 특히 정부나 지방자치단체의 발행채권, 즉 국공채가 가장 안전하다고 할 수 있다. 또한 채권의 원금상환방법도 다양하다. 분할 상환할 것인가, 만기에 한꺼번에 상환할 것인가, 분할 상환하더라도 단기, 즉 1년 혹은 2년 동안만 분할할 것인가 등 상환기간에 따라 단기채권, 중기채권, 장기채권으로 구분된다. 그리고 이자 지급방법도 다양하다. 일정기간, 즉 3개월마다 혹은 반기마다 이자를 주기적으로 지급하는 이표채권, 이자를 만기에 한꺼번에 주는 할인채권, 이자를 복리로 계산해서 주는 복리채권, 이자를 일정기간 거치해서 주는 거치채권 등이 있다. 한편, 발행금액을 액면가보다 높게 발행하면 할증채권, 낮게 발행하면 할인채권, 동일하게 발행하면 액면채권이라 한다. 시중에는 주로 할인채권이 대부분이다. 또한 모집방법에 따라 불특정다수를 대상으로 자금을 모금하면 공모채권, 특정인 몇 명에게 발행하면 사모채권이라 한다, 그 외로 발행한 통화금액에 따라서 원화표시채권, 외화표시채권 등이 있다. 채권의 다양한 종류를 다음 표에 정리하였다.

채권의 종류

구분	종류
발행주체별	국채, 지방채, 특수채, 금융채, 회사채
보증유무별	보증채, 무보증채
이자지급방법별	이표채, 할인채, 복리채, 거치채
상환기간별	단기채, 중기채, 장기채
원금상환방법별	만기상환채, 분할상환채
표시통화별	원화 표시채, 외화 표시채
모집방법별	사모채, 공모채
발행금액별	액면발행, 할인발행, 할증발행

한편, 채권발행 시 특수한 조건을 부가하거나 사전에 약속된 권리가 부여된 채권을 옵션부채권이라 한다. 이의 도입배경으로 금융시장의 경쟁이 갈수록 치열해지다 보니 일상적인 채권으로는 다양한 투자자의 수요를 충족시킬 수 없었다. 또한 채권시장이 점차 발달하면서 상품개발 기법도 꾸준히 발전하게 되었다. 그리고 과거처럼 규제 일변도의 감독정책이 아니어서 상품개발자의 창의력과 어느 정

도 영업력만 있으면 어떠한 상품도 개발할 수 있는 환경이 되었다. 대표적인 옵션부채권으로 주식과 연계하여 발행회사의 주식으로 전환할 수 있는 권리가 부여된 전환사채(CB; convertible bond), 사채권자에게 발행회사의 신주를 일정한 조건으로 매수할 수 있는 권리를 부여한 신주인수권부사채(BW; bond with warrant) 등이 있다. CB나 BW는 보통의 채권보다 발행이율이 낮아 발행자에게 유리한 한편, 투자자에게도 채권의 안정성과 주식의 수익성을 동시에 추구할 수 있어 투자자들에게는 인기가 높은 편이다. 이들의 유사점과 차이점을 다음 표로 정리하였다.

신주 인수권부 사채와 전환사채 비교

구 분		신주 인수권부 사채(BW)	전환사채(CB)
유사점	투자매력	· 채권의 안정성+주식의 수익성 추구	
	발행조건	· 보통 회사채보다 발행이율이 낮아 발행자 유리	
	신주가격	· 사채발행 시의 주가를 기준으로 미리 정해짐	
	부여된 권리	· 신주인수권	· 전환권
차이점	권리행사	· 신주인수권 행사 이후 사채 존속 · 신주인수권행사 시 신규자금 필요	· 전환권 행사 후 채권소멸 · 전환권행사 시 신규자금 불필요
	발행자의 부채	· 부채 존속	· 부채 소멸
	재무제표상	· 전환 전에는 장기차입금계정	· 자본금계정

출처: 차명준·정무권(2009), p.174

한편, 채권은 다른 상품에 비하여 만기가 장기에 속한 편이다. 그 기간 동안 투자한 돈이 묶인다는 것이다. 달리 표현하면 유동성이 낮다는 의미이다. 물론 그 대가로 이자를 주기적으로 받을 수 있어 어느 정도 자금난을 해결할 수는 있다. 그럼에도 만기 전에 돈이 급히 필요한 경우가 생긴다. 이런 불편을 해소하기 위해 만기 전에 채

권을 시장에서 사고팔 수 있도록 유동성을 부여한 채권이 환매채권
(RP; repurchase agreement)이다. 이는 특정한 유가증권, 즉 주로 채
권을 매매한 뒤 일정기간 후 매매 당시의 가격에다 소정의 이자를
더한 가격으로 되사거나 되팔 것을 약정한 매매 당사자 간의 계약을
의미한다. 국내 RP시장은 주로 단기금융시장의 자금흐름을 원활히
하고 있으며, 금융회사 간 거래와 고객 간 거래로 나뉜다. 금융회사
간 RP거래는 단기자금 과부족 조절을 목적으로 은행, 금융투자회사,
보험회사, 상호저축은행 등이 참여하고 있다. 금융회사의 대고객 RP
거래는 통장거래방식이며, RP매도 시에는 대상채권을 매수자에게
주는 것이 원칙이다.

채권가격은 어떻게 산정되는가?

투자자가 채권을 매수할 때는 그만큼의 투자가치가 있다고 판단
하기 때문이다. 즉, 시장에 내다팔 때 최소한 손해 보지 않을 만큼의
가치가 있다고 본 것이다. 자본주의 사회에서 주류경제학자들의 핵
심이론의 하나는 '모든 자산의 가치는 그 자산이 가져올 미래 현금
흐름들의 현재가치 합으로 결정된다'는 것이다. 그러나 보유자산의
미래기간에 창출하는 현금흐름을 예측하는 것은 쉽지 않으며 더구
나 그 현금흐름의 성격에 따라 적용해야 할 할인율도 다르기 때문에
자산가격을 결정하는 것은 주어진 금융환경에 따라 다를 수밖에 없
다. 이는 자산가격이 정확하지 않을 수도 있다는 의미이다. 채권은
그나마 다행이다. 우선 만기가 정해져 있으며 할인율도 금융시장에
서 거래되는 시장수익률을 적용하면 되기 때문이다. 채권의 가치평

가는 그 채권을 소유함으로써 얻을 수 있는 미래 현금흐름, 즉 만기까지의 이자액과 만기에 지급되는 원금상환액에 대한 현재가치의 합으로 계산되며, 현재가치 계산 시 적용되는 할인율은 가장 대표적인 시장이자율을 사용한다. 따라서 채권가격을 계산하기 위해서는 사전에 표면이자율(coupon rate), 차입원금(principal), 만기(maturity)가 필요하고, 마지막으로 시장할인율이 있어야 한다. 예를 들어, 만기 n년인 채권의 현재가치를 식으로 나타내면 다음과 같다.

$$\text{채권의 현재가치} = \frac{\text{표면이자}}{1+\text{시장이자율}} + \frac{\text{표면이자}}{(1+\text{시장이자율})^2} + \cdots + \frac{\text{표면이자}}{(1+\text{시장이자율})^n} + \frac{\text{원금}}{(1+\text{시장이자율})^n}$$

만약, 시장에서 형성된 채권가격이 n년 만기 채권의 현재가치보다 낮으면 채권시장에 사려고 하는 수요자가 많이 생겨 채권가격은 상승할 것이고, 반대로 채권가격이 현재가치보다 높으면 채권시장에 초과공급이 발생하여 채권가격은 하락할 것이다. 따라서 채권시장의 균형은 채권가격이 채권의 현재가치와 같을 때 성립한다.

채권가격을 결정하는 핵심적인 요인은 할인율, 즉 시장이자율이다. 왜냐하면 표면이자율, 원금, 만기는 채권발행 시 이미 정해져 있기 때문에 변하지 않는다. 다만 할인율만이 시시각각 변한다. 위의 식에서 시장이자율과 채권가격은 반비례하는 것을 알 수 있다. 채권투자자라면 이 양자의 관계를 정확하게 알고 있어야 한다.

첫째, 양자는 반비례하므로 시장이자율이 상승하면 채권가격은 하락하고, 반대로 시장이자율이 하락하면 채권가격은 상승한다. 만약 조만간 시장이자율이 상승할 것으로 예측되면 보유채권의 가격이 하락할 것이므로 처분할 것을 고려해야 한다. 반대로 시장이자율이 하락할 것으로 예측된다면 계속해서 보유해야 한다. 이는 채권투자 시 염두에 두어야 할 가장 기본적인 원칙이다. 문제는 시장이자율이 상승과 하락을 반복할 때이다. 이런 경우에는 매매타이밍을 잡기가 쉽지 않다. 그만큼 채권투자가 어렵다는 반증이다. 특히 만기 전에 시세차익을 얻기 위한 채권투자자라면 더욱 그렇다.

한편, 시장이자율은 시장에서 거래되는 다양한 금융상품 수익률 중 가장 대표성이 있는 수익률을 적용하는데 국내에서는 3년 만기 국고채수익률을 사용하며, 시장에서 거래된다고 해서 유통수익률 또는 만기수익률이라고도 한다. 채권의 시장수익률은 그 채권을 만기까지 보유했을 때 얻게 되는 예상수익률을 말한다. 이는 현재시점에서 만기까지의 미래 현금흐름을 현재가치로 합산하여 계산하였기 때문이다. 따라서 만기까지 보유하지 않고 중도에 처분하게 될 경우 구입시점 당시 알고 있는 시장수익률과는 다르게 된다. 만약 오늘자 3년 만기 국고채 금리가 3%라면, 이는 오늘 구입한 채권을 3년까지 보유해야만 연평균 3%의 수익률을 얻는다는 의미이다. 만약 1년이 경과한 시점에 처분한다면 1년이 경과한 후 남은 2년의 잔존만기 동안의 현금흐름을 1년 후의 시장이자율로 할인하여 계산한 현재가치로 수익률을 다시 계산해야 한다. 다행히 시장이자율이 3%보다 떨어졌다면 할인율로 적용된 값이 더 작아졌으므로 채권가격은 올라가게 되고 덩달아 수익률도 상승한다. 이때 처분한다면 이익이며, 이를 매매에 따른 처분이익이라 한다. 만약 처분하지 않고 단순히 계산만 하였다면 평가이익이 되는 것이다.

채권은 구입한 용도에 따라 만기보유채권, 단기매매채권, 중도매각채권으로 구분하는데 기관투자가의 경우 회계처리가 각각 달라서 유념해야 한다. 만기보유채권은 구입 당시에 아예 만기까지 보유하기로 결정하고 장부에 기재한 채권이므로 시장수익률이 변동되면서 발생하는 평가손익을 장부에 반영하지 않아도 된다. 즉, 구입 당시 가격이 만기까지 계속된다. 그러나 만기보유가 아니라 단기매매차익을 목적으로 채권을 구입했다면 평가시점마다 발생한 평가손익을 장부에 반영해야 한다. 이러한 회계행위를 시장가치 평가라 하며, 최근 들어 대부분의 자산항목들이 시장가치로 평가되고 있는 추세이다.

한편, 채권수익률도 다양하다. 표면이율 또는 발행이율이라고도 하는 표면금리는 채권증서에 표시된 이자율로 1년간 채권의 발행자가 지급하는 이자를 액면으로 나눈 단리이율이다. 만기수익률, 즉 유통수익률은 통상 채권시장에서 말하는 수익률로 채권이 유통시장에서 계속 매매되면서 형성되는데, 중간에 생긴 자본이득이나 자본손실은 물론 이자를 재투자하여 얻게 되는 재투자수익까지도 감안하여 산출되는 예상수익률을 의미한다. 채권의 직접수익률 또는 경상수익률은 채권투자 원금에 대한 연간 표면이자 수입의 비율을 말한다. 그리고 연평균수익률은 1년 이상 채권의 경우 만기 때까지의 총수익을 원금으로 나눈 다음 다시 해당연수로 나눈 단리수익률을 말한다. 또한 실효수익률은 투자기간에 실제로 실현된 이자수입, 이자의 재투자수입, 자본수익의 합계인 총이익에 대한 매입가격의 비율을 의미한다. 만기수익율의 경우 재투자수익률은 동일하게 적용되지만 실효수익율의 재투자율은 각각 다르게 적용된다. 즉, 만기수익율의 경우 발생이자는 시장이자율로 재투자된다고 가정하지만, 실효수익률의 경우 중간에 받는 이자수입이 표면이자율로 재투자된다고 가정한다. 따라서 실효수익률이 만기수익률보다 훨씬 더 보수적이다.

둘째, 시장이자율이 하락할 때의 채권가격 상승폭이, 시장이자율이 상승할 때의 채권가격 하락폭보다 더 크다. 이는 시장이자율이 하락할 때 채권가격의 상승속도가 시장이자율이 상승할 때의 하락속도보다 크기 때문이다. 즉, 채권가격의 하락과 상승이 비대칭적이므로 채권가격은 시장이자율의 상승보다 하락에 대해 보다 민감하게 반응한다. 따라서 시장이자율이 하락하는 추세에서는 채권수익률은 가파르게 상승하게 된다. 셋째, 동일한 크기의 이자율 변동이라면 만기가 긴 채권의 가격이 만기가 짧은 채권가격보다 큰 폭으로 변화한다. 또한 만기까지의 기간이 길수록 동일한 이자율 변동에 대해 채권가격은 큰 폭으로 증가하지만 그 증가율은 서서히 감소하는 체감형태이다.

아직도 시장이자율과 채권가격의 관계에 대하여 헷갈린다면 간단히 이해하는 방법이 있다. 어린이들이 놀이터에서 즐겨 타는 시소를 생각하면 된다. 시소의 한쪽은 채권가격이고 다른 쪽은 시장이자율이다. 시장이자율이 상승하면 맞은편에 앉아 있는 채권가격은 하락한다. 반대로 시장이자율이 하락하면 맞은편인 채권가격은 상승하게 된다. 채권 만기가 길수록 가격의 상승 및 하락폭도 커진다. 반면에 채권 만기가 짧다면 시소의 축으로부터 별로 떨어져 있지 않는 것과 같아서, 가격과 시장이자율의 상승 및 하락폭도 크지 않다. 만기가 많이 남았다면, 즉 잔존만기가 길수록 시소의 끝에 매달려 있는 것처럼 시장이자율이 위아래로 움직일 때마다 채권가격은 크게 요동친다.

채권시장은 생각보다 복잡하다

채권이 가지고 있는 독특한 특성을 이해하다 보면 채권시장이 생각보다 복잡하다는 것을 알 수 있다. 우선 채권은 발행 시에 이미 발행자가 지급해야 하는 이자와 원금의 상환기준이 확정된 확정이자부 증권이다. 따라서 투자원금에 대한 수익은 발행 시에 이미 결정되는 것이므로 투자시점에서 발행자의 원리금 지급능력 여부가 가장 중요하다. 둘째, 채권은 원금과 이자의 상환기간이 사전에 정해져 있는 기한부증권이다. 그러므로 시간이 경과되면서 남아 있는 잔존기간만이 채권의 수명이 된다. 그러니 잔존기간이 무한정한 주식처럼 변화무쌍할 수가 없다. 이는 투자자의 다양한 욕구를 맞추기에는 역부족이라는 뜻이다. 일반투자자 중 만기나 발행자의 신용 등에 관심 있는 사람들만이 채권에 투자하는데, 이에 해당되는 투자주체는 주로 기관투자가들이다. 그들은 상당한 자금을 장기적으로 안정적인 수익을 창출하는 것이 당면과제다 보니 채권투자에 적합하다. 안정성이 우선인 고객의 펀드나 기업의 흥망이 걸려 있는 투자자금, 국가의 존망이 걸려 있는 재정자금을 주식시장처럼 변동성이 큰 시장에 투자할 수는 없다.

채권시장은 크게 발행시장과 유통시장으로 구분된다. 채권발행은 거래당사자 간의 이해관계만 맞으면 가능하다. 다만, 일반적인 상행위에 부수되는 채무증서와 달리 경제시스템에 미치는 영향이 커서 발행주체나 발행한도 금액은 법에 의해 엄격히 제한된다. 예를 들면, 국채는 국회의 동의를 얻어야 하고, 기업이 발행한 회사채는 금융감독당국이 제시한 발행충족 요건에 적합해야 한다. 그 외에는 큰 제약

이 없다. 채권발행은 모집방법에 따라 공모발행과 사모발행으로 구분
되며, 공모발행은 인수기관, 즉 증권사가 회사채 발행총액을 인수한
후 제3의 매수자에게 매출하는 방식이며, 사모발행은 최종매수자와
회사채 발행조건을 직접 협의한 후 발행하는 방식이다. 발행금액은
법률로 제한되어 있는데, 회사채는 순자산의 4배 이내, 은행채는 자
기자본의 3배 이내 등이다. 만기는 일반적으로 3년물이 대부분이다.
다음 그림은 회사채를 발행하는 구조를 나타낸 것이다.

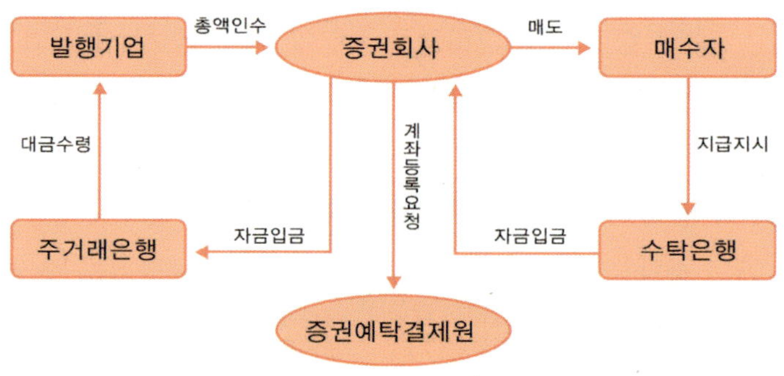

회사채 발행구조

　　채권의 유통시장은 채권이 발행되고 난 후, 제3자에게 사고팔 수
있도록 하는 시장이다. 채권의 거래형태는 상당히 다양하고 거래조
건 또한 복잡하므로 거래형태를 표준화하기가 어렵다. 오히려 표준
화하면 그만큼 거래절차가 더 복잡해질 수도 있다. 우리나라의 경우
국채에 한해 표준화된 시장에서 거래가 가능하고, 개인투자자들도 시
장에 참여할 수 있도록 하고 있다. 표준화, 즉 공개된 시장을 장내시
장이라 하고, 그렇지 않는 시장을 장외시장이라 한다. 장내시장은 증

권선물거래소에 상장된 채권을 대상으로 표준화된 거래방식에 따라 거래소의 회원사끼리 이루어지며, 크게 일반채권시장과 국채전문유통시장으로 구분된다. 일반채권시장에서는 불특정 다수의 일반투자자가 참여하여 소액국공채와 상장전환사채 위주로 거래가 이루어진다. 장외시장의 거래는 대부분 금융투자회사의 중개로 이루어지는데, 이는 채권의 종목이 다양하고 거래조건의 표준화가 되어 있지 않아 거래소시장의 자동매매시스템을 이용할 수 없기 때문이다.

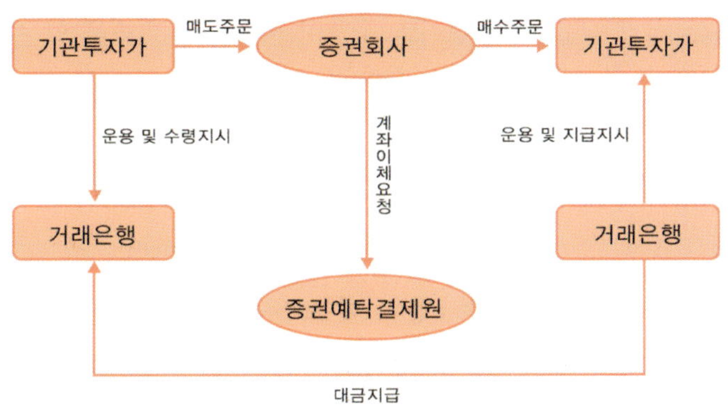

출처: 방영민(2006), p.55

채권 유통구조(기관투자간)

채권 장내거래와 장외거래 비교

구분	장내거래	장외거래
대상채권	상장채권	상장, 비상장채권
거래장소	한국거래소	금융투자회사(증권사)영업점
거래시간	09:00~15:00	금융투자회사 영업시간 내
호가단위	수익률로 호가	매매단위로 호가
매매단위	액면 10만 원 단위 정배수	액면 1,000원 단위

출처: 차명준·정무권(2009), p.154

한국의 국채시장은 2012년 9월에 30년 만기 국고채 4,060억 원을 최초로 발행하면서부터 아시아·유럽 중앙은행들이 한국 국채를 기본적인 글로벌 자산 포트폴리오 항목으로 편입할 만큼 위상이 강화되었다. 이로 인해 안전자산을 선호하는 투자자들은 그만큼 투자수단이 다양해졌으며, 국가로서는 재정자금 조달비용이 절감되었다. 지금도 재정위기로 몸살을 앓고 그리스, 스페인 등 유로존 일부국가와 비교하면 한국의 위상이 어느 정도인지 알 수 있을 것이다.

국채발행은 두 가지 의미가 있는데, 하나는 현 세대의 빚을 후세에 떠넘기는 것과 빚을 내고 싶어도 곳간이 바닥나면 발행을 할 수 없다는 것이다. 굳이 발행하고 싶다면 자금조달 비용이 엄청나다. 이는 발행금리가 높다는 의미이다. 이럴 경우 빚을 내면서도 갚아야 할 이자가 엄청나서 재정운용이 여유롭지가 않게 된다. 그러니 또 국채를 발행해서 메워 나가야 한다. 악순환이 시작되는 것이다. 여튼 국채발행이 장기채로 갈수록 재정운용이 여유로워진다. 따라서 대규모 사회간접투자 사업을 추진하거나, 고령화시대에 따른 복지수요를 감당할 수 있게 된다. 또한 회사채 발행 시 장기물 회사 채권에 대한 지표금리로도 활용될 수 있으며, 무엇보다 최근 국내에서도 고령화 등의 영향으로 연금시장이 급격하게 성장하고 있는데, 각종 연기금이나 보험사들에 안전성이 보장된 장기투자 상품으로 적합하다.

채권투자는 고민을 많이 해야 한다

채권투자의 본질은 이자수익에 달려 있다. 그리고 만기에 원금을 회수하는 것이다. 그러나 시장금리 변동에 따른 채권가격의 등락을 노리는 시세차익이 목적이라면 달라진다. 이럴 경우 채권은 안전자산에서 위험자산으로 변한다. 만약 기대한 대로 시장금리가 떨어져서 그만큼 자본차익을 얻었다면 문제되지 않는다. 그러나 알다시피 시장금리는 우리가 예측한 대로 움직이질 않는다. 어느 누구도 알지 못하는 미래의 예측을 토대로 채권을 투자하는 것은 주식처럼 오르거나 내리거나에 따라 수익이 결정되는 위험자산으로 전락해 버린다. 한 나라의 시장금리는 대내외적인 모든 변수들의 움직임에 따라 결정되기 때문에 쉽게 예단할 수 없는 영역이다. 우리나라의 경우 한국은행이 매월 둘째 주 목요일에 기준금리의 방향을 결정한다. 금리를 올릴 것인가, 아니면 내릴 것인가, 그도 아니면 동결할 것인가? 금리가 결정되기 전에 수많은 시장참가자들은 이번 달에 금리가 어떻게 될 것인가의 방향성을 가늠해 본다. 대부분 이 분야의 전문가들 의견에 귀를 기울인다. 결과적으로 금리향방은 어느 누구도 모른다. 따라서 금리변동에 따른 투자수익을 노리는 채권투자는 전문가들조차도 헷갈리는 영역이다. 그러므로 일반개인들의 경우 대부분 이자수익을 목적으로 투자하는 것이 안전하다. 그리고 만기가 길수록 그만큼 물가상승에 따른 인플레이션에 노출되기 때문에 이를 헤지하는 방편이 있어야 한다. 예를 들면 이자수익에 대해서는 분리과세 등 세제혜택을 받는 경우이다.

지난 2012년 9월에 발행된 30년 만기 국채에 개인들도 입찰이 가능해짐에 따라 일반투자자들의 국채투자 열풍이 갑자기 불었다. 수년간 지속된 저금리여파 때문이었다. 이들은 이자수익보다는 단순히 시세차익을 노린 것이다. 2012년 들어 기준금리가 떨어지면서 1, 2년 전에 20년 국채를 샀던 사람들은 15% 이상의 수익률을 올렸기 때문이다. 채권수익률은 채권의 만기가 길수록 금리가 변할 때 그 차익도 커지기 때문에 장기일수록 유리하다. 이 때문에 국채 중 만기가 가장 긴 30년물이 발행되자 더 많은 수익을 기대한 투자자들이 몰려들었다. 만약 금리가 상승하면 반대로 시세차익은 기대할 수 없다. 시중금리가 계속 오르기만 한다면 최악의 경우 30년간은 보유해야 한다. 따라서 채권투자는 그 본질상 이자수익을 보고 시작해야지 시세차익을 목적으로 한다면 주식처럼 수익과 손실의 변동 폭이 커서 일반투자자들이 접근하기에는 어렵다. 단적으로 30년 가까이 금리 변동성과 기회비용을 일반투자자들이 감당하기에는 너무 버겁다. 그래서 아직까지 채권투자는 국내외 기관투자가들의 영역이다.

한편, 일반투자자들이 채권에 투자할 때 반드시 유념해야 할 부분이 채권을 발행한 기업의 신용도를 체크하는 것이다. 채권투자 시 금리의 방향성이 틀렸다면 최소한 만기에 원금은 복구할 수 있다. 그러나 발행기업이 부도나면 원금손실로 직결된다. 채권투자의 우선적인 목표는 투자를 통해 원금을 회수하는 것인데, 이것이 무너지면 일반투자자는 큰 타격을 받는다. 또한 일반투자자들은 기관투자가들이 사용하는 다양한 채권운용에 관한 노하우가 부족할 수밖에 없으므로 펀드를 통한 간접투자도 대안이다.

채권의 리스크는 까다롭다

리스크란 '보유자산이 미래의 불확실성에 노출되어 손실이 발생할 가능성'이라고 정의하였다. 이 정의에 따르면 채권의 리스크는 채권을 매입하고 난 후 시장이자율의 변동으로 인하여 보유채권의 가격이 하락할 가능성이다. 채권의 가격이 결정되기 위해서는 표면

이자, 원금, 채권만기는 필수적으로 존재해야 하며 이들은 채권을 구입하는 초기에 이미 확정되기 때문에 보유기간 동안 변하지 않는다. 단지 변하는 것은 시장이자율, 즉 할인율의 변동이며 이에 따라 보유채권의 가격도 변한다. 따라서 채권은 시장이자율의 변동에 따른 리스크에만 노출되는데 이를 시장리스크라 한다. 시장리스크에 노출되었다는 것은 채권의 구입동기가 만기 이전의 매매차익인 것이다. 그러나 채권을 만기까지 보유하고 그 기간 이자와 만기도래 후 원금을 받는 경우도 자주 있다. 이 경우에는 만기 동안에 시장이 자율이 변동하더라도 채권보유자는 전혀 손실이 발생하지 않는다. 단지 평가손실이 발생했을 뿐이다. 만기까지는 구입 초기에 표시된 표면이자율에 따라 주기적으로 (보통 3개월) 이자를 받도록 확정되어 있다. 이런 경우에 노출되는 리스크는 이자율변동에 따른 시장리스크가 아니라 만기까지 이자 또는 원금을 제때 못 받게 될 리스크이다. 이를 신용리스크라 한다. 신용리스크는 돈을 빌려가는 사람, 즉 차주가 의도적으로 채무를 불이행하거나 또는 외부 금융환경이 악화되어 불가피하게 신용상태가 악화됨으로써 발생할 수 있는 손실가능성을 말한다. 이처럼 채권은 동시에 시장리스크와 신용리스크에 노출되어 있다.

한편, 채권으로 자금을 조달하고 동시에 채권을 운용하는 경우가 있는데 대부분의 경제주체, 주로 일반투자자보다는 금융기관을 포함, 모든 기업들이 이러한 자금운용 패턴을 갖고 있다. 회계적인 관점에서 보면 채권발행 등을 통해 조달된 자금은 부채로 계상되고, 조달된 외부자금들과 영업으로 벌어들인 이익금들은 자산으로 합쳐져서 운용된다. 물론 자금성격에 따라 각각의 계정별로 세분화된다. 우선 채권의 리스크측정치는 듀레이션[32)]이다. 채권은 주로 자산과 부채계정에 동시에 존재하기 때문에 리스크를 측정하기 위해서는 자산듀레이션과 부채듀레이션을 계산해야 한다. 산출된 양자의 차이는 양(+) 또는 음(-)이거나 영(zero)이 된다. 이를 듀레이션갭이라 한다. 한편, 자산에서 부채를 차감하면 순자산이 된다. 향후 금리변동에 따라 순자산의 손실가능성은 듀레이션갭을 이용하여 산출할 수 있는데 이는 금리리스크 영역이다. 결국 채권은 금리리스크까지 영향을 미치기 때문에 리스크입장에서는 아주 중요한 관리대상이다. 정리하면 채권은 시장리스크, 신용리스크, 금리리스크에 노출되어 있다.

리스크는 기본적으로 리스크를 유발시키는 인자의 변동성을 계산한 다음 이를 노출자산에 곱하여 산출한다. 다른 하나는 주식의 리스크 측정치인 베타(β)처럼 인자 간의 민감도를 이용하는 방법이다. 민감도란 내가 보유하고 있는 자산의 미래 현금흐름이나 현재가치에 영향을 미치는 변수들 간의 관계를 말한다. 채권은 주로 민감도를 이용해서 리스크를 계산하는데 이의 수단이 듀레이션이다. 듀레이션은 금융재무 분야에서 가장 전통적인 리스크측정치로 간주되어 왔다.

채권의 듀레이션(Duration), 아주 중요하다

듀레이션은 보유한 채권의 만기까지 매 기간 수입되는 이자와 원금의 현금흐름을 합한 현재가치를 분모에 두고, 매 기간 들어오는 이자와 만기원금에 기간별 가중치를 곱하여 산출한 현재가치를 분

---

32) 듀레이션에 대해서는 바로 뒷장에서 자세히 기술하였다.

자에 두어서 이를 나눈 값으로, 단위는 연(年)으로 표기한다. 통상 우리가 3년 만기 채권이라 함은 원금이 상환되는 기간이 3년이라는 의미이다. 사실 이것은 현금흐름상의 만기라고 할 수 없다. 액면이 자라는 화폐의 시간가치까지 고려하여 산출된 만기가 채권운용이나 채권구조 분석에 훨씬 유용하기 때문이다. 그렇지 않으면 액면이자 지급일이 천차만별인 채권을 단순히 만기만 가지고 분석할 수밖에 없다. 따라서 실질적인 만기를 나타내는 듀레이션이 필요하다. 듀레이션은 맥콜레이(Macaulay)가 최초로 개발하였는데, 그의 이름을 따서 맥콜레이듀레이션이라고도 한다. 간단한 듀레이션을 예를 들어 산출해 보자. 액면가 1,000만 원, 표면이자율이 10%인 3년 만기 채권의 듀레이션은 다음 표에서처럼 2.735년($\frac{2,735}{1,000}$)으로 이것이 실질적인 만기이다(단 시장이자율은 10%이다).

듀레이션 계산

기간	현금흐름	현금흐름의 할인가치	할인가치×기간
1년	100만 원	91만 원	91만 원
2년	100만 원	83만 원	166만 원
3년	1,000만 원+100만 원	826만 원	2,478만 원
합계		1,000만 원	2,735만 원

이제 듀레이션의 정의를 일반적인 수식으로 나타내 보자. 앞서 기술하였던 만기 n년인 채권의 현재가치 P는 다음과 같이 계산된다.

$$P = \frac{C}{1+r} + \frac{C}{(1+r)^2} + \cdots + \frac{C}{(1+r)^n} + \frac{F}{(1+r)^n} \ \text{----} \ ①$$

단, C: 액면이자, F: 원금, n: 만기 r: 시장이자율

① 식을 다음과 같이 바꿔 쓸 수 있다.

$$P = C(1+r)^{-1} + C(1+r)^{-2} + \cdots\cdots + (C+F)(1+r)^{-n} \text{ --- } ②$$

② 식에서 액면이자(C), 원금(F)과 만기(n)는 채권의 발행시점에 이미 확정되어 있어서 그 값은 고정되어 있는 상수이다. 따라서 채권의 현재가치 P는 변수 r의 함수라고 할 수 있다. ② 식의 좌변과 우변을 변수 r로 1차 미분하면 다음과 같이 된다.

$$\frac{dP}{dr} = -C(1+r)^{-2} - 2C(1+r)^{-3} - \cdots\cdots - n(C+F)(1+r)^{-n-1} \text{ --- } ③$$

미분은 수학적으로 순간변화율을 의미한다. 이를 현실적으로 계산할 수가 없어서 부득이 이를 이산적인 변화율로 바꾸는데 그리 큰 차이는 없다. 이렇게 바꾼 다음 항마다 공통인자인 $-(1+r)^{-1}$을 끄집어내어 정리하면 다음과 같은 식을 만들 수 있다.

$$\frac{\Delta P}{\Delta r} = -\frac{1}{1+r}\left[\frac{C}{(1+r)} + \frac{2C}{(1+r)^2} + \cdots + \frac{n(C+F)}{(1+r)^n}\right] \text{ --- } ④$$

④ 식에서 우변의 $\frac{1}{1+r}$ 을 좌변으로 이동하면 다음과 같이 된다.

$$\frac{\Delta P}{\Delta r} \times (1+r) = -\left[\frac{C}{(1+r)} + \frac{2C}{(1+r)^2} + \cdots + \frac{n(C+F)}{(1+r)^n}\right] \text{ --- } ⑤$$

　⑤ 식의 좌변과 우변을 ① 식의 좌변과 우변으로 각각 나누면 다음과 같은 식이 산출된다.

$$\frac{\Delta P}{P} \times \frac{(1+r)}{\Delta r} = -D \ \text{---} \ ⑥$$

　즉, ⑤ 식의 우변을 ① 식의 우변으로 나누면 앞서 정의한 맥콜레이듀레이션이 된다. 위의 ⑥ 식을 좀 더 간단히 표현하면 다음과 같이 쓸 수 있다.

$$\frac{\Delta P}{P} = -\frac{D}{1+r} \times \Delta r \ \text{---} \ ⑦$$

　⑦ 식에서 맥콜레이 듀레이션을 (1+r)로 나눈 것을 수정듀레이션(Modified Duration)이라 하며, 현재 대부분의 금융기관이 실무적으로 사용하고 있다. 그래서 최종적으로 다음과 같은 식을 얻을 수 있다.

$$채권가격의 변화율\left(\frac{\Delta P}{P}\right) = - 수정듀레이션(MD) \times$$
$$시장금리변화율(\Delta r) \ \text{---} \ ⑧$$

　⑧ 식에서 ΔP는 채권가격의 증감을 의미하며, P는 채권가격이다. 따라서 좌변은 채권가격의 변화율을 의미하며, 우변은 듀레이션에다 시장금리변화율을 곱한 값에 음수를 취한 것이다. 더불어 듀레이션은 위 일차함수의 기울기이기도 하다. 이는 상당히 중요한 시사점을 갖고 있다. 한편, 최초로 듀레이션을 개발한 맥콜레이는 듀레이션의

엄청난 기능을 활용하지 못했는데, 이를 리스크의 민감도 지표로 활용한 사람은 수정듀레이션을 발표한 힉스(Hicks)였다. 그는 ⑧ 식이 의미하는 것처럼 채권가격의 변화율은 금리변화율과 듀레이션을 곱한 수치와 반대방향으로 움직인다는 것을 피력하였다. 예를 들어 보유채권의 현재가치가 10억 원이고, 듀레이션(엄밀히 말하면 수정듀레이션임)이 7년이라 하자. 만약 시장금리가 1%P 상승하면 보유채권의 가치는 ⑧ 식에 의해 7%P 하락, 즉 7천만 원(10억 원 × 0.07)이 하락한다는 의미이다.[33] 그러면 평가금액은 10억 원에서 7천만 원의 손실을 차감한 9억 3천만 원이 된다. 만약 향후에 시장금리가 상승한다고 예상하면 무엇을 우선적으로 고려해야 할까? 즉시 보유채권의 듀레이션을 줄이는 방안부터 검토해야 한다. 즉, 만기가 짧은 채권으로 갈아타야 한다.

이처럼 듀레이션의 가장 큰 특징은 채권의 가치가 금리변동에 따라 어떻게 변동하는가를 선형적으로 파악해주는 데 있으며, 이 방법은 미래 현금흐름이 생성되는 모든 자산에 그대로 적용되기 때문에 얼마든지 자산가치의 변동을 예측할 수 있다. 채권의 가치와 시장이자율, 그리고 듀레이션의 관계를 나타내면 다음 그림과 같다. 해당 그림처럼 실제 채권가치와 듀레이션을 통한 채권가치는 오차가 발생하는데 이 오차는 시장이자율이 크게 변화할수록 더욱 크게 발생한다. 따라서 듀레이션을 통한 채권가치 변화는 어느 정도 오차가 있음을 전제해야 한다.

---

33) 듀레이션에 해당 채권의 가격을 곱한 것을 금액듀레이션이라 한다.

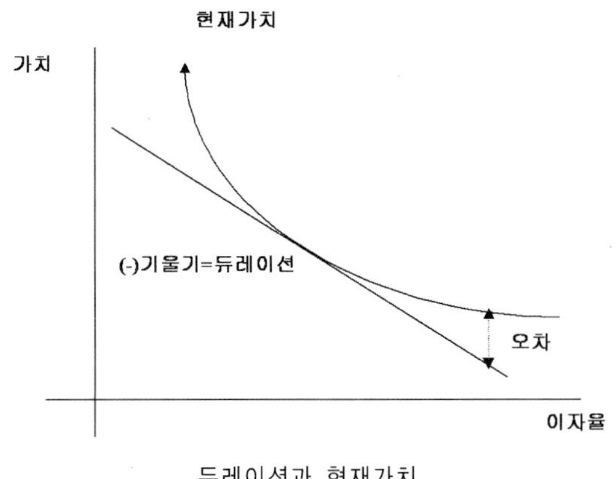

듀레이션과 현재가치

한편, 듀레이션은 시장이자율의 변화가 채권의 현금흐름에 영향을 미치지 않는다는 가정하에 산출된다. 그러나 옵션이 부가된 채권, 즉 수의상환채권[34](callable bond)이나 상환요구채권[35](putable bond) 등은 수익률 변화가 현금흐름에 영향을 미치므로 듀레이션공식에 의해 듀레이션을 계산할 수 없게 된다. 이 경우에는 유효듀레이션(effective duration)으로 대신하게 되는데 이 부분은 다소 복잡하여 생략하기로 한다.

채권에서 듀레이션은 아주 중요하며 여러 가지 의미로 활용된다. 우선 듀레이션은 채권현금흐름의 가중평균만기(weighted average time to maturity)로 현금흐름상의 평균적인 상환기간을 의미한다. 또한 원금을 회수할 수 있는 실질적인 만기이며 채권의 평균수명이라 할 수 있다. 수학적으로는 채권수익률 곡선의 1차 미분계수, 즉 기울기라 한다.

---

34) 이는 발행 기업에 미래 일정기간에 일정가격으로 채권을 상환할 수 있는 권리를 부여한 채권이다.

35) 이는 채권소유자에게 일정기간 동안 일정한 조건만 충족되면 원금의 상환을 청구할 수 있는 권리를 부여한 채권이다.

두 번째, 듀레이션은 무이표채, 즉 액면이자가 없는 할인채권의 만기와 같다. 따라서 이표채의 듀레이션은 항상 만기보다 짧다. 앞에서 분석한 3년 만기 이표채의 듀레이션은 2.735년인데 이 채권은 만기가 2.735년인 무이표채와 동일한 속성을 갖는다. 무이표채는 현금흐름이 만기일에만 발생하므로 만기일까지 보유하는 투자자는 어떤 종류의 리스크에도 노출되지 않는다. 따라서 만기 3년인 이표채를 2.735년만 보유하면 일정한 조건하에서 금리변동에 따른 리스크에 전혀 노출되지 않는다. 따라서 듀레이션기간만큼 이표채를 보유한다면 일정한 조건하에서 시장이자율이 변해도 채권가격은 변하지 않는다. 세 번째, 액면이자율이 낮을수록 듀레이션은 길어진다, 그 이유는 액면이자율이 낮을수록 만기 가중치, 즉 원금의 현재가치가 상대적으로 커지기 때문이다. 네 번째, 액면이자율과 만기가 고정되어 있고 시장이자율이 높을수록 듀레이션은 짧아진다. 그 이유는 시장이자율이 상승하면 먼 미래 현금흐름의 현재가치가 상대적으로 더 크게 감소하여, 즉 가중치가 감소하여 듀레이션은 짧아지게 된다.

채권에는 신용리스크도 있다

채권을 거래하다 보면 신용리스크에도 노출된다. 근본적으로 신용리스크는 거래상대방의 채무불이행으로부터 발생한다. 채권거래에서 채무불이행 당사자는 채권발행자이다. 따라서 채권발행자의 신용문제가 발생하여 보유한 채권의 가치가 하락할 리스크가 채권의 신용리스크이다.

회사채를 통해 자금을 조달하는 기업들의 신용상태를 분석하는 전문기관들을 신용평가회사라 하는데 그 결과가 신용등급평가로 나타난다. 신용등급은 신용평가기관이 특정 유가증권에 대해 그 원리금이나 이자를 약정한 기간에 제대로 상환할 능력이 있는지 여부를 분석하여 이를 알기 쉬운 기호나 문장으로 등급을 매기는 작업이다. 이 제도는 유가증권의 원금과 이자가 약속대로 상환될 수 있는 가능성을 분석하여 일반투자자에게 공시함으로써 이런 정보를 알지 못해 발생할 수 있는 손실로부터 투자자를 보호하기 위한 것이다. 신용등급평가절차는 나라마다 주어진 상황에 따라 다를 수 있다. 평가절차는 우선 산업 간, 계열 간 동향을 분석한 다음 해당기업을 사업분석, 재무분석, 자금조달능력으로 세분화하여 분석한다. 사업분석은 동종 업계 내에서 시장점유율 등의 시장지위 관련 지표나 영업효율성, 그리고 경영관리능력을 분석하는 것이다. 재무분석은 말 그대로 기업재무의 수익성, 유동성, 안전성, 충분성과 회계정책에 대하여 분석한다. 자금조달능력은 내부자금 창출능력과 외부자금조달능력, 그리고 대체자금조달능력으로 구분하여 분석한다. 마지막으로 발행 유가증권의 발행내용이나 발행조건을 분석한 후 이를 취합하여 최종적으로 원리금 상환능력을 판단하고 그에 적합한 등급을 매긴다. 다음 표는 Moody's, S&P, 한국의 회사채 신용등급 분류기준을 정리한 것이다.

회사채 신용등급 분류기준

Moody's	S&P	한국	의미
Aaa	AAA	AAA	원리금지급 확실성이 최고 수준임
Aa	AA	AA	원리금 지급 확실성이 매우 높지만 AAA등급에 비하여 다소 낮은 요소가 있음
A	A	A	원리금 지급 확실성이 높지만 장래의 환경변화에 따라 다소 영향을 받을 가능성이 있음
Baa	BBB	BBB	원리금 지급 확실성이 있지만 장래의 환경변화에 따라 저하될 가능성이 내포되어 있음
Ba	BB	BB	원리금 지급능력에 당면문제는 없으나 장래의 안전성면에서는 투기적인 요소가 내포되어 있음
B'	B	B	원리금 지급 능력이 부족하여 투기적임
Caa	CCC	CCC	원리금의 채무불이행이 발생할 위험요소가 내포되어 있음
Ca	CC	CC	원리금의 채무불이행이 발생할 가능성이 높음
C	C	C	원리금의 채무불이행이 발생할 가능성이 극히 높음
	D	D	현재 채무불이행 상태에 있음

3장 외환투자리스크

누구나 외국에 송금하는 경우를 자주 목격하다 보니 외환이나 환율은 이제 일상적인 용어가 되었다. 외화송금은 일단 은행에 가서 원화를 지불하고 그에 상당하는 외국통화로 교환하여 송금하는 것이 기본적인 절차이다. 외화가 거래되는 외환시장은 세계 여러 나라의 통화가 유통되기에 어느 투자시장보다 역동적이다. 환율 역시 실시간으로 움직인다. 그러니 외환투자자는 매 시간 긴장 속에 놓여 있다. 외환리스크 역시 수시로 변동한다. 그러므로 외환리스크는 어느 리스크보다도 가장 빠르게 대처해야 한다.

외환(foreign exchange)이란 무엇인가?

흔히 외국으로 상품대금이나 학비 등을 송금할 때 사용되는 수단을 외환이라고 한다. 한편, 환(換, exchange)이란 서로 멀리 떨어진 곳에 있는 사람들끼리 현금을 보내는 불편과 위험을 피하기 위하여 제3자인 금융기관(주로 은행)을 이용하여 지급위탁 방식으로 결제하는 수단을 말하는데 크게 내국환과 외국환으로 구분된다. 국내에 있는 사람들 간의 거래를 결제하기 위한 환을 내국환이라 하며, 서로

다른 국가에 있는 사람들이 국제거래의 결제를 위해 사용하는 환을
외국환 또는 외환이라고 한다. 외환에는 또 다른 측면이 있다. 세계
여러 나라에는 다양한 통화가 유통되고 있는데, 이런 통화를 교환하
는 것도 외환이라고 부른다. 이때 이종통화 간의 교환비율을 환율이
라고 한다.

일상생활에서 환율이 오른다, 또는 상승한다고 하는 것은 자국통
화로 표시한 외국통화의 가격이 상승하는 것을 의미한다. 예를 들어
1달러에 1,200원이던 환율이 1,300원이 되었다고 하면 환율이 올랐다
고 하는데, 이 경우 원화가치는 하락(depreciating)하고, 달러화가치는
상승(appreciating)한다. 반대로 1달러당 1,200원이던 환율이 1,100원
으로 떨어진다는 것은 원화가치가 상승하며, 달러화는 그 가치가 하
락함을 의미한다. 이를 쉽게 이해하는 방법이 있다. 원/달러 간의 교
환비율에서 분자는 원화이며, 분모가 달러화이다. 외환시장에서는
달러화가 통화의 중심인 기축통화이기 때문에 주로 분모에 위치한
다. 다음 그림의 가운데에서 왼쪽으로 움직이면 분자인 원화의 면적
은 커지고 동시에 분모인 외화의 면적은 줄어든다. 그러면 환율은
분자를 분모를 나누는 것이기 때문에 그 값은 상승하게 된다. 원화
의 면적이 커졌다는 것은 시중에 그만큼 원화의 통화량이 많아졌다
고 이해하면 된다. 따라서 원화의 가격은 떨어지게 된다. 이렇게 되
면 국내에 기반을 둔 수출업자는 낮은 이자로 자금을 조달할 수 있
어 수출제품의 단가를 낮출 수 있게 되고 종국에는 가격경쟁력을 확
보하기 때문에 수출이 증가하게 된다. 이제는 반대인 경우이다. 다
음 그림의 가운데에서 오른쪽으로 움직이면 분자인 원화의 면적이
줄어든다. 시중에 통화량이 줄어들었다는 의미이다. 당연히 원화 값
은 올라가게 된다. 수출기업은 수출단가가 올라가게 되므로 채산성

이 악화되어 수출이 감소할 수밖에 없다. 수출이 줄어들면 경제성장은 둔화되고, 이에 따라 실업자가 늘어나고 고용환경이 어렵게 된다. 그러므로 한국처럼 수출 위주의 경제체제에서는 고환율 정책이 늘 우선시 될 수밖에 없다. 한편 환율인하분만큼 수입상품의 가격은 싸지게 되므로 수입상품의 소비가 늘게 되어 수입은 증가하게 된다. 또한 외국으로부터 원료를 수입하여 생산하는 상품의 제조원가도 하락하게 되므로 국내물가가 내려간다.

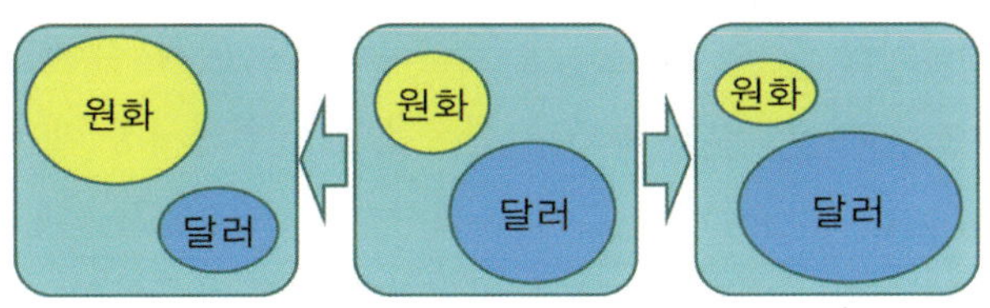

원/달러 환율상승과 하락의 의미

이처럼 환율변동은 기업이나 국가경제에 상당한 영향을 미친다. 특히 환율이 급격하게 움직이면 기업의 경영활동 차질은 물론 국가적으로도 이를 방어하기 위해 상당한 비용을 감수해야 한다. 그러므로 외환당국은 환율동향에 항상 관심을 갖고 있다. 외환당국의 대표적인 환율정책 수단은 필요시 시장에 직접 개입하여 외환보유액을 적절히 운용하는 것이다. 1997년 IMF외환위기 시에도 외환당국의 시장개입이 있었지만 그 역할은 미미하였다. 외환보유액이 많지 않았기 때문이었다. 이의 개입형태는 다음과 같다. 만약 해외로부터 국내로 대규모의 자본이 유입된다고 가정해 보자. 이 경우 국내외환시장에는 원화가 상대적으로 부족하게 되므로 원/달러 환율은 하락 압력을 받는다. 이때 중앙은행은 환율의 급격한 하락을 방지하기 위해 외환시장에서 원화를 대가로 미 달러화를 매입한다. 그러면 미 달러화의 초과공급이 줄어들게 되고 원화의 절상속도를 조절할 수 있게 된다. 만약 반대의 상황이라면 외환당국은 원화를 대가로 미 달러화를 매각하게 된다. 그런데 외환시장에 개입하면 외환 매매에 따른 반대급부로 인해 국내통화량에 영향을 미친다. 그러므로 중앙은 행은 필요시 공개시장조작 등을 통하여 통화량을 흡수하고 있다. 이 처럼 과잉통화량의 영향을 중화시키는 개입을 불태화 개입(sterilized intervention)이라 하며, 중화하지 않는 경우를 태화 개입(non-sterilized intervention)이라 한다. 대체로 한국을 비롯한 세계 각국은 불태화 개입정책을 취하고 있다. 예컨대 한국은행은 외환시장 개입에 따른 통화량 증감을 상쇄시키기 위해 공개시장정책을 펼치는데, 주로 국 공채를 매입 또는 매각하거나 통화안정증권을 발행하여 적절한 조 치를 취한다.

환율에 영향을 미치는 요인은 무엇인가?

첫째, 물가이다. 예를 들면 한국의 도매물가 및 소비자물가의 상 승률이 높아 인플레이션 우려가 강하면, 통화당국은 긴축기조의 금 융정책을 취한다. 그러면 한국금리는 상승추세에 놓이게 되어, 그로 인해 원화는 강세를 띠게 된다. 반대로 한국의 물가상승률이 낮아 인플레이션 우려가 없으면 통화당국은 금융완화 정책을 취하여 경 기를 촉진시킨다. 그러면 금리는 내려가고 원화가치는 하락할 것으 로 예상할 수 있다.

둘째, 경제성장률이다. 대체로 자국 경제가 높은 성장을 하면 자국경제의 건전성에 대한 신뢰도가 높아짐으로써 외환시장에서는 자국통화에 대한 수요가 증대되고, 덩달아 자국통화의 가치는 상승한다. 국내총생산(GDP; gross domestic product)은 한 국가의 경제성장률을 나타내는 대표적인 지표인데, 일반적으로 GDP가 상승하면 그 국가에서의 투자효율이 좋은 것으로 판단되므로 해외자본이 유입되기 쉽다.

셋째, 국내외 금리동향이다. 금리는 단기적인 환율변동 요인으로 가장 중요하다. 한 국가의 금리상승은 타국의 자금이 몰리게 되고, 이로 인해 자국의 자금수요를 증가시켜 단기적으로 해당통화의 강세요인이 된다. 자국의 금리가 상승한다는 것은 자국통화표시 금융자산의 수익률이 상대적으로 높아졌음을 의미한다. 이 경우 투자자는 자국통화표시 금융자산 투자증대를 위하여 자국통화의 매입수요를 증대시킴으로써 자국통화는 강세를 나타내게 된다.

한편, 외환시장 참가자들의 거래심리는 유독 민감하다. 국제정치의 급변이나 석유 등의 에너지 문제 따위가 발생하면 그 움직임은 환율에 즉각적으로 반영되기 때문이다. 또한 환율 전망이 불투명하여 불확실한 상태에 있을 때, 통화 당국자나 외환시장의 유력한 오피니언 리더(opinion leader)의 발언이 환율을 움직이기도 한다. 정세가 불안할 때는 해당국의 통화를 기피하여 다른 안정된 통화로 투자대상을 바꾸려는 투자자들 때문에 해당통화는 약세를 보이고 기축통화인 달러가 강세를 나타낸다. 그러나 2008년 미국 서브프라임 사태가 발생한 이후부터 미국 달러화를 매입하려는 외환시장의 현상도 점차 줄어들고 있다. 이것은 기축통화로서의 미국의 위상이 그전같지 않다는 반증이기도 하다.

외환투자는 실시간 대응력이 전제되어야 한다

외환시장은 각 국가의 중앙은행뿐만 아니라 무역거래, 자본거래, 투기거래까지 하는 다양한 시장참가자들이 존재하므로 전 세계에서 거래되는 모든 투자상품 중에서 가장 유동성이 풍부하고 또한 역동적인 시장이다. 외환시장은 24시간 쉬지 않고 움직이는 논스톱 시장이다 보니 초를 다투는 시간싸움이 허다하다. 그만큼 수익과 손실이 수시로 뒤바뀌는 곳으로 항상 긴장감이 흐른다.

외환시장에서 수익을 내기 위해서는 간단히 환율의 방향만 잘 포착하면 된다. 그러나 외환, 즉 환율에 대해 어느 정도 아는 투자자라면 환율이 어떻게 움직이는지에 대해서는 실로 다양한 경제현상의 집합체이기 때문에 예측시도조차도 무척 꺼린다. 환율 예측은 신의 영역이지 인간의 영역이 아님을 절실하게 깨닫는다. 그만큼 단순하면서도 복잡한 메커니즘하에 환율은 결정된다.

한때 FX(foreign exchange)마진거래가 유행한 적이 있었는데 지금도 일부 투자자들은 관심을 갖고 있다. FX거래는 간단히 종전의 은행이나 대규모 거래자만이 참여하던 외환딜링 거래를 외화증거금 방식을 통해 레버리지를 높여 소규모 거래자들도 나름 규모 있는 거래를 할 수 있도록 설계된 외환파생상품이다. 이 상품은 환율이 원하는 방향으로 움직이면 높은 투자수익을 낼 수 있어 레버리지를 통한 신용거래를 원하는 개인 투자자들에게 특히 각광을 받았다. 만약 환율이 투자자의 예상과 반대방향으로 움직이면 엄청난 손실을 각오해야 한다. 전형적인 투기상품인 것이다. 대부분의 투자자들은 처음 한두 번은 상당한 이익을 보았지만 종국에는 만회하기 힘든 손실로 치명타를 입었다. FX마진 시장은 소위 난다 긴다 하는 투자자들도 버티기 힘든 곳이다. 한마디로 초등학생과 대학생이 달리기 시합하는 것과 같은 곳이다. 원래 FX거래는 단순히 방향성게임 용도가 아니었다. 예를 들어 원화자산 보유자는 환율상승으로 원화가 약세를 보이면 이를 방치한 채 지켜볼 수밖에 없었다. 이럴 경우 FX거래를 통해 원화를 매도하고 강세를 보이는 통화를 매수함으로써 원화자산의 가치하락을 막을 수가 있다. 그러나 대부분의 투자자들은 이런 헤지수단을 벗어나 고수익을 내기 위한 투기거래로 욕심을 부린 것이다. 도박판처럼 대박과 쪽박이 하루에도 수시로 나타나는 투기판으로 변질된 것이다. 그러므로 외환시장의 다양한 정보력 확보와 시스템적인 대응력이 준비되지 않는 한 FX시장에 발을 담가서는 절대 안 된다.

외환리스크 측정

외환리스크는 크게 환산리스크와 거래환리스크로 나뉜다. 이에 대하여 간략히 살펴보자.

◆ 환산리스크(translation F/X risk)

외화환산리스크는 일반투자자나 기업이 외화표시 자산이나 부채를 보유하고 있는 상황에서 환율변동으로 인해 원화로 환산한 자산의 가치가 감소하거나 갚아야 할 부채의 가치가 증가하게 됨으로써 예상되는 손실을 말한다. 예를 들어 원/달러환율이 하락할 경우 달러화표시 자산을 보유하고 있는 기업은 원화로 환산한 자산의 금액이 감소하게 되어 손실을 입게 된다. 물론 그 반대인 경우에는 이익이 발생한다. 이를 정리하면 다음 표와 같다.

외화자산 및 외화부채를 보유한 경우의 환차손익

구분	환율상승(원화가치 하락)	환율하락(원화가치 상승)
달러자산 보유시	원화로 환산한 자산의 금액이 증가함에 따라 이익 발생	원화로 환산한 자산의 금액이 감소함에 따라 손실 발생
달러부채 보유시	원화로 환산한 부채의 금액이 증가함에 따라 손실 발생	원화로 환산한 부채의 금액이 감소함에 따라 이익 발생

한편, 환산리스크에 노출된 경우, 이를 피하기 위하여 외화자산 또는 외화부채의 포지션에 대하여 반대포지션을 취함으로써 리스크를 헤지한다. 우선 그전에 리스크를 측정해야 한다. 환산리스크는 외환 포지션의 크기(익스포저), 보유기간, 환율변동성의 3대 요인에 의해 결정된다. 만약 보유기간이 1일이면 환산리스크 산출은 다음과 같다.

$$\text{환산리스크} = \text{외환포지션}(E) \times \text{환율변동성}(\sigma)$$

만약 보유기간이 1일 이상이면 다음과 같이 해당영업일의 제곱근[36]을 곱하면 된다.

$$\text{환산리스크} = \text{외환포지션}(E) \times \text{환율변동성}(\sigma) \times \sqrt{\text{영업일}}$$

---

[36] 제곱근을 곱한 이유에 대해서는 1부 3장 '리스크를 어떻게 측정하는가'에서 자세히 기술하였다.

우선 외환포지션, 즉 익스포저는 통화별로 구분한 다음 통화별 포지션을 환율변동에 따른 재산가치의 변화방향에 따라 매입초과포지션, 매도초과포지션, 균형포지션으로 세분화한다. 매입초과포지션은 외화자산이 외화부채보다 많은 경우이다. 매도초과는 그 반대이며, 균형포지션은 자산과 부채가 동일하다. 따라서 매입초과 포지션은 해당통화의 가치가 하락하는 경우 환차손이 발생하며, 매도초과포지션은 해당통화의 가치가 상승하는 경우 환차손이 발생하고, 균형포지션은 해당통화의 가치가 변동해도 재산가치가 변하지 않는다. 따라서 균형포지션 상태를 환율변동에 따라 무차별적으로 리스크에 노출되지 않는 리스크 중립(risk neutral)이라고 한다.

예를 들어 달러자산 100만 달러, 달러부채 70만 달러를 보유한 경우를 살펴보자. 이는 30만 달러의 매입초과포지션 상태이다. 만약 원/달러환율 일별 변동성(표준편차)이 0.560%라 하면 환산리스크는 1,680달러가 된다.

$$환산리스크 = 30\,만달러 \times 0.560\% = 1,680달러$$

이는 환율이 불리하게, 즉 환율이 하락함으로써 하루 동안에 1,680달러를 손해볼 수 있다는 의미이다. 만약 반대로 환율이 상승하게 되면 최대 1,680달러의 이익이 발생할 수도 있다는 의미이다. 따라서 환율하락에 대하여 적절히 반대포지션을 취하는 조치를 검토해야 한다.

◆ 거래 환리스크(transaction F/X risk)

외환거래에서 2영업일 이내 거래를 현물환거래(spot transactions)라고 하며 그 이상인 거래를 선물환거래(forward transactions)라고 한다. 선물환거래는 외환매매계약 체결일로부터 영업일이 2일 경과한 후 특정일에 외환을 결제하기로 약정한 거래이다. 따라서 장래에 이행될 통화 간의 환율을 미리 약정하고 약정된 결제일에 당초 약정된 환율로 외환의 매매가 이루어진다. 그러므로 계약일로부터 결제일 사이의 환율변동에 따른 환리스크를 회피할 수 있다. 이로 인해 수출입 등 외환거래가 발생하면 대부분의 경제주체들은 선물환거래를 통하여 리스크를 헤지한다. 예를 들어 국내기업이 미국으로부터 수입계약을 체결한 후 실제 수입대금은 3개월 후에 지급하기로 하였을 때 원/달러환율이 상승하면 국내기업은 손실을 입게 된다. 이 경우 국내기업이 수입계약을 체결할 때 3개월 선물환으로 미국달러를 매입하는 계약을 맺었다면 현물환율의 변동과 관계없이 선물환율로 달러를 매입하여 수입대금을 결제하면 되므로 환율변동 리스크를 피할 수 있다. 그러나 3개월 후의 현물환율이 하락하게 되면 선물환 계약을 맺은 국내기업은 오히려 손실을 입게 된다. 이처럼 선물환거래는 장래 결제일에 적용할 환율을 수입계약 체결일에 확정시킴으로써 환율변동에 따른 리스크를 회피할 수 있으나 반대로 환율이 유리하게 변동할 경우에는 기회이익을 상실하는 단점도 발생한다. 그러나 대부분의 기업들은 리스크 헤지대가로 발생하는 추가비용이나 기회이익 상실에 대해서도 그리 안타까워하지 않는다. 3개월이라는 시간동안 리스크에서 벗어나 마음 편하게 경영에 매진할 수 있기 때문이다.

한편, 선물환거래는 외환차익을 위한 투기수단으로도 자주 이용된다. 예를 들어 3개월 미국달러 선물환율이 1,300원일 때 어느 투기자가 3개월 후 현물환율이 1,400원으로 상승할 것으로 예상하고 3개월 선물환을 매입한다고 하자. 이 경우 예측이 적중되면 3개월 후에 달러당 1,300원에 달러를 사서 1,400원에 팔 수 있으므로 달러당 100원의 이익을 얻을 수 있다. 그러나 예측이 빗나가면 이 투기자는 고스란히 손실을 입게 된다. 이처럼 투기목적의 선물환거래는 환율 예측이 투기자의 예상대로 실현될 경우에는 자기자금의 부담 없이 일정기간 후에 환차익을 얻을 수 있으나, 환율 예측이 반대방향으로 나타날 경우에는 큰 손실을 보게 된다. 어느 시장에나 투기수단은 존재하기 마련이다. 하지만 수익과 손실이 외환시장처럼 극명하게 드러난 곳은 없다. 투기판의 진정한 승자는 그곳을 빠져나오는 사람일 뿐이다.

4장 자산/부채관리리스크

대부분의 리스크는 자산과 부채 중 어느 한쪽에서만 발생한다. 그러나 자산과 부채 양쪽을 통해서 발생하는 리스크가 있다. 바로 금리리스크와 유동성리스크이다. 이를 합하여 간단히 자산/부채관리리스크라 한다. 금융투자세상에서 자금을 빌리고 그 자금을 운용하는 행태는 필수불가결하다. 따라서 자산과 부채를 통하여 발생하는 금리리스크와 유동성리스크는 이미 오래전부터 관리해 왔었다. 단지 관리주체 스스로가 알지 못하였거나, 알았더라도 체계적이지 못했을 뿐이다. 금융기관에서는 금리리스크와 유동성리스크를 합하여 ALM(Asset Liability Management), 즉 자산부채종합관리라 하고, 여러 리스크 중 특히 중요시하여 집중적으로 관리하고 있다.

금리리스크만의 특징이 있다

금리리스크의 가장 큰 특징은 대차대조표의 자산과 부채 양쪽을 통해서 발생한다는 점이다. 대부분의 리스크는 대차대조표의 자산에서 발생한다. 그러므로 보유자산의 가치가 미래 불확실성에 노출되어 손실이 발생할 가능성을 예측하고 관리하는 데 주력한다. 이런 자산을 시장성자산 또는 트레이딩(trading)자산이라 하며 회계장부에 즉시 이익이나 손실이 반영되므로 시가평가성 자산이라고도 한다. 시장성 자산은 해당자산의 익스포저와 리스크를 유발시키는 변동요인, 즉 주가, 금리, 환율 등의 변동성, 즉 표준편차를 곱하면 간단히 리스크를 측정할 수 있기 때문에 계량화하기가 상대적으로 쉽다. 그러나 금리리스크는 자산과 부채 양쪽에서 노출되므로 여타 리스크에 비하여 계량화하기가 쉽지 않다. 만약 조달한 자금을 금리부자산대신 시장성 자산인 트레이딩계정에 전액 배정하여 운용하면 시장리스크에 노출되며 주로 금리변동에 따른 자산의 가격변동리스크를 관리하면 된다. 일반적으로 자금을 조달하면 포트폴리오상 일정부분은 예금 또는 유가증권에 투자하고, 나머지는 대출이나 부동산에, 그리고 비상자금으로 일부 현금을 보유한다. 따라서 자금조달에 따른 운용자산을 어디에 배정하느냐에 따라 리스크노출 영역이 달라진다.

한편, 금융기관은 태생적으로 보유자금을 고객의 입맛에 맞는 사람끼리 연결하는 데 그치지 않고 보다 적극적으로 중개한다. 예컨대 자금차입자는 보다 싼 가격에 오랫동안 자금을 사용하고자 한다. 반면 자금대여자는 높은 이자를 원하며, 가능하면 단기로 빌려주고자 한다. 그래야만 무사히 원금을 받을 수 있기 때문이다. 당연히 양자의 기대차이로 자금거래가 쉽게 이루어지지 않는다. 이런 경우에 금융기관이 적극적으로 나서서 고객들 간의 요구자금 규모, 필요한 자금조달 비용과 운용수익, 자금조달 기간과 운용기간 등을 조정하여 거래를 성사시킨다. 그 결과 양자가 안고 있는 리스크를 금융기관이 떠안게 되며 그 대가로 수수료를 받는다.

금융기관은 자금 중개와 아울러 자산변환의 기능까지 수행함으로써 엄청나게 성장하였는데, 반면에 태생적으로 껴안을 수밖에 없는 자산과 부채 간의 미스매치(mismatch), 즉 금리리스크를 철저히 관리하였다. 이것이 체계화되면서 자산부채종합관리시스템(ALM)으로 자리 잡았다. 그들은 자산(대출)으로부터 유입되는 운용수익과 부채(예금)에 기인하여 발생하는 비용 간의 격차를 벌려 이익을 창출하기 위한 노력과 아울러, 그로 인해 불가피하게 발생하는 리스크를 통제해야 하는 상호배타적인 경영을 끊임없이 해왔다.

금리리스크는 다양하다

금리리스크는 크게 재조달리스크, 재투자리스크, 금리개정리스크로 나뉜다. 이에 대하여 간략히 살펴보자.

◆ 재조달 리스크(refunding risk)

금리리스크는 향후에 예상치 못한 시장금리 변동으로 인해 개인이나 금융기관 또는 기업들의 자산과 부채가치가 변하여 해당주체의 손실이 발생할 가능성을 말한다. 예를 들면, 부채를 단기로 조달하고 이의 자금을 장기로 대출했을 경우, 단기부채를 상환해야 할 시점이 도래하면 필요한 자금을 재조달해야 한다. 이 경우 재조달시점의 차입이자(율)가 최초 조달시점의 이자(율)보다 높게 되면 그만큼 손실이 발생한다. 이를 재조달 리스크라 한다. 우리나라의 경우 IMF외환위기 이전까지만 해도 대부분의 금융기관들이 '단기조달－장기운용'의 형태를 취했다. 우리나라는 1960년대 경제개발계획을 시작으로 주로 수출 위주의 산업 활성화 정책에 주력하였다. 그로인해 관련 산업군의 자금수요는 늘 공급보다 넘쳐났다. 이것은 자금공급자(주로 자금중개자인 금융기관)는 돈을 빌려오는 데 수반되는 차입이자보다 항상 더 높은 이자를 받을 수 있었다는 의미이다. 그러니 누구라도 최대한 단기로 돈을 빌려오고 장기로 운용하고 싶어진다. 그래야만 수익이 더 많이 발생하기 때문이다. 국내보다 해외에서 돈을 빌리는 것이 더 싸다면 굳이 마다할 이유가 없다. IMF외환위기 당시 특히 종합금융사의 자금운용 형태가 '단기조달-장기운용' 구조였다. 그러나 IMF외환위기가 터지면서 원화환율이 불과 3개월 사이에 900원대에서 거의 2,000원대로 육박하자, 그들은 단기부채를 상환하고 재조달하는 차입비용이 3개월 사이에 2배 이상 오르자 도저히 조달할 수가 없었다. 설령 무리하게 조달할 여건이 되었음에도 외화부족으로 인한 한국의 대외신인도가 상당히 떨어져 거래상대방이 아예 빌려주지도 않았다. 그들은 이보다 더 높은 차입비용을 부담하면서 근근이 버티다가 결국은 파산하고 말았다. 당시 20여 개의 종금사 대부분이 파산하였다. 그들이 파산한 이유는 전적으로 재조달리스크에 노출되었기 때문이다. 돌이켜보건대 이런 리스크를 사전에 예측하고 주기적으로 모니터링하여 그 결과를 경영진에게 제때 보고하고 관리하였더라면 파산이라는 최악의 상황은 미연에 막았을 것이다. 물론 당시 이익지상주의 영업환경에 놓여 있던 경영진에게는 리스크관리체계가 설령 있다 하더라도 형식적으로만 운영됐을 것이다.

◆ 재투자 리스크(reinvestment risk)

이번에는 반대로 부채를 장기로 조달하고 이의 자금을 단기로 투자했을 경우이다. 이런 형태가 자금을 빌리는 입장에서는 유리하다. 우선적으로 자금을 장기간 조달했다는 심리적인 안도감이 있기 때문이다. 또한 아무리 부채(타인자본)라 하더라도 일단 내 수중에 들어오면 엄청난 마력을 발휘해서 마치 내 돈처럼 보인다. 이런 현혹효과로 인해 일부는 자금을 운용하는 과정에서 운용수익 창출보다는 자기만족이라는 효용을 올리는 데 집행하기도 한다. 이는 비용이 아니라 일방적인 손실이다. 회계기준에 '수익－비용대응의 원칙'이 있다. 이는 수익을 창출하기 위해 수반되는 자금은 비용이고, 그렇지 않게 집행된 자금은 손실로 귀속된다는 것이다. 그래서인지 장기조달－단기운용의 형태는 대부분 투자수익률이 당초 기대한 것보다 저조했다. 이처럼 향후 시장금리 변동으로 인하여 투자수익률이 기대보다 하락하여 손실이 발생할 수 있는데 이를 재투자 리스크에 노출됐다고 한다. 이는 시장금리의 변동폭이 크거나 변동주기가 짧아지면서 더욱 노출빈도가 많아진다. 향후에도 시장금리의 패턴은 더욱 복잡하게 될 가능성이 높다. 왜냐하면 금융시장의 글로벌화로 그 영향력이 세계 곳곳에 실시간으로 미치기 때문이다. 또한 저금리 패턴이 지속적으로 확산된다면 재투자리스크에 항상 노출될 수밖에 없다.

◆ 금리개정 리스크

통상 시장금리가 상승하거나 하락할 때 자산과 부채에 미치는 민감도, 즉 대응속도가 다르다. 보통 부채보다 자산이 더 빠르다. 따라서 해당자산 운용수익률에 바로 영향을 미친다. 대신 부채에 미치는 속도는 더디다. 보통 자산과 부채의 변화속도는 약 6개월 정도 차이가 나는데 이로 인해 스프레드(spread)[37], 즉 이익에 미치는 차이가 일률적이지 않다. 그렇게 되면 자산가치의 변동폭과 부채가치의 변동폭이 다르게 된다. 만약 시중금리가 상승하게 될 경우에는 자금운용자 입장에서는 자산가치가 부채가치보다 더 빠르게 올라 이익이 난다. 반대로 시중금리가 하락하게 되면 반대의 현상이 발생한다. 그러나 이것은 단정지을 수가 없다. 자산과 부채의 만기나 그 규모에 따라서 동시에 이익과 손실에 영향을 주기 때문이다. 이처럼 만기 전에 금리가 변동되면서 자산과 부채의 가치변화에 영향을 주어 손실이 발생하는 리스크를 금리개정리스크라 한다.

금리리스크 측정

예를 들기 위해 편의상 당신이 금융회사의 주인이며, 주로 예금과 대출 위주의 자금운용을 한다고 하자. 영업첫날 예금 1억 원을 맡기려는 고객과, 잠시 후 대출 1억 원을 받으려는 고객이 왔다. 대출기

---

37) 스프레드는 자금운용 수익에서 자금조달 코스트를 차감한 것을 말한다. 그러나 금융시장에서 그 의미는 다양하게 사용된다. 예를 들면, 파생금융시장에서의 스프레드거래는 3개월물과 6개월물의 두 가격 간의 차이에서 발생하는 수익을 염두에 두고 거래하는 파생금융거래의 하나의 형태이다. 회사채 발행시장의 스프레드는 무위험 채권금리와 회사채 발행금리 간의 차이를 말한다.

간 2년, 대출이자는 연 5%이고, 예금기간 2년, 예금이자는 연 3%인데 6개월마다 변경되는 변동금리이며, 이와 관련해서 세금은 없다. 보통 회계연도가 1년이기 때문에 1년 단위로 수익관리를 한다. 따라서 향후 1년간 이익은 다음과 같이 2백만 원이 예상된다.

$$1억\ 원 \times 5\% - 1억\ 원 \times 3\% = 2백만\ 원$$

이것을 순이자수익(NII; Net Interest Income)이라 하며 지금도 은행수익의 대부분을 차지하고 있다. 이제 6개월이 경과하였고 현재 시장금리는 6개월 전보다 상당히 상승하였다. 만약 당초의 예금금리 3%를 또다시 적용하려고 한다면 예금자는 금리가 높은 다른 은행으로 옮겨갈 것이 분명하다. 그래서 예금금리를 4%로 올려주고 예금을 재예치하였다. 이 경우 예상되는 이익은 다음과 같다.

$$1억\ 원 \times 5\% - (1억\ 원 \times 3\% \times \frac{6}{12} + 1억\ 원 \times 4\% \times \frac{6}{12}) = 150만\ 원$$

6개월이 경과한 시점에서 1년 동안의 이익을 계산해 봤더니 당초 2백만 원에서 150만 원으로 50만 원의 손실이 발생하였다. 이제 시간을 되돌려 5개월이 경과한 시점으로 되돌아 가보자. 이때쯤이면 금융기관은 예금만기가 1개월밖에 안 남아 신규로 예금을 예치하거나 기존고객의 예금을 재연장하는 등의 방안을 검토하고 그에 따른 이익의 변화를 예측한다. 이때 이익에 영향을 미치는 핵심요인은 시장금리의 향방이다. 향후 1개월 동안 시장금리의 변동에 따라 이익규모가 달라지기 때문이다. 만약 앞의 예처럼 시중금리가 상승하면 이익규모가 줄어들고, 반대로 시중금리가 하락하면 이익규모는 늘어나게 된다. 이런 상황을 금리리스크에 노출됐다고 한다. 즉, 미래 금리변동으로 인하여 수익에 불리한 결과가 발생할 가능성이 있으면 금리리스크에 노출된 것이다. 그러나 현실적으로 금융기관의 경우 이런 거래가 하루에도 자주 발생하고 일정 자산규모 이상인 개인투자자들도 마찬가지이다. 거래 건마다 일일이 수작업으로 관리하는 것이 불편하고 체계적이지도 않다. 그래서 등장한 것이 '금리 만기갭(repricing gap)'이다.

◆ 금리 만기갭

금리 만기갭은 자산과 부채를 금리가 개정되는 기간에 따라 각각 구분하여 구간별 금리변동에 따른 자산과 부채의 이자변동을 파악하여 순이자 증감을 분석하는 기법이다. 자산과 부채항목은 금리에 따른 이자를 발생시키는 항목과 그렇지 않은 항목으로 구분된다. 금리리스크의 경우 금리변동과 관계없는 자산과 부채항목은 측정대상에서 제외되는데 대부분 고정자산이나 현금 등이 해당된다. 대표적인 금리성 자산으로 대출금, 채권 등이 있으며, 금리성 부채는 예금, 차입금 등이 있다. 자산을 금리에 따라 크게 분류하면 금리적용기간이 변동하는 금리민감자산, 금리가 계약시점에 확정되는 고정금리자산, 그리고 금리와 관계없는 비금리 수익자산이 있다. 부채 역시 동일한 기준으로 금리민감부채, 고정금리부채, 비금리 비용부채로 구분된다. 금리민감자산은 다시 계약만기가 1년 이내인 만기도래자산, 약정기간이 끝나면 금리가 개정되는 금리개정자산, 기준금리에 연동되어 수시로 변동되는 변동금리자산으로 세분화된다. 부채 역시 동일하다.

만약 금리부 자산에서 벌어들이는 연간 자산운용수익률을 r_A라 하고, 금리부 부채를 조달하면서 발생하는 연간 조달비용률을 r_L이라 하면 연간 순이자수익(NII; Net Interest Income)은 다음과 같이 나타낼 수 있다.

순이자수익(NII) = (금리민감자산 + 고정금리자산) × 자산수익률(r_A) −
(금리민감부채 + 고정금리부채) × 부채비용률(r_L)

위의 식에서 순이자수익의 변동(ΔNII)을 구하기 위하여 좌변과 우변에 각각 증분(Δ)을 취하면 고정금리부 자산과 고정금리부 부채는 금리가 변동되더라도 이자수입과 이자지출비용이 변경되지 않는다. 따라서 그 증감은 0(zero)이 된다. 그러면 다음과 같은 식이 도출된다.

순이자수익의 변동(ΔNII) = (금리민감자산 × 자산수익률 증감(Δr_A)) −
(금리민감부채 × 부채비용률 증감(Δr_L))

위의 식을 간단히 하기 위하여 자산과 부채의 금리변화가 동일하다고 가정하면, 즉 $\Delta r_A = \Delta r_L$이라고 하면 다음과 같은 식을 얻을 수 있다.

순이자수익의 변동(ΔNII) = (금리민감자산 − 금리민감부채) × 금리변화($\triangle r$)

앞의 식에서 '금리민감자산−금리민감부채'를 금리갭이라 하며, 금리갭을 금리개정기간에 따라 구간(time bucket)별로 세분화한 것을 금리 만기갭이라 한다. 구간은 자산과 부채의 계약만기 구성비를 기준으로 구분하는데 통상 1개월 이내, 3개월 이내, 6개월 이내, 1년 이내, 1년 초과, 만기 없음까지 총 6단계이다. 이렇게 해서 구간마다 자산과 부채를 차감한 값을 구할 수 있는데 그 값이 양(+)인 구간을 양의 갭(positive gap) 또는 자산민감형(asset sensitive type)이라 한다. 이런 구간에는 여유로운 자산을 재투자해야 하는 재투자리스크에 노출된다. 반면에 자산과 부채를 차감한 값이 음(-)의 값인 구간을 음의 갭(negative gap) 또는 부채민감형(liability sensitive type)이라 한다. 이런 구간에는 부족한 부채를 조달해야 하는 재조달리스크에 노출됐다고 한다. 금리 만기갭(gap)이 양(+)인 경우에는 시장금리가 하락할 때 순이자수익이 감소하게 되며, 반대로 시장금리가 상승하면 순이자수익이 증가하게 된다. 즉, 양(+)의 갭인 구간은 순이자수익이 시장금리 방향과 동일하게 움직인다. 반대로 갭이 음(-)이면 시장금리가 하락할 때 오히려 순이자수익이 증가하게 되고, 반대로 시장금리가 상승하게 되면 순이자수익이 감소하게 된다. 따라서 음(-)의 갭인 구간은 순이자수익이 시장금리 방향과 반대로 움직인다. 이상을 정리하면 다음 표와 같다.

금리변동과 순이자수익(NII)의 관계

금리변동	갭(gap)의 부호		
	양(+)	0(zero)	음(-)
금리상승	순이자수익 증가	불변	순이자수익 감소
금리하락	순이자수익 감소	불변	순이자수익 증가
	↓		↓
리스크노출	재투자 리스크 금리하락 리스크		재조달 리스크 금리상승 리스크

금리만기갭을 이용하면 장래에 어떤 구간에서 얼마만큼의 금리리스크에 노출되는지 정량적으로 파악할 수 있어 적시에 거시적인 리스크 헤지가 가능해진다. 실제로 대부분의 금융기관은 금리만기갭 표를 이용하여 연간순이자 수익의 규모를 추정하고 시장금리 변동에 따른 순이자수익의 증감을 분석하여 이에 대한 대응전략을 준비하고 있다.

한편, 금리민감자산을 금리민감부채로 나눈 비율, 즉 $\dfrac{금리민감자산}{금리민감부채} \times 100$을 금리민감도갭 비율이라 한다. 최근에는 금리리스크관리 차원에서 기준금리 연동이나 정기적인 금리재설정이 가능한 모기지 관련 담보대출 위주로 영업패턴이 바뀌면서 자산의 금리개정기일이 짧아지고 있다. 또한 특별한 시책이나 세금우대를 제외하고는 만기가 1년 이내인 정기예금이 대부분이어서 역시 금리개정기일도 짧아졌다. 다음 표는 금리만기갭 표의 예시이다.

금리만기갭표(예시)

구분(억원)	0~1개월	1~3개월	3~6개월	6~1년	1년 이상	합계
자산	100	120	100	50	60	430
부채	50	150	110	50	70	430
갭	50	−30	−10	0	−10	0
누적갭	50	20	10	10	0	0

위의 표에서 만약 1개월 이내에 금리가 1% 상승한다면 50 × 0.01 = 5천만 원의 이자수익 증가가 예상된다. 반대로 1개월 이상 3개월 이내에 금리가 1% 상승한다면 이번에는 -30 × 0.01 = 3천만 원의 이자수입 감소가 예상된다. 이처럼 금리가 개정되는 구간대(time bucket)별로 자산과 부채를 구분해 놓으면 금리변동에 따른 이자수익의 변화를 쉽게 파악할 수 있게 된다. 그러나 금융기관은 이자수익의 변화를 가능하면 회계단위 기준인 1년간 묶어서 알고 싶어 한다. 금리변동 시 만기구간별 갭이 향후 1년간 순이자수익에 미치는 금액은 다음과 같은 식으로 계산할 수 있다.

$$\text{향후 1년간 순이자수익 변동금액} = \text{갭} \times \text{금리 변동폭} \times \frac{\text{잔여기간}}{\text{1년}}$$

앞의 예에서 만기구간 1개월의 평균만기를 0.5개월로 치면 금리가 1% 상승할 경우 1개월 갭 50으로 인한 순이자수익의 변동금액은 전체 1년에서 향후 11.5개월만 영향을 받는다. 따라서 변동금액은 $50 \times 1\% \times \dfrac{11.5개월}{12개월}$ = 4천 8백만 원이다. 즉, 잔여기간에 4천 8백만 원의 이자수입이 증가할 것으로 예상된다. 이런 방식으로 앞의 금리갭표에서 금리가 1%씩 상승할 경우 순이자수익의 변동금액은 다음 표와 같다. 해당 표에 의하면 향후 1년의 잔여기간에 순이자수익은 1천 7백만 원 증가할 것으로 예상된다.

향후 1년간 순이자수익의 변동금액 산출(예시)

구분(억원)	0~1개월	1~3개월	3~6개월	6~1년	합계
갭	50	−30	−10	0	10
중간만기	0.5개월	2개월	4.5개월	9개월	
잔여기간	11.5개월	10개월	7.5개월	3개월	
순이자수익 변동금액	+0.48	−0.25	−0.06	0	+0.17

금리만기갭 표는 금리변동에 따른 이자수익의 변화를 쉽게 분석할 수 있다는 장점 때문에 금리리스크 관리에 오랫동안 사용되어 왔다. 그러나 문제점도 많다. 가장 큰 문제점은 자금조달과 자금운용의 금리변동 패턴이 동일하다는 가정이다. 금융시장에서는 자산과 부채의 금리변화폭이나 방향이 다르게 움직이는 경우가 허다하다. 따라서 금리만기갭 표를 이용하면 정확성은 다소 떨어진다. 두 번째는 장부상 금액을 사용한 정태적 분석이라는 점, 또한 금리개정구간을 재설정할 때마다 다른 결과값이 산출된다는 점, 특정 구간대 갭을 조정하고자 자산과 부채금액을 조정하면 다른 기간의 전체 누적갭에 영향을 주므로 계속적으로 갭조정을 해야 한다는 점이다. 마지막으로 중요한 문제점은 계약만기 이전에 발생하는 현금흐름을 전혀 반영하지 못한다는 점이다. 이처럼 만기 이전에 발생한 현금흐름을 반영하고 실질적인 순자산가치의 변동도 반영코자 금리만기갭보다 더 강력한 듀레이션갭이 등장하였다.

◆ 듀레이션갭(duration gap)

앞의 채권투자리스크에서 듀레이션의 개념과 이를 어떻게 산출하는지 또한 리스크관리지표로서의 듀레이션의 활용에 대하여 살펴보았다. 듀레이션갭은 간단히 자산듀레이션과 부채듀레이션을 산출하여 이를 차감한 것이다. 금리만기갭은 금리변동에 따른 순이자소득의 변동을 비교적 간편하게 산출할 수 있지만 순자산가치의 변동까지는 산출하지 못한다. 이런 단점을 극복하고자 금리변화가 자산과 부채의 순현재가치에 미치는 영향을 듀레이션이라는 리스크관리 민감도지표로 분석한 것이 듀레이션갭이다. 이를 통하여 최종적으로 금리변화에 따른 자기자본의 시장가치변화를 측정할 수 있다. 요약하면 금리만기갭은 손익계산서상의 이익변동성을 관리하는 기법이라면, 듀레이션갭은 대차대조표상의 순현재가치의 변동성을 관리하는 리스크관리기법이다.

재무제표의 가장 대표적인 것은 손익계산서와 대차대조표이다. 대차대조표는 자산(asset)과 부채(liability), 그리고 자본(equity)으로 구성된다. 자본[38]은 자산에서 부채를 차감한 값이다. 이를 식으로 쓰면 다음과 같이 된다.

$$\text{자본}(E) = \text{자산}(A) - \text{부채}(L) \quad \text{---} \quad ①$$

① 식에서 좌변과 우변, 양변에 증감($\triangle$)을 취하면 다음과 같이 된다.

---

38) 엄밀히 말하면 자기자본이다.

자기자본의 증감 (ΔE) = 자산의 증감 (ΔA) − 부채의 증감 (ΔL) --- ②

즉, 자기자본의 증감은 자산의 증감에서 부채의 증감을 차감한 것과 같다. 한편 앞의 채권투자리스크에서 다음과 같은 식을 도출하였다.

$$채권가격의 변화율\left(\frac{\Delta P}{P}\right) = - \, 수정듀레이션(MD) \times$$
$$시장금리변화율(\Delta r) \ \ --- \ ③$$

③ 식에서 좌변의 분모 채권의 가격(P)을 우변으로 이항하면 다음과 같이 된다.

$$채권가격의 변화(\Delta P) = - \, 채권의 가격(P) \times 수정듀레이션(MD) \times$$
$$금리의 변화(\Delta r) \ \ --- \ ④$$

이제 ④ 식을 이용하여 위의 ② 식의 오른쪽 항을 다음과 같이 고쳐 쓸 수 있다.

$$자기자본의 변화(\Delta E) = (- \, 자산(A) \times 자산 듀레이션(MD_A) \times$$
$$자산수익률증감(\Delta r_A)) - (- \, 부채(L) \times$$
$$부채 듀레이션(MD_L) \times$$
$$부채비용률증감(\Delta r_L)) \ \ --- \ ⑤$$

⑤ 식을 간단히 하기 위하여 자산과 부채의 금리변화가 동일하다고 가정하면, 즉 $\Delta r_A = \Delta r_L$이라고 하면 다음과 같이 간단히 할 수 있다.

자기자본의 변화 $= -($자산$\times$자산듀레이션$-$부채$\times$부채듀레이션$) \times$
금리변화 --- ⑥

다시 ⑥ 식에서 자산을 괄호 밖으로 끄집어내면 다음과 같은 식을 얻을 수 있다.

$$\text{자기자본의 변화} = -\text{자산} \times \left(\text{자산듀레이션} - \frac{\text{부채}}{\text{자산}} \times \right.$$
$$\left. \text{부채듀레이션}\right) \times \text{금리변화} ---⑦$$

위의 ⑦ 식의 괄호 안에 있는 식을 듀레이션갭(DGap)이라 한다.

$$\text{듀레이션갭}(DGap) = \text{자산듀레이션} - \frac{\text{부채}}{\text{자산}} \times \text{부채듀레이션} --- ⑧$$

⑧ 식에서 $\frac{\text{부채}}{\text{자산}}$ 를 헤지비율이라 한다. 만약 헤지비율이 1이라면 '듀레이션갭 = 자산듀레이션 − 부채듀레이션'이 되고 이를 단순 듀레이션갭이라 한다. 이상 최종적으로 다음과 같은 식을 도출할 수 있다.

$$\text{자기자본의 변화}(\Delta E) = -\text{자산}(A) \times \text{듀레이션갭}(DGap) \times$$
$$\text{금리변화}(\Delta r) --- ⑨$$

이제 ⑨ 식으로부터 자기자본의 가치변화(ΔE)는 자산규모(A)와 듀레이션갭, 그리고 금리변화(Δr)의 세 가지 요인을 곱한 값에 반대 방향으로 움직인다는 것을 알 수 있다. 세 가지 요인 중에서 자산규모나 듀레이션갭은 운영주체가 얼마든지 통제할 수 있지만 시장금리 변화는 통제할 수 없는 변수이다. 한편, 자산규모는 총자산이며 항상 양(+)의 값을 갖는다. 따라서 굳이 통제할 필요를 못 느낀다. 그러므로 관심을 가져야 할 지표는 듀레이션갭으로 귀결된다.

만약 어떤 금융기관의 듀레이션갭을 산출한 결과 그 값이 양수(+)였다면 시장금리 변화에 따라 자기자본의 가치변화는 어떻게 될까? 예를 들어 시장금리가 상승한다면 자기자본 가치변화는 ⑨ 식에 따라 다음과 같은 부호가 도출된다.

자기자본 가치변화 = 음수 × 양수 (총자산) × 양수(듀레이션갭) × 양수(시장
금리변동)
= 음수

최종 값은 음수이다. 이는 자기자본 가치가 하락한다는 의미이다. 따라서 이런 자산과 부채구조를 갖는 금융기관이나 개인투자자들은 금리상승 시 자기자본 가치가 하락하게 될 리스크에 처한다. 이를 헤지하려면 우선적으로 통제 가능한 듀레이션갭을 음수(−)로 만들면 된다. 그러면 자기자본변화 식은 양수(+)가 되므로 자기자본 가치는 상승하게 된다. 이때 듀레이션갭을 음수(−)로 만들기 위해서는 어떻게 해야 할까? 자산듀레이션을 줄이거나 아니면 부채듀레이션을 늘려야 한다. 자산듀레이션을 줄이는 방법은 만기가 장기인 자산

을 단기로 교체한다든가 고정금리부 자산을 변동금리부 자산으로 교체하면 된다. 부채는 자산과 반대로 하면 부채듀레이션이 늘어난다. 물론 다양한 대안 중 처한 상황에 따라 가장 적합하고 최소비용으로 실현가능한 방법을 모색해야 한다. 이런 행위를 전략적 선택이라 하며 달리 면역화 전략이라고도 한다. 한편, 듀레이션갭을 0(zero)으로 유지하면 전략적 선택을 고민할 필요가 없다. ⑨ 식에서처럼 시중금리변화가 자기자본 가치에 전혀 영향을 주지 않고 항상 0(zero)이 되기 때문이다.

요약하면 듀레이션갭이 양수(+)인 경우에는 금리상승 시 리스크에 노출되며, 반대로 듀레이션갭이 음수(−)이면 금리하락 시 리스크에 노출된다. 듀레이션갭의 부호와 금리변동에 따른 자기자본가치변화, 즉 순자산가치(NPV; net present value) 변화를 표로 정리하면 다음과 같다.

듀레이션갭과 금리변동에 따른 순자산가치(NPV) 변화의 관계

금리변동	듀레이션갭의 부호		
	양(+)	0(zero)	음(-)
금리상승	순자산가치 감소	불변	순자산가치 증가
금리하락	순자산가치 증가	불변	순자산가치 감소
	↓		↓
리스크노출	금리상승 리스크		금리하락 리스크

금융기관의 리스크관리부서는 듀레이션갭을 이용하여 주기적으로 자기자본의 가치변화에 대한 분석자료를 만들어서 리스크관리위원회나 경영진에게 보고하고 있다. 다음 표는 듀레이션갭을 분석한 예시이다.

듀레이션갭 분석(예시)

자산			부채/자본		
항목	금액(억원)	듀레이션(년)	항목	금액(억원)	듀레이션(년)
현금	100	0	CD(1년물)	600	1
신용대출	400	1.25	CD(5년물)	300	5
담보대출	500	7	자본	100	0
합계	1,000	4.0	계	1,000	2.33

위의 표에서 자산듀레이션 4년, 부채듀레이션 2.33년은 각 자산과 부채의 금액별 가중치를 적용하여 다음과 같이 산출된다.

$$\text{자산듀레이션:} \quad \frac{100}{1,000} \times 0 + \frac{400}{1,000} \times 1.25 + \frac{500}{1,000} \times 7 = 4\text{년}$$

$$\text{부채듀레이션:} \quad \frac{600}{900} \times 1 + \frac{300}{900} \times 5 = 2.33\text{년}$$

듀레이션갭은 ⑧ 식을 이용하면 $4 - \frac{900}{1,000} \times 2.33 = 1.9$가 된다. 이런 구조는 금리 상승시 순자산가치, 즉 자기자본이 하락하는 리스크에 노출된다. 이것을 방지하기 위해서는 자산듀레이션을 줄이거나 반대로 부채듀레이션을 늘려야 한다. 만약 자산듀레이션을 줄이고자 한다면 7년짜리 담보대출이 장기이므로 이를 조정토록 고려해야 한다. 우선 줄이고자 하는 목표자산 듀레이션을 계산해 보자. 부채듀레이션 2.33년에 대응되는 자산듀레이션은 ⑧ 식에 의하면 2.1년 ($\frac{900}{1,000} \times 2.33 = 2.1$)이 되어야 듀레이션갭이 0(zero)이 된다. 따라서 구하고자 하는 담보대출 듀레이션을 X라 하고 다음과 같은 식을 만들어서 구하면 목표한 담보대출 듀레이션은 3.2년이 산출된다. 7년의 듀레이션을 3.8년이나 줄여야 원하는 듀레이션 3.2년이 된다.

$$\frac{100}{1,000} \times 0 + \frac{400}{1,000} \times 1.25 + \frac{500}{1,000} \times x = 2.1$$

물론 이런 전략은 이론적으로는 가능하지만 실제로 적용하기에는 어렵다. 자산을 조정하다 보면 그와 동시에 부채를 조정해야 하는 딜레마에 빠지기 때문이다. 그러므로 대부분 부외거래, 즉 파생거래를 통한 헤지전략을 구사하고 있다.

유동성이란 무엇인가?

유동성이란 필요할 때 아무런 조건 없이 바로 현금화할 수 있는 능력을 말한다. 보통 금융기관이나 개인투자자들에게 유동성능력이 있다는 것은 다음을 의미하며, 이 중 하나라도 갖추고 있으면 유동성을 해결할 수 있다.

- 항상 현재처럼 사업을 하기 위한 충분한 현금을 확보할 수 있는 능력
- 항상 적정가격에 시장에서 자금을 차입할 수 있는 능력
- 문제 발생 시 문제해결을 위한 시간을 확보할 수 있는 능력

일상생활에서 유동성문제는 조달한 자금의 만기와 운용하는 자금의 만기가 일치하지 않는 경우에 발생한다. 대체로 이런 문제는 또

다른 곳에서 비슷한 조건으로 자금을 차입해서 유동성을 해결하기 때문에 평상시에는 그렇게 문제되지 않는다. 다만 자금을 신규로 재차입할 때 그전보다 더 높은 이자비용을 지불하게 된다면 문제이다. 만약 더 높은 이자를 주고 자금을 차입해서 일단 현금흐름에 문제가 없게 되고, 회사가 추가생산성을 올려 이익을 많이 낼 수 있으면 추가이자를 충분히 상쇄할 수 있어 문제시되지 않는다. 이런 패턴이 IMF외환위기 이전 만해도 대부분 우리나라 기업들의 자금순환 구조였다. 추가적인 이자비용을 부담하면서까지 확실하게 이익을 발생시킬 수 있는 비즈니스모델이나 원천기술을 보유하고 있는 기업이라면 그리 문제될 게 없다. 그러나 진입장벽이 없는 평범한 사업모델이나 대기업계열사로 비교우위가 없는 평범한 직종은 예기치 않는 금융환경에 처하면 유동성에 타격을 받을 수밖에 없다. 추가적인 이자비용을 지속적으로 감내할 수단이 없기 때문이다. 자기자본으로 버티기에는 한계가 있어 계열사의 도움을 받든가, 정부지원을 받는 비정상적인 방법을 동원할 수밖에 없다. 유동성문제는 금융환경 변화에 따라 평상시에도 문제되지만 기업이나 개인투자자의 신용, 즉 신용리스크나 금리리스크 등 다른 리스크에 노출되면서 더욱 가중된다. 리스크의 연쇄적인 파급효과는 최종적으로 유동성에 직결되기 때문에 일단 유동성에 노출되면 회복하기가 어렵다. 그래서 유동성리스크를 처음이자 마지막 리스크라 한다.

유동성리스크는 두 가지로 나뉜다

유동성리스크는 크게 두 가지로 구분된다. 우선 시장 유동성리스크이다. 대부분의 기업이나 개인투자자들은 유동성문제가 발생하면 불가피하게 보유자산 중 부담 없는 순서대로 처분해서 유동성을 해결한다. 그런데 공교롭게도 해당자산을 처분할 만큼 충분히 시장에서의 거래량이 부족하여 정상적인 가격으로 처분할 수 없는 상황이 발생하면 문제다. 부득이 일정 처분손실을 감수하거나 최악의 상황에는 아예 거래가 이루어지지 않을 수도 있음을 감수해야 한다. 이런 경우를 시장 유동성리스크에 노출됐다고 하며, 주로 발행규모가 작거나, 유통시장이 제대로 발달되어 있지 않은 경우에 자주 발생한다.

두 번째가 자금조달 유동성리스크이다. 유동성문제를 해결하기 위해 보유자산 처분이 순조롭지 않을 경우에 추가적인 대안은 다른 데서 동일한 금액을 차입하는 수밖에 없다. 이때 비정상적인 시장상황이 발생하여 해당 차입시장이 급격히 축소되거나 소멸될 수가 있다. 예를 들어 정부의 대출규제 및 금융긴축 정책 등으로 인해 신규자금지원이나 기존자금을 회수하는 경우이다. 이럴 경우 해당자금을 적기에 확보할 수 없거나 예상되는 자금소요 시기보다 앞당겨 자금을 확보할 수밖에 없다. 당연히 불필요한 비용이 발생한다. 이런 경우를 자금조달 유동성리스크에 노출됐다고 한다.

한편, 유동성이 너무 풍부해서 지나친 현금자산을 필요 이상으로 가지고 있어 이로 인해 오히려 기회수익이 저하되는 손실도 유동성리스크에 포함한다. 수익성과 유동성은 상반관계(trade off)에 있기 때문에 이의 적절한 포트폴리오는 투자세상에서 기본이다. 실례로 펀드투자 전이나 환매 후 마땅한 투자처를 찾지 못한 경우에 임시로 MMF(money market fund) 계정에 자금을 예치해 놓는다. 그 이전만 하더라도 대부분 통장에 그대로 놔두거나 현금으로 갖고 있었다. 유동성으로 인해 수익성이 떨어지는 대표적인 사례이다. 직장인 급여

통장을 보통예금에서 자산관리계좌(CMA; cash management account)라고 하는 통장과 함께 자금운용 기능까지 겸비한 계좌로 옮기는 것도 유동성과 수익성의 상반관계를 보여주는 좋은 사례이다. 적정규모 이상의 자산가들에게는 수익성과 유동성의 적절한 조화가 반드시 필요하다.

그러나 현실적으로 수익성과 유동성을 함께 고려하는 것은 그리 쉬운 일이 아니다. 경제주체들이 투자를 하는 근본적인 이유는 수익을 얻기 위함이다. 따라서 가능한 한 수익에 우선한 투자행동을 하게 되고 모든 의사결정이 수익에 맞추어져 있다. 그럼에도 유동성관리를 하지 않으면 안 된다. 유동성리스크에 노출되어 개인투자자나 회사가 망하는 것보다 당분간 이익이 저조하더라도 살아남는 것이 더 낫지 않은가?

유동성리스크 측정

간단한 예를 들어보자. 어떤 금융기관의 영업 첫날, 예금 1억 원을 맡기려는 고객과 잠시 후 대출 1억 원을 받으려는 고객이 지점에 왔다. 예금이자는 연 3%이고, 대출이자는 연 5%라고 하면 '1억 원 × 5% − 1억 원 × 3% = 2백만 원'으로 향후 1년간 2백만 원의 이익이 예상된다. 그런데 예금고객은 6개월만 예치하고자 하는 대신 대출고객은 1년을 사용하기로 한다면 6개월 후 은행은 바로 유동성리스크에 노출된다. 6개월 후 예금이 만기가 되어 1억 원이 인출되는 반면, 빌려준 대출금이 상환되려면 아직도 6개월이 남아 있기 때문이다. 만약 6개월 후 은행이 예금 1억 원을 추가로 유치하거나 재예치하지 못하면 지급불능사태에 처하게 되므로 이를 방지하는 모든 수단을 강구해야 한다. 결국 예금을 재유치하기 위해 보다 높은 예금금리를 제시한다면 당초에 기대하였던 2백만 원이라는 이자수익은 줄어들게 된다. 설령 고금리 예금을 유치하여 유동성리스크, 즉 만기불일치를 해결하였다 하더라도 은행은 또 다른 금리리스크에 노출된다. 이처럼 향후 6개월 동안 시장금리가 어떻게 변동하는가에 따라 이자수익의 손실이 발생할 수도 있다.

유동성리스크와 금리리스크는 상호 밀접한 관계에 있기 때문에 동시에 관리하는 것이 훨씬 효율적이다. 예를 들어, 약정기간 6개월 변동금리 기준으로 3년 만기 자금을 조달하였다면 이 경우 금리리스크에 노출되는 기간은 6개월이며, 유동성리스크의 노출기간은 만기인 3년이다. 한편, 금리리스크는 자금조달과 자금운용기간의 불일치(mismatch position)가 발생하면 금리변동에 따라 손실발생 가능성은 항상 있으나, 유동성리스크는 단기에 자금을 조달하고 장기로 운영하는 불일치기간에서만 발생된다. 금리리스크와 유동성리스크를 동시에 관리하는 것을 자산부채종합관리(ALM; Asset Liability Management)라 하며 금융기관, 특히 은행에서 가장 오랫동안 관리해 왔다.

◆ 유동성 갭

금융기관은 유동성리스크를 관리하고자 금리만기 갭처럼 '유동성 갭'을 이용한다. 이는 만기구간대별로 자산과 부채를 구분하여 유동성 갭을 계산하도록 만든 표이다. 만약 자산에서 부채를 차감한 유동성 갭이 양수(+)이면 유동성에 문제가 없다는 의미이고, 반대로 유동성 갭이 음수(−)이면 해당 구간에서 유동성에 문제가 있다는 의미이다. 다음 표는 유동성 갭의 예시이다. 이 표에 의하면 1개월 동안 유동성 갭이 −20억 원이므로 즉각적인 유동성대책이 필요하며, 주로 단기에 유동성 갭이 음수(−)일 때가 가장 문제시된다.

만기구간대별 유동성 갭(예시)

구분(억원)	0~1개월	1~3개월	3~6개월	6~1년	1년 이상	합계
자산	50	70	90	80	60	350
부채	70	60	100	60	60	350
갭	−20	10	−10	20	0	0
누적갭	−20	−10	−20	0	0	0

　한편, 유동성 갭은 정태적인 분석과 동태적인 분석으로 나뉜다. 정태적 갭 분석은 원금만을 반영하여 자산, 부채의 만기도래 금액을 특정구간별로 생성하여 구간별 당기와 누적으로 유동성 갭을 산출한다. 동태적 갭 분석은 원금 및 이자, 수수료 등 모든 현금흐름을 반영하여 갭을 생성하고, 그 외 시장금리에 연동하여 발생하는 조기상환, 해지 등에 의한 실제 현금흐름까지 반영하여 갭을 산출하기 때문에 비교적 정확하다.

5장 신용리스크

　신용리스크는 거래상대방의 채무불이행 또는 신용 악화에 따라 발생할 수 있는 손실가능성을 말하며, 개인투자자보다는 거래규모가 큰 금융기관에 주로 노출된다. 그 때문인지 금융기관들은 탄생하면서부터 신용리스크를 관리해 왔다. 신용리스크는 여타 리스크에 비하여 아주 특이한 차이점을 갖고 있다.

　일반투자자들의 신용리스크 유형은 금융기관과는 사뭇 다르다. 투자자들의 신용거래는 실로 다양하며 그 결과가 각양각색으로 나타나기 때문이다. 따라서 일반투자자와 금융기관의 신용리스크 측정기준이나 관리방법은 확연히 다르다.

신용리스크는 독특하다

　금융기관, 특히 은행수익의 근간은 예대마진, 즉 자금운용수익에서 조달예금에 대한 이자를 차감한 것이다. 그러므로 은행은 탄생하면서부터 예대마진을 집중적으로 관리하였는데 예금보다는 주로 대출부분에 주력하였다. 그로 인해 대출심사, 대출진행, 대출 후 모니터링, 대출회수 등 대출 관련 업무가 은행의 주된 업무가 되었다. 이후 대출관리가 점차 신용리스크관리로 확대되었다. 그러다 보니 신용리스크는 자연스럽게 리스크 영역 중에서 가장 오래된 역사를 갖게 되었으며 여러 리스크 중 체계적으로 관리되어 왔다.

한편, 신용리스크는 다른 리스크에 비하여 독특한 특징을 보인다. 첫째, 손실분포가 통상 다른 리스크에서처럼 좌우 대칭적인 종 모양이 아니라 한쪽으로 치우친 비대칭적인 분포이고, 그것도 한쪽 모양이 길면서 두터운 꼬리(fat tail) 형태여서 리스크를 측정하기가 어렵다. 일반적으로 부도의 경우 발생빈도는 낮으나 한 번 도산할 경우 손실규모는 상당하기 때문에 신용리스크의 손실확률분포는 다른 리스크처럼 정규분포를 가정해서는 안 된다. 따라서 주어진 평균과 표준편차만으로 리스크를 측정할 경우 오차가 크게 발생할 수 있다. 그러므로 과거 손실분포에 대한 꾸준한 관리가 반드시 필요하다. 통상 은행들은 전국은행연합회를 통해 해당기관의 계약자에 대한 신용정보를 통합하도록 하여 기업과 개인들의 신용상태를 관리하고 있다. 두 번째, 리스크 측정요소 간의 상관관계가 특이하다. 가령 부도형태가 각각 개별적으로 발생하거나, 손실도 손실 아니면 비손실 형태로 나타나기 때문에 상관관계가 약하다. 또한 도산은 발생빈도가 낮고 관측기간이 장기이기 때문에 도산확률간의 상관관계 측정도 곤란하다. 세 번째, 대출의 경우 지급보증, 담보 또는 상계약정 등 다양한 형태의 신용보완(Credit enhancement) 조치가 따르므로 대출상품의 구조가 복잡하다. 따라서 그에 따른 신용리스크 산출도 상당히 까다롭다. 네 번째, 부도율 등 신용리스크 산출을 위한 통계자료가 많지 않으며 명확하지도 않다. 시장리스크의 경우 동일한 상품의 가격변동 자료를 시장에서 반복적으로 수집할 수 있는 데 반해 신용리스크의 경우 동일한 기업의 과거 부도통계 자료는 존재하지 않는다. 부도율 1%는 해당기업의 부도율이 1%라는 의미가 아니고, 유사한 특성을 가진 100개 기업 중 1개 기업이 부도날 확률을 말한다. 예를 들어, 2011년도 AA등급의 전체 제조기업이 1,000개이고, 2012년도에 AA등급의 부도기업이 15개라고 하자. 이 경우 부도율은 $\frac{15}{1,000} \times 100 = 1.5\%$가 된다. 개인의 부도율은 좀 다르다. 예를 들어 2012년에 서울시 거주 공무원인 여자의 부도율을 계산해 보자. 분모는 2012년도 서울시에 근무하는 여자공무원 전체이며, 분자는 2012년도에 서울시 여자공무원 중에서 부도난 고객으로 이를 나누면 된다. 참고로 금융기관이나 개인의 경우 다음의 한 가지 이상 사건이 발생하면 부도라 한다.

1) 부담해야 할 채무전액을 변제할 가능성이 없는 경우
2) 추가 대손상각, 원리금면제, 상환기간 연장 등 채무조정관련 사건이 발생한 경우
3) 90일 이상 연체를 한 경우
4) 파산 신청한 경우

신용리스크는 두 가지로 나뉜다

신용리스크는 크게 예상손실(EL: expected loss)과 비예상손실(UL: unexpected loss)로 구분한다. 우선 예상손실은 과거의 경험과 현재의 시장여건을 고려할 때 금융기관이 부담하는 신용리스크 노출액 중 일부분이 미래의 일정기간에 손실로 나타날 것으로 예상되는 금액을 말한다. 예상손실을 산정하기 위해서는 부도율(default rate)과 손실률(loss rate given default)이 필요하며, 손실률은 거래상대방의 도

산에 의해 잃어버리는 포트폴리오의 가치로부터 담보권의 실행 등
에 의해 회수 가능한 부분을 공제하고 산출한다. 이를 식으로 나타
내면 다음과 같다.

예상손실 = 노출액 × 부도율 × 손실률(단, 손실률=1-회수율)

한편, 금융기관은 예상손실을 업무 수행과정에서 피할 수 없는 영
업비용으로 인식하고 이를 대손충당금이란 형태로 미리 충당하여
예상되는 손실에 대비하고 있다. 물론 충당비용을 대출가격에 미리
반영한다. 현행 감독규정에 따르면 금융기관은 보유자산을 건전성
분류기준에 따라 분류한 다음, 해당 자산별로 대손충당금을 쌓도록
되어 있다. 자산건전성 분류대상 자산은 신용리스크를 보유한 모든
자산, 즉 대출채권, 확정지급보증, 유가증권, 리스자산, 가지급금, 미
수금 등이며 현행 기준은 자산건전성을 정상, 요주의, 고정, 회수의
문, 추정손실의 5단계로 분류한다. 단계가 클수록 건전성은 떨어진
다. 자산건전성 분류기준은 채무상환능력, 연체기간, 부도여부 등 3
가지이며, 이 중 가장 낮은 단계를 적용하여 자산건전성을 최종적으
로 결정한다. 예를 들어, 채무상환능력기준으로는 '고정', 연체기간
으로는 '요주의'인 차주의 경우 최종적인 자산건전성은 '고정'으로
분류된다. 자산건전성을 분류하는 궁극적인 목적은 건전성 정도, 즉
채권의 회수가능성 정도에 따라 충당금을 적절히 적립하는 데 있다.
대체로 보유자산이 부실화될수록 충당금을 많이 쌓아야 하며, 자산
의 건전성이 높아지면 충당금을 환입하는 등 건전성 정도에 따라 탄
력적으로 충당금을 조절한다. 대손충당금은 대차대조표상 자산의 차

감항목으로 표시되는바, 미래에 발생할 수 있는 손실에 대한 조정이 이루어지지 않은 상태에서 대출금액을 금융기관의 대차대조표에 그대로 표시하는 경우 금융기관의 수익성과 건전성이 실제보다 과장되어 예금자와 투자자, 그리고 감독당국은 금융기관의 경영상태를 정확히 파악할 수 없게 된다. 그런데 대손충당금 전입액은 비용이기 때문에 실제 손실예상액보다 당기비용을 과소 인식할 경우 당기순이익이 과대 계상되는 결과를 초래할 뿐만 아니라, 그 결과 이를 재원으로 배당을 실시할 경우 금융기관의 건전성은 더욱 악화될 수 있다. 따라서 보유자산의 건전성을 적정하게 반영하여 이에 상응하는 충당금을 적립하는 것이 중요하다.

금융기관은 결산(분기결산 포함)일 현재 대손충당금 적립대상 자산에 대하여 건전성 분류결과에 따라 단계별로 다음의 금액 이상을 대손충당금으로 적립해야 한다.

* 정　　　상: 0.5% 이상　　　* 요 주 의: 2% 이상
* 고　　　정: 20% 이상　　　* 회수의문: 50% 이상
* 추정손실: 100%

대손상각(write-off)이란 채권자가 보유하고 있는 채권 중 채무자의 상환능력이 없거나 회수가 불가능하다고 판단되는 채권을 손실로 처리하는 것을 말하며 손실 처리된 채권은 대차대조표상의 장부가액에서 제외되고 대차대조표의 별도계정에 대손상각채권으로 표시된다. 대손상각을 통하여 금융기관은 직접적으로 부실채권 규모 및 비율을 낮춤으로써 자산의 건전성 제고를 도모할 수 있을 뿐만 아니

라 대손충당금 적립부담이 줄어들어 충당금 적립전 이익 및 당기순이익 증가를 가져올 수 있다.

두 번째, 예상하지 못한 손실이다. 예상외손실은 신용리스크 노출액, 부도율, 손실률 등의 변동성에 의해 결정되며 주로 통계적 확률모형을 이용하여 산출한다. 미래손실의 변동치는 평균과 표준편차로 설명되는 확률분포로 나타낼 때 평균이 예상손실에 해당하고 평균을 초과하여 발생하는 손실부분, 즉 표준편차가 예상외손실에 해당한다. 따라서 엄밀하게 보면 예상외손실만이 신용리스크에 해당된다. 그러나 예상외손실은 확률모형에 의해 산출되므로 상당히 복잡하기 때문에 전산시스템이 구비되어야 한다.

개인의 신용리스크

개인의 신용리스크 유형은 금융기관과는 다르다. 가장 흔한 유형이 빚보증이다. 주로 가족이나 친인척 간의 인적 보증으로 인해 서로 망하는 경우이다. 흔한 말로 빚보증은 부자(父子)간에도 해서는 안 된다고 하였다. 부동산거래 시에도 분양대행사의 신용사기, 전세권 및 근저당 설정권 등의 이행여부 등 다양한 신용리스크가 도사리고 있다. 각종 상거래에서도 다양한 형태의 신용문제가 발생할 수 있다. 또한 사금융, 유사금융 또는 다단계사업과 관련된 신용상의 손실도 염두에 두어야 한다. 대체로 일반투자자들이 알아야 할 신용상식으로 나의 신용이 어떻게 평가되는지, 만약 부득이하게 신용상태가 불량하게 될 경우 이를 극복하는 방법, 즉 채무불이행이나 신용회복지원, 사전채무조정 등을, 최악의 경우 소비자파산에 대하여도 알아둘 필요가 있다.

◆ **개인의 신용평가**

신용은 미래의 예상소득을 현재시점에서 미리 차용하여 소비할 수 있는 능력을 말한다. 개개인의 미래소득이 다르므로 사람마다 신용이 다를 수밖에 없다. 개인신용이란 현재시점에서 어떤 재화를 차용 또는 이용한 후 일정시간이 경과한 미래시점에 재화의 가치를 지급할 것을 약정할 수 있는 능력을 말한다. 개인이 사용할 수 있는 신용한도는 개인의 현재소득과 미래 예상소득의 현재가치의 합계이며, 이 신용한도 내에서 신용이 발생한다.

개인신용평가란 개인신용평가기관(Credit Bureau; CB)이 개인의 채무상환능력과 채무상환의지를 평가하여 개인신용 공여기관들의 경영의사결정에 활용할 수 있도록 개인의 신용평점을 산출하고 개인의 신용등급을 부여하는 것을 말한다. 여기서 중요한 것은 개인의 신용정보이며 이는 금융거래 등에서 거래상대방에 대한 식별을 가능하게 하고, 신용도를 측정할 수 있게 하며, 거래능력 등을 판단할 수 있는 정보를 말한다. 평가방법은 다수의 사람에 대한 업무의 효율성과 표준화 등의 이유로 신용평가시스템(credit scoring system)에 의한 방법이 대부분이며, 우리나라의 경우 전문평가기관인 한국신용평가(한신평), 한국신용정보(한신정) 등에서 수행하고 있다.

개인의 신용유형은 크게 세 가지로 나뉜다. 첫 번째 유형은 은행 등 여신기관으로부터 가계소요자금을 차입할 수 있는 대출신용을 말한다. 두 번째 유형은 재화와 서비스를 구매한 후 그 대금을 일정기간 나누어 지급하는 할부구매 등의 판매신용을 말한다. 세 번째 유형은 판매신용의 포괄적인 개념으로 관리비, 통신서비스 등 미래의 일정시점에서 결제되는 서비스 신용을 말한다.

한편, 개인의 신용은 크게 신용평점과 신용등급으로 구분한다. 개인 신용 보고서의 평점은 일반적으로 0~1,000점, 신용등급은 1~10등급으로 구성되어 있으며, 신용평점은 1,000점에 가까울수록, 신용등급은 1등급에 가까울수록 우수하다. 현행 개인 신용등급은 개인의 여신규모나 신용거래 활동의 기간과 빈도, 연체규모와 과거 연체이력 등 모든 신용정보를 종합하여 개인의 신용상태를 신용점수로서 측정하는데 다음 표와 같이 10개 신용등급으로 나눈다.

개인의 신용등급

등급	내용
1, 2등급	대출도 많고 신용카드도 많지만 연체가 없어 돈을 떼일 위험이 없는 등급으로 우수한 등급이다.
3, 4등급	적극적인 신용거래는 없지만 금융기관과 오랫동안 거래한 고객으로 연체가 거의 없는 일반인은 대부분 이 등급에 속하며 보통등급에 해당한다.
5, 6등급	단 며칠이라도 연체한 경험이 있다면 5등급 이하로 하락하며. 이 경우 대부분 2금융권에서 대출을 이용한다. 이 등급이 하위등급의 초기단계이다.
7~10등급	이는 하위등급에 진입한 단계로 연체가 자주 발생하여 주로 사채를 사용한다.
9, 10등급	최하위등급으로 현재 신용불량자이거나 신용관리대상자에 진입할 경우이다.

개인신용 정보는 식별정보, 신용도정보, 신용거래정보, 신용능력정보, 공공기록정보로 나뉜다. 식별정보는 특정개인을 식별할 수 있는 정보로 성명, 주민등록번호, 성별, 국적, 직업 등이 해당된다. 신용도정보는 신용주체의 신용도를 판단할 수 있는 정보로서, 대출금의 연체와 용도 외 유용사실, 지급보증의 대지급금 발생사실, 어음 또는 수표거래정지처분을 받은 사실, 신용카드대금의 미결제 사실, 부정한 방법으로 대출받은 사실 등이 해당된다. 신용거래정보는 신

용주체의 거래내역을 판단할 수 있는 정보로서, 대출, 보증, 담보제공, 가계당좌예금의 개설과 해지사실, 신용카드, 시설대여 등의 금융거래 사실 등이 해당된다. 신용능력정보는 개인의 재산, 채무, 소득, 납세실적 등이 해당되며, 공공기록정보로는 법원심판 및 결정에 관한 정보, 조세 또는 공공요금의 체납정보, 주민등록에 관한 정보 등이 해당된다. 이 중 신용거래 및 신용능력 정보가 가장 중요하다.

한편, 개인신용 평가관련기관으로 개인신용 평가기관(Credit Bureau; CB), 개인신용정보 집중기관, 개인신용 공여기관이 있다. 개인 신용 평가 및 신용등급을 산출하는 기관은 은행 및 금융기관 등의 CB업체와 한국신용정보회사, 한국신용평가회사 등의 전문 CB업체가 있다. 개인신용정보를 수집·집중·관리하는 기관은 전국은행연합회·한국여신금융업협회·생명보험협회·손해보험협회 등이 있으며, 신용정보업자로 한신정·한신평 등이 있다. 개인신용 공여기관은 개인신용정보를 이용하거나 생산하는 기관으로 공공기관·금융기관·통신회사·유통회사 등이 있다.

◆ 채무불이행

채무불이행이란 용어는 2005년 4월 28일 이전까지 사용되었던 신용불량 용어에서 대체되었다. 이는 금융거래 등 상거래에서 발생한 결제대금 또는 대출금 등의 채무에 대하여 정당한 사유 없이 약정된 기일 내에 변제를 이행하지 않는 행위를 말한다. 만약 채무불이행의 해당요건이 되면 별도의 통보절차 없이 즉시 해당기관에 등록된다. 그러나 등재로 인한 어떠한 제재나 벌칙은 없다. 채무불이행은 주로 갚아야 할 결제대금이 연체되면 바로 등록되며 현행 규정은 50만 원

초과, 3개월 이상 연체가 되는 경우이다. 다만, 소액연체의 경우 은행연합회에 정보는 제공되지만 다른 금융기관에 제공되지는 않는다. 그러나 소액연체가 많을 경우에는 정보가 제공되며 연체건수도 2건 이상이면 채무불이행으로 등재된다.

구체적인 채무불이행의 등록요건은 결제대금연체와 소액연체를 2건 이상 한 경우이다. 결제대금 연체는 다음의 경우에 해당된다.

> 1) 금융기관에서 50만 원을 초과하여 돈을 빌리고 3개월 이상 갚지 않는 경우
> 2) 신용카드 사용 후 50만 원 초과결제 대금을 3개월 이상 갚지 않은 경우
> 3) 50만 원을 초과하는 할부대금을 3개월 이상 갚지 않은 경우

한편, 소액연체 2건 이상도 다음과 같은 경우이다.

> 1) 금액과 무관하게 금융기관에서 돈을 빌리고 3개월 이상 갚지 않은 경우
> 2) 신용카드 사용 후 5만 원 이상의 결제 대금을 3개월 이상 갚지 않은 경우
> 3) 5만 원 이상 할부대금을 3개월 이상 갚지 않은 경우

채무불이행을 해결하는 우선적인 방안은 해당 금융기관에 연락하여 담당자와 상담하는 것밖에 없다. 만약 거래사실이 없음에도 채무불이행자로 등록된 경우, 해당업체에 문의하여 즉시 정정 요청을 해야 하며, 정정 결과에 불만이 있을 때는 금융감독위원회에 시정요청서를 제출한 다음 후속절차를 밟으면 된다. 그 외 해당 금융기관의 사전채무조정(프리워크아웃)제도나 신용회복지원위원회의 개인 워크아웃제도를 활용한다.

◆ 신용회복지원

이는 개인 및 개인사업자 중 협약 등에서 규정하는 일정요건을 갖
춘 채무자를 대상으로 상환기간의 연장, 분할상환, 이자율 조정, 변
제기 유예, 채무감면 등의 채무조정 수단을 통해 경제적으로 재기할
수 있도록 지원하는 제도이다. 신청자격은 최저생계비 이상의 수입
이 있는 채무자로서, 협약가입 금융기관에 대한 총 채무액이 5억 원
이하인 경우이다. 상환기간 연장은 대출금의 종류, 총 채무액, 변제
가능성, 담보, 채무자의 신용 등을 고려하여 최장 8년의 기간까지 가
능하다. 또한 최장 8년의 기간 내에서 채무분할상환이 가능하고, 이
자율 역시 인하할 수 있으며, 채무상환도 2년 이내의 기간 내에서
유예할 수 있다. 만약 채무자의 재산을 모두 처분하더라도 채무를
완납하기 어렵고, 변제금액이 강제집행시 회수예상가 이상인 경우에
채권의 성격을 감안하여 이자는 전액, 원금은 금융기관이 손실 처리
한 채권에 한하여 50% 범위 내에서 감면할 수 있다.

신용회복 지원이 확정된 채무자는 신용회복 지원내용의 협약에
준수하여야 하며, 만약 3개월 이상 채무를 이행하지 않는 경우에는
지원이 취소된다. 또한 신청 시 제출자료 등이 허위 또는 재산의 도
피 등 도덕적 해이 사실이 확인된 경우에는 지원이 취소되어 금융질
서 문란자 등으로 등재되며 추가적인 불이익을 받게 된다.

◆ 사전채무조정(프리워크아웃)

이는 실직, 휴·폐업, 재난, 소득감소 등으로 연체가 발생하여 장
기화가 예상되는 단기연체 채무자가 금융채무불이행자로 전락되는

것을 방지하여 정상적인 경제활동이 가능하도록 지원하는 제도이다.
신청자격은 아래 요건을 모두 충족하는 경우에만 가능하다.

한편, 이의 지원방법은 다음과 같다.

◆ 소비자파산

이는 봉급생활자나 주부, 학생 등과 같이 비사업자의 파산을 의미
하는 것으로, 소비자가 부채상환을 감당할 수 없는 지불불능상태에
빠졌을 때 법원이 이를 인정하여 채무이행을 면책해 주는 제도로 우
리나라는 1997년 외환위기와 함께 부각되었다. 소비자파산은 채무
자가 소비자로서 과다한 채무를 지게 된 경우에 채무자가 스스로 파

산신청을 하는 자기파산과, 채권자가 채무자에 대하여 파산신청을 하는 경우로 나뉜다. 절차는 관할법원에 파산원인을 소명하고 파산신청서를 접수, 파산관재인의 관리하에 진행된다. 파산관재인은 파산재단을 대표하여 재단의 관리, 처분, 배당 등 파산절차상의 중심적 활동을 하는 공공기관을 말한다. 한편, 파산선고를 받은 자는 채무의 면제를 받게 되더라도 그 파산자에게 보증을 선 사람의 보증채무는 그대로 남는다. 만약, 재산 은닉 등 사기파산인 경우 최고 10년 이하의 징역에 처한다.

6장 통합리스크: VaR(Value at Risk)

VaR는 1990년대 초에 개발되었던 새로운 리스크관리 측정도구이다. 당시에는 아주 혁신적이고 기발한 측정수단으로 인정되어 전 세계 대부분의 금융기관이 사용하였다. VaR는 간단히 주어진 신뢰구간에서 발생할 수 있는 최대손실액을 말한다. 이의 개발배경은 전통적인 리스크관리 수단인 ALM의 부분적 한계 때문이었다. ALM은 장부에 기록되어 있는 자산과 부채금액을 그대로 사용하여 리스크를 측정하고 관리하였다. 그러나 실시간 거래하는 트레이딩 자산시장이 급증하면서 장부에 기록하는 금액이 수시로 변하였다. 이를 반영코자 즉각적이고 간편한 리스크측정 기법인 VaR가 개발되었으며, 더불어 VaR를 통하여 여러 단위로 흐트러져 있던 개별리스크들을 하나로 통합할 수 있게 되었다.

VaR 도입은 절실했다

은행을 포함한 금융기관의 최대과제는 자산으로부터 발생하는 수익과 자금의 조달원천인 부채로부터 발생하는 비용을 대응시켜서 양자의 차이를 효율적으로 관리하는 것이다. 그러면 개별적으로 발생하는 금리리스크, 유동성리스크, 신용리스크 등은 충분히 감당할 수 있게 된다. 그러나 금리자유화가 시작되면서 금융기관 영업경쟁이 치열해지자 과거처럼 안정적인 수익을 기대할 수 없게 되었다. 더불어 금융소비자들의 자금용도도 다변화되면서 자금사용기간이나 상환방법이 자주 변경되었다. 마찬가지로 금융기관의 자금집행 계획도 수시로 바뀌었다. 이런 경영환경 변화에 따라 금융기관의 리스크관리기법도 더욱 세분화되면서 단순 자산부채관리에서 종합적인 자산부채관리시스템(ALM; Asset Liability Management System)으로 확장되었다.

ALM은 자산과 부채의 기간 또는 적용금리 간의 불일치를 관리하면서부터 시작되었는데 주로 장부상에 표기된 자산과 부채금액을 분석하였다. 이를 원가주의에 입각한 발생주의 회계라고 하는데, 이의 단점은 실제 거래되는 금액이 아니고 장부상의 금액을 적용한다는 점이다. 또한 발생주의 회계는 실제 현금흐름과도 엇박자가 발생한다. 이런 단점에도 불구하고 ALM기법은 계속 적용되었다. 특별한 대체수단이 없었을뿐더러 실제 현금흐름이 발생한 자산도 많지 않았기 때문이었다. 그러나 미국을 중심으로 한 전통적인 상업은행이 새로운 수익원을 창출하고자 투자은행으로 변신하면서 판매상품이 과거 예대마진 위주의 상품에서 유가증권투자, 모기지 대출 운용, M&A 중개 등 다양하게 변하였다. 이들 상품은 매일 시가로 평가하는 시장성 자산이 대부분이었고, 이를 기초로 한 파생상품 거래액도 엄청나게 증가하였다. 파생상품은 다른 금융상품과는 달리 일일정산(mark to market)을 해야 한다. 점차 투자자산과 시가주의에 근거한 평가성 자산 규모가 커지면서 기존의 자산과 부채를 관리하는 ALM만으로는 한계에 이르렀다. 시가주의에 근거한 새로운 리스크관리

수단이 절실히 필요하여 VaR기법을 도입하였다. 이후 금융기관은 기존의 ALM기법과 VaR기법을 상호보완적으로 사용하였다.

한편, 리스크관리 차원에서도 VaR의 도입은 절실했다. 기존의 전통적인 리스크측정치는 대상상품마다 적용기법이 달랐다. 즉, 예금과 대출에는 ALM기법인 금리갭이나 만기갭이 적용되었고, 채권에는 듀레이션기법, 주식에는 베타기법이 적용되었다. 그 결과 각각 산출단위가 달라 이를 종합적으로 합산할 수가 없었다. ALM은 금액단위이고, 주식은 숫자단위로, 채권은 연(年) 단위여서 전체 리스크를 알고 싶어도 합산할 수가 없어 불가능하였다. 리스크관리 초기에는 대상상품별로 노출된 리스크를 계량화하고 거기에 상응한 적정수익만 창출하도록 관리하였기 때문에 굳이 합산할 필요성을 못 느꼈다. 또한 초창기 금융기관의 주된 리스크영역은 ALM이었으며 이것만으로도 충분하였다.

그러나 점차 트레이딩 관련 자산운용이 빈번해지고 그 규모도 커지면서 이에 대한 리스크 측정과 관리의 중요성이 대두되었다. 무엇보다 최고경영자로 하여금 전체리스크를 파악하도록 하여 일관성 있는 수익과 리스크관리 정책을 펴도록 금융환경이 바뀌었다. 따라서 리스크별 합산이 가능한 VaR가 필요하였다.

VaR가 탄생하게 된 배경을 구체적으로 살펴보자. 지금도 월스트리트 사람들이 가장 선망한 기업은 금융역사가 가장 오래된 JP모건(J.P. Morgan)이다. 1980년대 후반 리스크는 JP모건의 최대 화두였다. JP모건은 다른 은행들보다 정확하게 리스크를 측정하고 모델화하여 리스크를 관리하고 싶어 했다. 다른 은행들이 은행업을 하다 보면 어쩔 수 없이 발생할 수밖에 없는 리스크를 체념하다시피 받아들일 때 JP모건은 확실하게 리스크를 분석하고자 시도했다.

1990년대 초 JP모건 회장은 영국인 데니스 웨더스톤(Dennis Weather-
stone)이었다. 파생금융상품거래 부서를 지휘한 경험이 있는 웨더스
톤 회장은 다른 어느 회장보다도 리스크를 잘 이해하고 있었다. 회
장인 자신조차도 JP모건이 보유한 자산에 얼마나 많은 리스크가 있
는지 모른다는 사실을 잘 알고 있었다. 회장으로 취임하면서부터 더
욱 마음이 불편해졌다. 회사가 거래하는 모든 거래, 즉 증권거래, 파
생상품거래, 상업대출 등 모든 사업에는 리스크가 있었다. 파생상품
거래부서를 지휘할 당시 웨더스톤은 자신이 감독하는 투자포트폴리
오의 모든 리스크를 파악하고 있었다. 하지만 CEO가 된 후로는 JP
모건의 다양한 사업영역에 걸친 리스크를 모두 이해하기 어려웠다.
한 부서의 리스크가 다른 부서의 리스크를 상쇄할지, 혹 가중시킬지
가늠하기란 쉽지 않은 문제였다. 웨더스톤은 CEO가 되기 전에 이미
새로운 리스크접근법이 필요하다고 판단했을지 모른다.

웨더스톤 회장은 JP모건에 새로운 리스크 접근법을 도입하도록 하
는 임무를 글로벌 리서치센터의 팀장이었던 틸 굴디만(Till Guldimann)
에게 맡겼다. 그의 목표는 시장움직임이 정상분포, 즉 정규분포를
보인다고 가정하고, 향후 24시간 안에 JP모건이 잃을 수 있는 돈의
액수를 정확히 예측하는 것이었다. 따라서 시장움직임이 평균을 크
게 벗어나는 경우에는 VaR에 의해 투자한 거래는 당연히 큰 손실을
보게 된다. 그 역시 이러한 단점을 알고 있었지만 크게 신경 쓰지 않
았다. 예를 들어, 일반적으로 거래되는 주식을 생각해 보자. 대부분
의 주가가 만 원 오르거나 내리는 일보다 오백 원 오르거나 내리는
일이 훨씬 자주 일어난다. 확률적으로 접근해 보면 오백 원의 등락
움직임은 정규분포의 가운데에 들어가고, 만원의 등락 움직임은 정
규분포의 양쪽에 들어간다. 일생에 한 번 마주칠까 말까 한 주가폭

락이나 주가급등은 정규분포의 평균에서 가장 멀리 떨어진 곳에 들어간다. 이러한 희소성을 갖는 사건은 정규분포에서 꼬리부분에 해당하기 때문에 '뚱뚱한 꼬리(fat tail)'라고 부르거나 '블랙스완(black swan)'이라고 부른다. 굴디만은 이러한 희소부분에는 관심이 없었다. 블랙스완에 해당되는 꼬리부분은 또 다른 누군가가 풀어야 할 숙제로 내버려두고, 매일 자주 일어나는 리스크만 측정하는 데 주력하였다.

그는 몇 년간 시행착오를 거쳐 새로운 리스크관리기법인 VaR모델을 완성하였다. VaR모델의 매력은 충분하였다. 첫째, 단순한 대출부터 복잡한 파생금융상품까지 어떤 종류의 포트폴리오라도 리스크를 측정할 수 있었다. 둘째, 회사 전체가 안고 있는 리스크의 총량을 산출할 수 있었다. 셋째, 트레이더 한 명이 짊어진 리스크가 어느 정도인지 측정할 수 있었다. 이는 당시 가장 골칫거리였던 문제를 해결해 주었다. 즉, 거래한도를 늘려달라고 요구하는 트레이더가 있을 때 리스크관리자가 복잡하게 주위 사람들에게 물어보지 않고 리스크 양에 따라 배분할 수 있게 됐다. 무엇보다 VaR모델의 최고 매력은 회사 전체의 리스크를 단순한 숫자로 표시해 준다는 점이었다. 리스크전문가가 아니더라도 VaR모델을 이용하면 리스크를 파악할 수 있었다. 당시 리스크관리에 익숙하지 않았던 월스트리트 CEO들에게 VaR는 정말 유용한 도구였다.

이 방법은 더욱 확대되어 무디스, S&P 등 신용평가기관, 미국증권관리위원회(SEC; The Securities and Exchange Commission) 등 많은 금융관련 기관들이 VaR를 사용하였으며 이를 지지하였다. VaR는 현재에 와서 세계적으로 리스크측정치의 모범답안(best practice)으로 자리 잡았다고 할 수 있다. 우리나라는 외환위기 당시 IMF나 외국자본을 국내에 투자하는 외국금융기관들이 국내 금융기관들의 리스크 관리능력이 부족하다고 지적하였다. 그로 인해 국내금융기관은 BIS 기준의 자본건전성 방안을 강구하였는데 그때 VaR기법을 이용한 리스크 측정시스템과 리스크관리에 필요한 각종 제도와 기법들이 도입되었으며 현재에도 VaR에 근거하여 리스크관리시스템을 운용하고 있다.

VaR란 무엇인가?

VaR는 '정상적인 시장(normal market) 여건하에서 주어진 신뢰수준(confidence level)으로 목표기간(target period) 동안에 발생할 수 있는 최대 손실금액(maximum loss)'으로 정의한다. 예를 들어 내가 어떤 투자자산을 갖고 있는데 보유기간 1주일, 신뢰수준 95%하의 VaR가 10억 원이라 하자. 이는 나의 자산 가치에 영향을 미치는 어떤 리스크로 인해 1주일 동안에 발생할 수 있는 손실이 10억 원보다 작다는 사실을 95% 신뢰수준에서 확신할 수 있다는 의미이다. 다시 말하면 1주일 동안에 10억 원보다 큰 손실이 발생할 확률이 5% 라는 의미이다. 5% 확률로 10억 원보다 더 큰 손실을, 아니면 블랙스완을 만나 천문학적인 손실을 볼 수도 있다는 뜻이다. 즉, 5%의 확률로 일주일 동안에 얼마의 손실을 볼지에 대해서는 모른다는 것이다. 이것이 VaR의 치명적인 약점이다.

VaR의 정의를 구체적으로 살펴보면 첫째, 정상적인 시장이다. 이는 누구나가 인정하는 보편적인 시장을 의미한다. 예를 들어, 9·11 테러로 인해 미국을 포함한 세계 주식시장의 폭락은 정상적인 시장이라면 발생하지 말아야 한다. 그러므로 비정상적인 상황에서 VaR 는 전혀 도움이 안된다. 두 번째가 신뢰수준이다. 신뢰수준이란 관찰 값의 분포에서 특정 관찰 값이 포함될 확률을 의미한다. 예를 들어 99% 신뢰수준을 사용하면 관찰 값 전체의 99%가 이 범위 안에 포함됨을 의미한다. 다음 그림의 손익분포는 표준정규분포[39]를 가정한 것으로 50%의 이익분포와 50%의 손실분포로 구성되어 있다. 만약 99% 신뢰수준을 적용하면 그림에서 평균이 0인 손익의 분포에서 '50%의 이익 발생확률 + 49% 손실발생 확률'에 해당하는 관찰 값을 구하겠다는 의미이며, 그 값은 2.33[40]이고, 이는 신뢰계수라고도 한다. 95% 신뢰수준이라면 '50%의 이익 발생확률 + 45% 손실발생 확률'에 해당하는 값이 되며 이는 1.65이다.

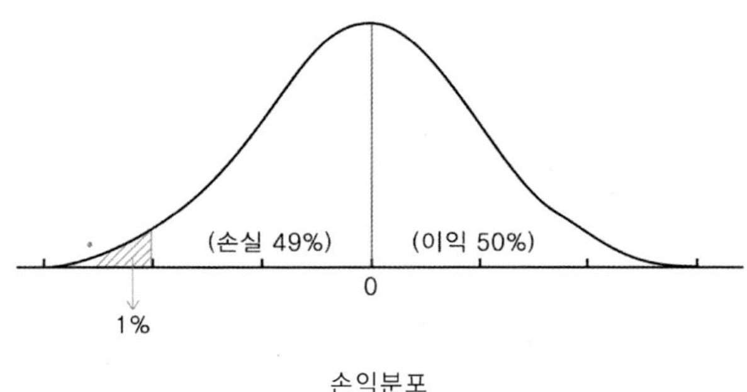

손익분포

　따라서 신뢰수준이 높으면 그만큼 통계적으로 정확하다는 의미가 될 수 있으나 더 넓은 범위를 포괄하게 되어 VaR 값은 당연히 커지

---

39) 한편, 모든 정규분포는 평균을 0으로, 그리고 표준편차를 1로 표준화시킨 표준정규분포로 전환될 수 있다. 이를 누적해서 나타낼 수도 있다.

40) 이 값은 누적 정규분포표 상에서 99% 누적확률에 해당하는 관찰값이다. 만약 이 값을 넘어서면 99%를 넘는 1%의 손실확률에 해당된다.

게 된다. 대부분의 금융기관은 95~99%의 신뢰수준을 선택하고 있다. 세 번째가 목표기간이다. 이는 해당자산 또는 포트폴리오의 보유기간으로 통상 영업일 기준으로 계상한다. 일주일은 영업일기준으로는 5일이며, 1년은 250일이다. 목표기간은 보유포지션의 헤지 기간이나 계약해지 기간 등 원래 포지션의 유동성과 연관하여 설정하는 것이 좋다. 예를 들어 한 달 후에 투자자금이 필요하다면 목표기간을 1개월로 정하면 된다. 네 번째 최대손실액이다. 이는 측정된 리스크금액으로 최종적으로 얻고자 하는 값이다. 이 금액을 가지고 확률적으로 투자 여부를 판단한다. 만약 투자를 원할 경우 최대손실액을 부담할 만큼 자본금이 있는지 없는지를 확인해야 한다. 만약 자본금을 초과한 상태에서 투자를 감행한다면 실제로 리스크가 발생하였을 경우에는 바로 파산에 이른다. VaR 산출식은 정의에 따라 다음과 같다.

$$VaR = \text{Exposure} \times 신뢰수준 \times 변동성(\sigma) \times \sqrt{기간}$$

VaR를 이용하면 또 다른 리스크, 즉 시장리스크에 노출된 시장 VaR, 금리리스크에 노출된 금리 VaR, 신용리스크에 노출된 신용 VaR, 기타 운용리스크에 노출된 운용 VaR 등을 전부 합하여 금융기관 또는 개인투자자에게 노출된 전체 리스크 금액을 합산할 수가 있어 훨씬 간단하게 투자의사 결정을 할 수 있게 된다. 가령 신규투자를 할 경우에는 신규리스크와 기존리스크의 노출금액을 합한 금액이 자본금을 초과한다면 한도 내로 적정하게 줄여서 추진할 수 있는 방법을 찾아야 한다. 이런 방법은 기존의 투자결정 방법에 비하여 훨씬 간단하면서 공평하기 때문에 다양한 이해당사자들을 쉽게 이해시킬 수 있다.

한편, VaR는 통계적인 리스크측정치이므로 그 값을 구하기 위해서는 보유자산이나 포트폴리오의 과거 손익분포를 알아야 한다. 만약 실제 손익분포를 알지 못한다면 통계적으로 가장 유용한 정규분포를 사용하면 된다. 정규분포는 실제 현실에서 가장 많이 나타나고, 웬만한 다른 분포함수들도 시행횟수를 많이 하면 정규분포를 따르기 때문에 가장 많이 이용된다. 다음 그림은 99% 신뢰수준하에서 VaR 예시이다. 그림에서처럼 VaR는 하위 1% 부분에 해당되며, 이는 평균값에서 하위 1% 확률까지의 거리이기도 하다. 흔히 정규분포를 이용한 방법을 모수[41]적인 방법이라 한다.

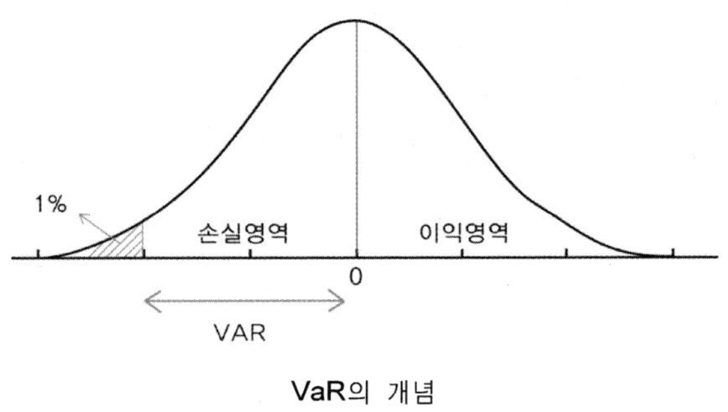

VaR의 개념

다행히 실제 손익분포를 알고 있다면 굳이 정규분포를 가정할 필요가 없다. 따라서 VaR 값도 실제 값과 오차가 작아진다. 또한 손실분포를 가정하지 않고 무작위적인 시뮬레이션을 통하여 손실분포를

---

41) 모수는 모집단의 특성을 알 수 있는 통계 값으로 평균 또는 표준편차가 대표적이다. 통계 값이란 이러한 값을 가지고 전체 현상을 추론할 수 있는 값을 말한다.

만들어서 측정할 수도 있는데 이는 모수를 사용하지 않았다 해서 비모수적 방법이라 한다.

VaR를 측정하는 모형 중 모수적인 방법을 쓰는 대표적인 방법이 분산－공분산법(variance-covariance model)이며, 달리 델타노말(delta normal) 방법이라고도 하는데 정규분포를 가정하기 때문에 이렇게 부른다. 비모수적인 방법으로는 역사적 시뮬레이션법과 몬테카를로 시뮬레이션법이 있다. 역사적 시뮬레이션법은 과거 수익률 데이터의 실제 수익률 변동성을 현재 포트폴리오에 적용하며, 몬테카를로 시뮬레이션법은 약 1,000개의 시나리오를 무작위로 만들어서 이의 확률분포를 가지고 계산한다. 이상의 방법 중 실무적으로 활용성이 가장 높고 일반투자자들도 알아두어야 할 분산－공분산법을 이용하여 VaR를 측정해보자.

VaR 측정

VaR는 앞서 설명하였듯이 정규분포 형태를 갖는 어떠한 자산이라도 쉽게 측정할 수 있다. 때문에 금융투자세상에서 VaR는 아주 광범위하게 사용된다. 이하 가장 대표적으로 주식, 채권 및 외환의 VaR를 측정해 보자.

◆ 주식 VaR

예를 들어 1개의 A주식 10억 원을 1주일 동안 보유하는데, A주식의 직전 1년 동안 수익률의 일별 변동성, 즉 표준편차가 2.69%라 하자. 신뢰수준 99%하에서(정규분포표에 의하면 신뢰계수는 2.33이다)

A주식의 VaR는 다음과 같이 계산되는데 A주식을 일주일 동안 보유했을 때 최대로 예상되는 손실액은 약 1억 4천만 원이다.

$$\text{A주식 VaR} = 10억\ 원 \times 2.33 \times 2.69\% \times \sqrt{5} = 140,149,500원$$

보유기간 일주일을 영업일로 환산하면 토요일과 일요일은 제외되어 5일이 된다. 만약 A주식의 과거 일별변동성을 모르고 주가지수 전체의 변동성과 그에 따른 베타값을 알고 있으면 역시 VaR를 계산할 수 있다. 위의 예처럼 A주식 10억 원, 전체 주가지수(예: KOSPI) 일일변동성이 1.7%, A주식의 베타(민감도)가 1.6이라면 VaR 값은 다음과 같이 계산되며 최대손실액은 약 1억 4천 2백만 원이다. 두 가지 방법으로 산출한 A주식 VaR 값의 차이는 민감도지표인 베타계수를 산출하는 과정에서 발생한 것이다.

$$\text{A주식 VaR} = 10억\ 원 \times 2.33 \times 1.7\% \times 1.6 \times \sqrt{5} = 141,713,044원$$

이제는 한 종목을 추가해서 B주식까지 보유한다고 해보자. B주식에는 5억 원을 투자하고 똑같이 일주일 동안 보유하기로 했다. 마찬가지로 B주식의 직전 1년 동안 수익률의 일별변동성(표준편차)을 계산해 보니 2.92%였다. B주식의 VaR는 다음과 같이 계산된다.

$$\text{B주식 VaR} = 5억\ 원 \times 2.33 \times 2.92\% \times \sqrt{5} = 76,062,850원$$

B주식을 일주일 동안 보유했을 때 최대로 예상되는 손실액은 약 7천 6백만 원이다. 개별적으로 보면 A주식의 최대손실액은 1억 4천만 원이고, B주식의 최대손실액은 7천 6백만 원이다. 이를 합하면 전체 2억 1천 6백만 원의 손실이 예상된다. 그러나 두 주식을 합하면 A주식과 B주식 간의 상관관계로 인하여 포트폴리오효과, 즉 분산효과가 생긴다. A주식과 B주식 수익률 간의 상관관계가 0.48이라 가정하고 A주식과 B주식으로 구성된 포트폴리오 VaR를 계산해 보자. 계산공식에 따라 포트폴리오의 익스포저(5억 원 + 10억 원 = 15억 원), 신뢰계수(2.33), 보유기간(일주일)은 이미 알고 있으며 포트폴리오의 상관관계가 반영된 일별변동성만 구하면 된다. 포트폴리오 변동성, 즉 분산을 구하는 공식은 다음과 같다.

$$\sigma_P^2 = w_A^2 \sigma_A^2 + w_B^2 \sigma_B^2 + 2w_A w_B \rho_{AB} \sigma_A \sigma_B$$

W_A는 A주식에 투자한 비율로서 $\frac{10}{15} = \frac{2}{3}$이고, B주식에 투자한 비율 W_B는 $\frac{5}{15} = \frac{1}{3}$이다.

만약 세 개의 변수인 경우에도 순차적으로 공분산을 반영하여 구할 수 있으며 4개 이상인 경우에도 똑같은 방식이 적용된다. 다만 계산절차가 복잡해진다. 따라서 실제 펀드를 구성하거나 포트폴리오효과 차원의 개별종목이 10개 이상만 되더라도 공분산을 구하기 위해서는 전산시스템을 이용해야 한다. 두 종목의 포트폴리오 변동성(표준편차)은 위의 공식에 각각의 숫자를 대입하여 구하면 다음과 같다.

$$\sigma_p = \sqrt{(\frac{2}{3})^2(0.0269)^2 + (\frac{1}{3})^2(0.0292)^2 + 2(\frac{2}{3})(\frac{1}{3})(0.48)(0.0292)(0.0269)}$$

$$= 2.4263\%$$

따라서 포트폴리오의 VaR는 다음과 같이 계산할 수 있다.

$$포트폴리오 \ VaR = 15억 \ 원 \times 2.33 \times 2.4263\% \times \sqrt{5} = 188,730,000원$$

앞의 개별주식 A와 B의 VaR 단순합은 2억 1천 6백만 원이었으나, 포트폴리오 VaR는 1억 8천 9백만 원으로 감소하였다. 즉, 두 종목의 포토폴리오로 인해 예상손실액이 2천 7백만 원이나 줄어든 셈이다. 포트폴리오를 구성하면서 리스크 감소효과가 나타난 것이다. 한편, 종목이 늘어나 3개 또는 5개, 10개가 되더라도 계산방법은 동일하다. 개별리스크의 상관관계를 잘 고려하면 전체 리스크를 합산할 때 충분히 리스크를 분산시킬 수 있다. 분산효과는 아직까지 가장 강력한 리스크관리수단으로 작용하고 있다.

◆ 채권 VaR

앞의 채권투자리스크에서 채권의 가격변화율과 듀레이션의 관계를 다음과 같이 유도하였다.

$$\text{채권가격의 변화율}\left(\frac{\Delta P}{P}\right) = -\ \text{수정듀레이션}(MD) \times \text{시장금리변화율}(\Delta r)$$

위 식의 좌변과 우변에 변동성(σ)을 취하면 수익률과 가격변화율의 변동성은 다음의 관계가 성립됨을 알 수 있다.

$$\text{가격변화율의 변동성}\left[\sigma\left(\frac{\Delta P}{P}\right)\right] = \text{수정듀레이션}(MD) \times \text{시장금리의 변동성}\left[\sigma(\Delta r)\right]$$

따라서 채권 VaR 산출식은 위의 식을 이용하여 다음과 같이 유도할 수 있다.

$$\text{채권 VaR} = \text{Exposure} \times \text{신뢰계수} \times \text{수정듀레이션} \times \text{시장금리변동성}$$

예를 들어, 만기 3년, 연 1회 액면이자율 8% 지급, 액면가 10,000원, 만기수익률 10%인 채권이 있다고 하자. 또한 직전 1년간 3년 만기 국고채금리의 일일변동성은 0.45%이다. 채권의 듀레이션은 공식에 따라 계산하면 2.78년이다. 만약 이 채권에 100억 원을 투자했다면 채권 VaR는 공식에 따라 다음과 같이 계산할 수 있다.

$$\text{채권 VaR} = 100\text{억 원} \times 2.33 \times \frac{2.78}{1.1} \times 0.45\% = 2\text{억 6천 5백만 원}$$

따라서 100억 원의 채권에 투자할 경우 하루에 최대 2억 6천 5백
만 원의 손실이 예상된다.

◆ 외환 VaR

외환 VaR는 주식 VaR를 계산하는 방법과 동일하다. 예를 들어,
100만 달러를 보유하고 있으며 환율의 일별변동성은 0.565%라 하
자. 이때 99% 수준의 VaR를 계산하면 다음과 같다.

외환 VaR = 2.33 × 100만 달러 × 0.565% = 13,165달러

이는 향후 24시간 이내 원화환율의 불리한 움직임으로 인해
보유 외환포지션에서 발생할 수 있는 최대손실이 13,165달러이
고, 확률적으로는 99%까지 신뢰할 수 있다는 뜻이다.

VaR는 어디에 활용되는가?

현재 대부분의 금융기관은 VaR를 이용하여 리스크를 측정하고 이
를 근거로 회사 전체 리스크를 관리하고 있다. 심지어 감독당국이나
신용평가기관까지도 VaR를 활용하고 있는 추세이다. VaR가 폭발적
인 인기를 끈 이유는 무엇보다 계산하기가 쉽고, 회사 전체적으로
리스크를 관리할 수 있기 때문이다. 여타 리스크관리수단에 비하여
VaR는 회사의 전체영역에 걸쳐 노출되어 있는 리스크를 합산해서

하나의 수치로 보여주기 때문에 투자의사결정 시 판단자료로 적격인 셈이다. 그러므로 VaR는 다양한 용도로 활용된다.

첫째, 이해관계자들에게 주기적인 리스크 관련 정보를 제공하는 데 활용된다. VaR는 금융기관이나 기업의 노출된 리스크를 간단한 수치로 파악하게 해주므로 내부적으로 주요 의사결정을 할 때 사용된다. VaR가 전달하는 가장 중요한 정보는 딱 떨어지는 숫자가 아니라 몇 주, 몇 달에 걸쳐 일어날 수 있는 경향이다. VaR는 '우리 회사에 리스크가 증가하고 있는가? 또는 감소하고 있는가? 어느 사업에서 문제가 생기고 있는가?'에 대한 정보를 제시해 준다. 그래서 신규사업에 진출하거나 추가사업을 확장할 때 적극 활용된다. 금융기관은 펀드규모를 늘리거나 투자 포트폴리오를 조정하고 싶을 때 우선적으로 VaR를 산출하고 이를 비교한 다음 투자여부를 판단한다. 또한 주주들에게도 쉽게 이해할 수 있는 리스크 관련 정보를 주기적으로 제공해 준다. 대부분의 주주들은 경영에 대한 전문지식이 부족하여 해당기업의 경영상태를 정확히 파악하지 못한다. 그런 면에서 VaR는 비전문적인 일반주주들도 기업의 경영상태, 특히 리스크노출에 따른 자본적정성 등을 쉽게 이해할 수 있도록 해준다. 최고경영자 역시 회사 전체에 노출된 리스크를 하나의 수치로 이해하고 이를 적극 활용한다. 가장 대표적인 사례가 JP모건 사의 '4.15보고서'이다. 이 그룹의 회장이었던 데니스 웨더스톤은 회사 전체의 리스크를 하나의 수치로 요약할 필요성을 느끼고, 매일 영업이 끝난 후 15분 이내에 자신에게 1쪽짜리 요약보고서를 제출토록 요구하였다. 보고서에는 모건 사의 모든 리스크가 하나의 수치인 VaR로 종합되어 있었다. 이 보고서는 매일 오후 4시 15분에 제출되었기 때문에 '4.15보고서'로 불렸다. 그 보고서에는 24시간 안에 발생할 수 있는 모건 사의 최대손실금액의 추정치가 나타나 있다. 당시 이 보고서는 상당히 혁신적이었으며 다른 금융회사들도 따라 하기 시작하였다.

둘째, 자산운용포지션 한도나 기업 내 내부자원을 배분하는데도 활용된다. 전통적으로 자산운용의 포지션은 경영자나 투자책임자의 주관적인 판단하에 액면금액을 운용인원 수에 따라 또는 사업목표를 중심으로 배분하였는데 이 중 중요한 판단기준이 자산운용의 성과였다. 이 방법은 투자자산에 내재된 리스크를 전혀 고려하지 않아 실제 노출된 리스크가 상이할 경우 포지션 배분의 합리성을 유지하지 못한다. 그러므로 VaR를 이용하여 설정한 포지션한도는 리스크 노출이라는 공통적인 기준으로 측정한 것이므로 이런 문제점을 극복할 수 있다. 한편, VaR를 이용하여 회사 내 제한된 자원, 즉 예산을 부서별, 계층별로 배분하여 리스크 간의 분산효과를 얻을 수도 있다. 즉, 리스크한도를 계층별로 설정하면 상위계층의 VaR는 하위계층 VaR를 합산한 것보다 작게 설정될 수 있어 보다 효율적으로 자원을 배분할 수 있다.

셋째, 포트폴리오 운용 시 VaR를 통하여 실질적으로 리스크를 관리할 수 있다. VaR를 이용하면 펀드매니저별 리스크를 실시간으로 평가할 수 있어 펀드매니저별 운용자산을 보다 적극적으로 재분배할 수 있다. 기본적으로 펀드매니저들은 최대한 고수익을 추구하고자 억지로라도 포트폴리오를 구축하기 때문에 이를 통제하기가 어렵다. 그러나 VaR를 이용하면 펀드매니저들이 사전적으로 너무 높은 리스크에 노출되지 않도록 가이드라인을 설정할 수 있다. 나아가 적절한 헤지의사결정도 할 수 있다. 리스크에 노출된 포지션을 무조건 헤지하는 것은 좋다고 볼 수 없다. 왜냐하면 헤지는 리스크를 감소시키는 동시에 수익률도 감소시키고 비용도 수반하기 때문이다.

따라서 포지션의 VaR를 계산한 결과 VaR가 적절한 수준이면 펀드매니저에게 굳이 헤지할 필요가 없다고 권고할 수 있다.

넷째, 운용실적을 평가하는 데 활용된다. VaR를 이용하면 다양한 자산에 투자하여 실현된 이익을 노출된 리스크의 크기로 거래자 간 동일한 기준, 즉 리스크가 반영된 실적으로 평가할 수 있게 된다. 따라서 피평가자의 성과평가에 대한 불만이나 이의제기에 합리적인 기준으로 대응할 수 있어 조직분위기가 가라앉지 않는다. 대표적으로 실현이익을 VaR로 나누어 계산한 리스크조정성과평가가 있다. 예를 들어, 다음 표와 같이 A펀드매니저는 주식에 10억 원을 투자하여 1억 원을 벌었고, B펀드매니저는 채권에 20억 원을 투자하여 2억 원을 벌었다고 하자. 두 펀드매니저의 수익률은 똑같이 10%이므로 동일한 점수를 받는다. 그러나 내재된 리스크, 즉 VaR 대비 수익을 고려했을 때 B펀드매니저의 성과는 111%이고, A펀드매니저의 성과는 43.4%이다. 따라서 B펀드매니저에게 평가점수를 더 많이 주어야 한다.

리스크조정성과평가(예시)

구분	A 펀드매니저	B 펀드매니저
투자규모	10억 원	20억 원
수익액(율)	1억 원(10%)	2억 원(10%)
VaR(99%신뢰수준, 연간), 수익률의 변동성	2.3억 원, 10.0%	1.8억 원, 4.0%
리스크조정성과평가 (수익/VaR)	43.4%	111%

마지막으로 회사 내 건전한 리스크관리문화를 조성할 수 있다. VaR에 근거한 적절한 리스크관리시스템을 운용하면 펀드매니저들

에게 공정한 평가와 그에 따른 보상을 제시함으로써 리스크를 감안한 투자전략이 가능해진다. 또한 펀드매니저들의 운용성과에 리스크를 반영하므로 흔히 발생할 수 있는 도덕적 해이를 방지할 수도 있다. 만약 펀드매니저들에게 리스크가 반영되지 않는 운용한도를 제시하게 되면 그들은 높은 수익에 대한 보상을 염두에 두고, 항상 공격적이고 리스크가 큰 포지션을 취하려고 할 것이다.

VaR의 사후검증(back testing) 및 한계점

VaR를 통한 리스크 측정은 어디까지나 통계적인 기법을 적용하여 미래의 예상손실을 예측하는 것이므로 실제로 일정시간이 경과해서 그러한 예측이 정확한가를 검증할 필요가 있다. 이를 사후검증(back testing)이라 하며 주로 1일 VaR를 기준으로 테스트하고 있다. 만일 VaR 값이 99% 신뢰수준하에서 계산되었다면 통계적으로 미래에 발생한 손실 중 99%는 VaR의 영역안에 있어야 하며, 1%만이 이를 초과한 것으로 예상한 것이다. 예를 들면 1년 250일 영업일 중 평균 2~3회의 손실만 VaR를 초과했더라면 VaR모형은 적정하다고 판단할 수 있다.

한편, 대부분의 금융시스템에 적용된 모형이 그렇듯이 VaR도 모형에 설정된 가정들로 인하여 몇 가지 한계점을 갖고 있다. 우선 극단적인 상황에서는 VaR 적용 자체가 불가능해진다. VaR는 과거자료에 근거하여 변동성(표준편차)을 계산, 이것이 미래에도 발생할 것이라고 가정하고 산출한 계산값이다. 따라서 과거패턴이 완전히 바뀌는 상황이라면 과거자료에 의존하여 계산한 VaR는 미래를 예측하는데 적절하지 않다. 이의 좋은 예가 한국의 외환위기이다. 1997년 9월부터 12월까지 당시의 금융지표는 엄청나게 변동하였다. 콜금리가 13%에서 35%까지 급등하였고, KOSPI 지수는 760선에서 300선까지 급락하였으며, 원/달러 환율은 900원대에서 1,990원대까지 폭등하였다. 이런 사례는 세계적으로 빈번하게 발생하였는데 대표적으로 1987년 블랙먼데이 사건 때 미국의 다우지수가 하루 동안 23%나 폭락하였고, 1997년 아시아 외환위기 때 인도네시아 루피화는 하루 동안 71% 하락하였다.

VaR에서 가정한 정상적인 시장여건을 벗어나는 위기상황은 스트레스 테스트(stress test)로 대신하고 있는데 이에는 두 가지가 있다. 우선 단순 민감도테스트다. 이는 금리, 주가 환율 등을 미리 정한 다양한 수준으로 변화시켜 포트폴리오의 가치가 어떻게 변화하는 지를 분석하는 방법이다. 예를 들어 주가인 경우 ±2%, ±4%, ±6%, ±8% 순으로 단계적으로 충격을 주어 그에 따른 포트폴리오의 가치가 어떻게 변화하는지를 측정한다. 대체로 이 방법은 단순하고 적용이 용이하다는 장점이 있는 반면, 충격발생의 개연성이나 논리적 근거가 부족하다는 단점이 있다. 두 번째 방법이 시나리오 분석법이다. 이는 실제 일어날 수 있는 극단적인 위기상황을 가정하고 그에 따른 손실을 평가하는 방법으로 가장 많이 사용되고 있다. 이는 역사적 시나리오 방법과 가상시나리오 방법으로 나뉜다. 전자는 과거 위기 상황시 가격변동 폭을 현재의 포트폴리오에 그대로 적용하는 방법으로 실제 일어난 사건을 반영하기 때문에 이해는 쉽지만, 미래의 리스크를 설명하기에는 다소 부족하다. 후자인 가상시나리오 방법은 주관적 혹은 체계적인 방법을 이용하여 향후 나타날 것으로 여겨지는 리스크요인들의 변동성을 합리적으로 추정한 다음, 이를 기초로 시나리오를 설정하는 방법이다. 이는 과거와는 다른 행태를 보일 가능성이 있는 미래의 리스크를 설명하는 데 효과적이어서 역사적 시나리오의 단점을 보완할 수 있으나, 개발자의 주관적인 요소가 개입될 수 있다는 단점이 있다.

VaR의 두 번째 한계점은 국가전체적인 리스크나 법률리스크 등 비재무적인 리스크를 커버하지 못한다. 국가리스크는 국가가 외환거래나 무역거래를 강제로 통제해서 거래상대방이 계약을 이행하지 못할 때 주로 발생하는 리스크이다. 1998년 발생하였던 러시아 외환위기가 전형적인 국가리스크에 속하며 이런 리스크는 VaR를 통해서 전혀 통제할 수 없다. 이를 통제하는 유일한 방법은 여러 나라에 분산투자하는 수밖에 없다. 그리고 법률리스크는 거래상대방이 거래에 참여할 법적 또는 규제상의 권한을 갖지 못하는 경우에 주로 발생한다. 이런 경우에도 VaR는 전혀 도움이 안 된다. 그 외에 정치적, 규제적 조치 등으로 인해 전략적으로 발생하는 리스크도 VaR를 통해 통제하기 어렵다.

7장 생활리스크

투자가 아닌 일상생활에서도 리스크는 수시로 다양하게 나타나는데 대부분의 사람들은 투자하면서 나타나는 리스크를 중요시하고 우선시한다. 바로 수익과 직결되기 때문이다. 또한 일상적인 리스크들은 즉시 금전적인 효과가 나타나지 않거나 리스크를 측정하기도 어려워 그냥 지나치는 경우가 많다. 그럼에도 일상생활에서 누구나 느끼고 중요한 리스크는 적극적인 관심을 가지고 대처해야 한다.

평판리스크

평판리스크란 고객, 거래상대방, 주주 및 감독당국의 부정적인 인식으로 인해 발생할 수 있는 손실을 의미한다. 이는 일상생활에서 가장 빈번하게 나타나며 투자자뿐만 아니라 일반인 모두에게 해당되는 리스크이기도 하다. 따라서 평판은 우리가 살아가는 동안 끊임없이 관리해야 하며 가장 우선시 할 대표적인 인적 자산이다.

일반적으로 평판이 좋으면 몸담고 있는 조직에서 누구에게나 인정받는다. 따라서 스트레스를 덜 받으며, 활력도 넘친다. 더구나 주변의 고급정보도 쉽게 접할 수 있어서 늘 여유롭다. 퇴근 후의 가정

생활도 원만하다. 마음이 편하기 때문이다. 더군다나 샐러리맨인 경우 평판이 좋으면 이직할 때도 자기가 원하는 만큼 연봉과 좋은 자리를 요구할 수 있다. 이직 시 통과해야 할 평판조회에서 좋은 점수를 얻기 때문이다. 결국 평판이 좋으면 사회적으로나 경제적으로나 항상 편안하게 삶을 영위할 수 있다. 문제는 이런 사실을 누구나 인식하고 있다는 것이다. 그럼에도 사람마다 평판이 다른 이유는 무엇일까? 평판은 본인이 판단하는 것이 아니라 타인이 판단하기 때문이다. 그러니 본인입장보다는 타인의 입장에서 사회생활을 하는 사람이 당연히 평판이 좋게 된다. 긍정적인 평판의 첫 번째 단추는 바로 타인입장에서 바라보는 것이다.

한편, 평판리스크를 돈으로 환산하면 얼마나 될까? 개인이나 기업, 정부 등 모든 경제주체들은 외부의 평판에 노출된다. 지금까지 평판효과는 개인보다는 기업에서 아주 중요하게 다루었다. 순이익 이상을 가져다주기 때문이다. 평판자본이란 말이 있다. 뉴욕대 비즈니스스쿨의 교수이자 평판전문가인 찰스 J. 폼브런(Charles. J. Fombrun)에 의하면 평판자본이란 한 기업의 제품 브랜드와 기업브랜드에 배 있는 무형의 이미지를 담은 일종의 그림자자산이자 그 기업의 모든 주주들이 지닌 긍정적인 평가이다. 이 긍정적인 평가는 조직원들에게 최선을 다해 일할 수 있는 동기를 부여한다. 또한 외부기관, 즉 협력회사, 금융사, 언론사, 정부 및 지방자치단체 등으로부터 호의적인 지원을 이끌어 낼 수 있다. 결국 평판은 기업가치를 올리는 데 상당히 중요한 역할을 하고 있는 셈이다. 반대로 평판에 치명적인 결함이 생기면 해당 기업으로서는 돌이킬 수 없는 엄청난 타격을 입게 된다. 아홉 번 잘하고도 한 번의 실수로 그동안의 기업이미지가 한 순간에 추락하고 만다. 2001년 엔론(Enron)사태로 파산한 앤더슨(Anderson)사가 평판리스크로 무너진 전형이다. 앤더슨사는 사태가 발생하기 전만하더라도 굳건한 명성과 강력한 브랜드를 자랑했던 다국적 회계법인이었다. 엔론사태로 인해 일단 신뢰가 깨지자 회복은 불가능했으며 결국 파산되어 경쟁사로 매각되는 비운을 맛보았다. 오랫동안 구축해 왔던 기업의 무형자산에 치명적인 악영향을 미치는 것이 바로 평판이다. 그렇다면 이런 논리가 비단 기업에만 적용되는 걸까. 개인에게도 똑같이 적용됨을 우리는 주변에서 흔히 목격한다. 나쁜 평판은 한 개인의 삶을 송두리째 뒤흔들어버린다. 『능력보다 큰 힘, 평판』이란 저서를 쓴 하우석 교수는 좋은 평판은 자기관리를 어떻게 하느냐에 달려 있다고 한다. 그는 자기관리를 잘하는 사람이 대체로 사생활평판에도 문제가 없다고 한다. 또한 자기관리를 잘하기 위해서는 다음과 같은 요소를 염두에 두고 생활해야 한다고 주장한다.

지적 능력의 향상, 좋은 습관 들이기, 시간관리, 고상한 취미생활, 내면의 충실함, 자기통제, 감정조절, 외모관리

말미에 그는 치명적인 유혹 두 가지, 즉 이성과 돈에 대한 유혹을 절대로 뿌리쳐야 한다고 강력히 권고한다. 우리나라 기업의 정서상 이성관계에 있어서만큼은 아직도 보수적이다. 겉으로는 이해한다지만 속으로는 냉철하게 판단하는 것이 현실이다. 남이 하면 불륜이고 내가 하면 로맨스라는 말이 있다. 그러나 세상은 우리가 생각한 만큼 그리 호락호락하지 않다는 것을 명심해야 한다.

또 하나, 돈에 관한 문제이다. 우선 공금에 대한 유혹이다. 아무리

소액이더라도 공금에 욕심을 내는 순간, 문제는 어김없이 발생한다. 제 아무리 수법이 완벽하더라도 공금유용이나 횡령은 만천하에 드러나기 마련이다. 그게 세상이치다. 이런 사실이 알려지게 되면 아예 사회생활을 할 수 없을 정도로 치명적이다. 두 번째로 조직에서 돈 거래하는 경우이다. 물론 선의로 할 수 있다. 그러나 좋은 경우는 전혀 문제가 되지 않지만 나쁜 상황이 도래되면 상황은 급변한다. 앙금이 남기 때문이다. 매일 보는 사람에게 좋은 감정이 생길 리 없다. 그간의 신뢰가 깨지면서 주변사람들에게 까지 퍼지게 된다. 직장생활의 낙오자로 찍히는 순간이다. 세 번째 보증이다. IMF전만 해도 직장에서 동료들끼리 서로 맞보증 하는 경우가 많았다. 결과는 서로 망했다. 더욱 큰 문제는 가족이나 주변 친척까지 이로 인해 정상적인 생활을 못한 경우였다. 주변에 많은 사람들이 한 순간의 실수로 인생을 망치는 경우를 듣거나 볼 때마다 참으로 안타깝다.

장수리스크

오늘날 '사람이 오래 산다는 것이 축복인가, 불행인가'라고 누군가가 묻는다면 과연 몇 명이 축복이라 답할까? 몇 년 전만 하더라도 "오래오래 사세요"가 어른들께 가장 많이 하는 인사였는데 요즈음은 아니다. 대다수가 오래 살기 때문이다. 굳이 인사할 필요가 없는 세상이다. 이제 오래 사는 것은 중요하지 않는다. 어떻게 오랫동안 사느냐가 중요한 세상이 되었다.

경기도 분당에는 비교적 썩 괜찮은 실버타운이 많이 있다. 그곳에서 노인들은 주로 다정히 탁구를 치거나, 요가나 수영을 하고, 뷔페

식사를 즐긴다. 주기적으로 건강체크도 받는다. 기타 세무상담 등 자산관리 서비스도 받는다. 실내에는 영화관이나 도서실, 헬스장 등 웬만한 시설이 다 갖추어져 있다. 과연 어떤 노인들이 이런 곳에서 사는 걸까? 경제력이 있는 노인들이다.

그러나 대부분의 노인들은 그렇지 못하다. 자녀도 여유가 없다. 가족 전체가 힘들어 한다. 자식에 이어 손자까지도 미래가 암울하다. 노인 빈곤은 희망이 보이지 않는다는데 문제가 있다. 젊어서는 실패해도 일어설 체력과 자신감이 있다. 결국 가난한 노인들은 외롭게 고독과 싸우다 죽어간다. 국가가 책임지기에는 아직은 버겁다. 멋들어 진 실버타운에 사는 노인과 혼자서 외롭게 인생을 마감하는 노인의 차이점은 돈이 있고 없고 차이에서 비롯된다. 결코 부인할 수 없는 현실이다.

장수리스크는 간단히 본인 소득에 비해 오래 살 가능성을 의미하며 흔히 은퇴리스크라고도 한다. 은퇴와 관련한 리스크는 우선적으로 은퇴까지 충분한 자금을 마련하지 못할 가능성이고, 둘째 마련된 자금이 있다 하더라도 축적된 자금보다 더 오래 살 가능성이다. 우리나라의 평균수명은 갈수록 늘고 상대적으로 은퇴는 빨라지고 있다. 노령인구는 전체 총인구 중 65세 이상 인구를 말하는데 UN이 제시한 기준에 의하면 노령인구 비율이 7%에서 14% 이내이면 고령화 사회라고 하는데 우리나라는 1999년에 이미 진입하였다. 14% 이상 20% 이내이면 고령사회라고 하며, 20% 이상이면 초고령 사회라고 하는데 우리나라의 경우 OECD국가 중에서 고령화 속도가 가장 빠르다고 한다. 이처럼 우리나라 고령사회를 가속화시키는 가장 큰 요인은 의료기술의 발달도 있겠지만 저출산이 가장 큰 문제이다. 한 나라의 인구가 지속되기 위해서는 합계출산율이 최소 2.1명이 되어야 한다고 하는데 우리나라 출산율은 2009년 1.15명, 2010년 1.23명으로 세계 최저수준이다. 저출산과 고령화는 사회 전반적으로 엄청난 영향을 미친다. 노동생산성의 질적·양적인 저하, 부동산을 비롯한 자산시장의 급락, 노인 빈곤과 가족해체 등 사회경제적인 문제를 총체적으로 불러온다. 그러나 고령화는 국가가 해결해 줄 것이라고 믿어서는 큰 코 다친다. 바로 나의 문제인 것이다. 고령화에 대비해서 무엇을 준비해야 할까? 이제라도 본인나이에 적합한 은퇴설계를 해야 한다. 은퇴설계는 거창한 것이 아니다.

은퇴설계는 특별히 근로소득이 없는 은퇴 이후의 생활을 영위하기 위해 필요한 자금을 마련하고 각종 연금제도와 건강보험 등과 같은 보장장치를 마련하기 위한 계획을 수립하는 것이다. 최근 들어 은퇴설계는 인생설계의 의미로 은퇴이후의 생활과 활동을 위한 영역으로 확대되고 있는 추세이다. 한편, 은퇴설계는 무엇보다 젊은 시기에 체계적인 장기계획으로 접근해야 한다. 은퇴설계 시 주의할 점은 자신이 평균보다 더 오래 살 가능성을 구체적으로 감안하여야 하며, 인플레이션에 따른 구매력 감소를 고려하여, 계획보다 더 많은 은퇴자금을 염두에 두어야 하며, 은퇴시점부터 예기치 않는 비상상황에 대비하여 시나리오별 자금집행계획을 세워야 한다는 것이다.

질병 또는 상해 리스크

질병은 심신의 전체 또는 일부가 일차적 또는 계속적으로 장애를 일으켜서 정상적인 기능을 할 수 없는 상태를 말하며, 상해는 신체 외적인 사고로 해를 입음으로써 생활기능이나 업무능력이 상실되거

나 감소되는 경우를 말한다. 질병 또는 상해로 인해 예상되는 손해
는 다음과 같다.

◆ 의료비 손해

이는 병원치료에 수반되는 각종 비용을 말하며 응급치료비, 수술
비, 진료비, 입원비, 퇴원비 등이 포함된다.

◆ 후유장해 손해

이는 더 이상 치료의 효과를 기대할 수 없는 상태에서 피해자에게
남아 있는 신체의 결손이나 기능감소를 말한다. 이로 인한 손해는
상실 수익액, 개호비 및 정신적 손해가 있다.

◆ 휴업 손해

이는 상해 또는 질병으로 치료하는 동안 본인의 일을 못함에 따라
수입이 감소한 부분의 손해를 말하며, 주로 수입 감소액과 휴업일수
로 산출한다. 가사종사자인 경우 가사에 종사하지 못하는 기간 동안
타인으로 하여금 가사활동에 종사케 한 경우의 비용으로 산출하며
보통 휴업일수는 치료기간으로 산정한다.

◆ 사망 손해

이는 상해 또는 질병으로 인해 사망한 경우이며 사망손해에는 사망
시 상실 수익액, 유족들의 정신적 고통에 따른 위자료와 장례비가 있다.

◆ 정신적 손해

이는 치료 시 또는 이로 인해 사망, 후유장해를 입었을 경우 본인
이나 가족의 심리적 또는 정신적 손해를 말하며 그 금액은 제반사항
을 참작하여 법원의 재량에 따라 위자료 명목으로 결정된다.

대부분의 사람들은 질병이나 상해를 대비하여 보험을 가입하고
있으며 이를 통해 위에 열거한 혹시라도 예상치 못한 사고를 당할
경우 보상을 받는다. 따라서 보험혜택이 최적인지 그 여부를 꼼꼼하
게 따져볼 필요가 있다. 우선적으로 고려할 것은 보험료의 적정수준
이다. 보험은 한번 가입하면 장기간 유지해야 기대한 보험혜택을 받
을 수 있기 때문에 무엇보다 보험료가 합리적이어야 한다. 통상 보
장성보험료는 본인의 월수입에서 최대 10%를 넘어서면 장기간 유
지하기가 어려울 수 있다. 반면 저축성보험료는 월수입의 30%까지
도 가능하다. 이는 보험과 투자기능이 혼합된 상품이기 때문이다.
만약 남자라면 더 빨리 보험에 가입할 필요가 있다. 결혼 후 가장의
역할도 있지만 통계상 남성이 여성보다 평균적으로 7년 이상 일찍
사망하기 때문에 나이가 들수록 보험료가 여성에 비해 빠르게 상승
하기 때문이다.

두 번째, 본인의 연령에 맞추어 보험상품을 선택해야 한다. 국민
건강보험공단에 의하면 20대는 소화기계통의 질환비율이 높으며,
재해로 인한 사망률이 높은 것으로 나타났다. 따라서 실손의료보험
과 재해사망을 주로 담보하는 상해보험 가입은 필수이다. 30대는 주
로 가정을 이루는 시기이므로 본인보다는 가족입장에서 보험설계를
해야 하며 본인유고시를 대비하여 종신보험 또는 정기보험에 가입

할 필요가 있다. 40대 또는 50대는 성인병관련 질환이나 암 발병률이 높으므로 암보험 가입은 필수이다. 암보험은 가입이 빠를수록 좋다. 최근 암 발생이 일반화되면서 보험사의 암보험으로 인한 손해가 늘고 있어 각 보험사는 기존 암보험의 판매를 중지하거나 보장금액을 점차 줄여나가고 있다. 그러므로 미가입자는 서둘러 가입해야 한다. 한편, 암보험을 가입하기 전에 기존에 가입한 상품을 확인해야 한다. 과거 보험상품은 암보장에 관하여 일반보험의 특약형태로 판매하였다. 따라서 암보험에 가입하기 전에 이미 본인이 가입한 암보장에 대한 금액이나 보장기간 등을 확인한 후에 부족한 금액을 보완하거나, 아니면 신규로 가입하는 것을 검토해야 한다. 특히 갑상선암, 유방암, 고액암 등 특화하여 보장하는 암의 종류와 특화된 암의 보장금액이 상품마다 모두 다를 수 있기 때문에 본인에게 필요한 암의 종류와 보장금액이 충분한지를 확인해야 한다.

4부

리스크관리 절차

1장 리스크관리 어떻게 하는 건가?

금융기관 특히 은행은 탄생하면서부터 다양한 리스크를 측정하여 이를 분류하고 체계화함으로써 리스크관리시스템이 경영전반에 퍼지게 하였고, 모든 임직원들에게도 이의 중요성을 철저히 교육시키고 훈련시켜 왔다. 리스크관리가 은행수익과 직결되기 때문이었다. 만약 어떤 행원이 기업대출서류를 심사할 때 관련서류를 부득이하게 잘못 판단하는 실수를 저질러 그 기업에 대출해준 원리금의 일부를 못 받게 되는 경우가 발생한다면 이는 고스란히 손실로 처리되고 은행의 수익악화로 직결된다. 따라서 은행경영의 모든 영역이 리스크관리라 해도 무방하다. 그 결과 지금까지의 리스크관리 체계는 주로 금융기관 위주로 계승되어 발전되어 왔다. 현재 금융기관이 수행하고 있는 리스크관리프로세스를 간략히 살펴보자.

리스크관리 프로세스

리스크관리의 체계적인 절차는 우선 리스크를 인식하고 이를 측정한 다음, 주기적으로 모니터링하여 자기한테 유리하게 또는 불리하게 전개되는지 확인한 다음, 통제할 것은 통제하고 이러한 과정을 반복적으로 피드백(feed back)하는 것이다.

◆ 리스크 인식(identification)

지금까지의 리스크역사를 살펴보면 리스크는 시간의 흐름에 따라 변화해 왔다. 또한 시대발전에 따라 리스크 원천은 다양하게 확산되어 그 처음과 끝이 어딘지 모를 정도로 복잡하게 되었다. 그러다 보니 본인 주변에 있는 모든 환경이 리스크를 유발하는 요인으로 보이기도 한다. 리스크는 눈에 확 띄는 금융거래에 국한되지 않고, 어느 정도 불확실하거나 손실가능성이 있는 모든 시도나 행위자체를 포함한다. 관건은 이런 상황이 본인한테 어느 정도 관련 있는가이다. 개인마다 처한 상황에 따라 리스크를 보는 시각이 달라지기 때문이다. 뿐만 아니라 본인이 속한 조직이나 국가에 따라 달라지기도 한다. 그리고 시간이 지남에 따라 언제든지 변하므로 미래흐름도 고려해야 한다.

리스크 인식은 단순히 느끼는 것이 아니라 구조적으로 파악하는데 그 의의가 있다. 이를 범주화 또는 계층화라고 한다. 예를 들어 본인이 속해 있는 조직의 경우를 살펴보자. 우선 재무적인 계약이나 거래행위에서 발생할 수 있는 리스크인데 이것이 가장 보편적인 리스크인식 영역이다. 또한 전략적인 판단과정에서 도사리고 있는 리스크도 중요하다. 조직의 비즈니스는 전략적인 사고에서 출발하므로 이 영역은 고위층에 갈수록 더욱 중요하다. 그리고 사업기간 중에 별도로 추진하는 프로젝트도 중요한 리스크 원천이다. 그외 경영전반에서 수시로 발생하는 사업운영상의 리스크, 환경 및 기술상의 리스크, 브랜드 및 평판에서 발생하는 리스크, 조직내 인적자원에서

도사리고 있는 리스크 등을 들 수 있다.

다양한 리스크 범주를 그냥 단순히 느끼거나 그때마다 즉흥적으로 해결하면 리스크 인식에 전혀 도움이 안 된다. 또한 리스크를 구체적으로 분류하지 않거나 정확히 인식하지 못한다면 리스크관리는 형식적으로 갈 수밖에 없다. 흔히 리스크를 명확히 인식하지 않고 일을 추진하다 보면 서로 삐걱거리게 된다. 왜 이렇게 진행했냐고 물어보면 본인이 생각한 리스크는 이런 것이었는데 뭐가 잘못됐나? 고 오히려 반문하는 경우가 빈번하다. 그러면 추진했던 일을 중지하고 또 다시 리스크가 무엇이며 당신과 내가 인식한 리스크가 이것이다. 라고 명쾌하게 공유하면서 일을 재추진해야 한다. 당연히 조직생산성이 떨어질 뿐만 아니라 불필요한 비용까지 집행된다. 리스크의 분명한 인식과 분류는 리스크관리 프로세스에서 가장 필수적이며 중요한 첫 단계이다. 그럼에도 자주 간과하는 것이 지금의 현실이다.

또한 리스크범주를 개략적이나마 중요도순으로 나열할 필요가 있다. 첫 단계부터 순위를 염두에 두고 리스크관리를 하다보면 상당히 효율적이고 최종단계에서는 리스크별 집중도가 확연히 달라짐을 알 수 있다. 이것은 리스크별 통합관리 측면에서도 중요하다. 일상에서 개별적으로 리스크를 관리하는 것이 아니라 모든 리스크를 동시에 관리해야 하기 때문에 리스크별 영향력에 따라 우선순위를 정하면 된다. 그리고 리스크를 계층화하면 지나치게 많은 리스크를 관리하는 일을 피할 수 있게 된다.

◆ 리스크 측정(measuring)

리스크측정 단계는 전체 리스크관리 단계에서 가장 복잡하다. 측정모델이 대부분 복잡한 수학모형에 기초하여 만들어졌기 때문이다. 특히 미래 시나리오별로 테스트하는 경우에는 금리, 주가, 환율 등 다양한 경제변수를 무작위로 추출하여 각 요인 간의 상관관계를 반영해야 하므로 더욱 복잡해진다. 리스크를 계속해서 측정하다 보면 이를 보완하거나 더 나은 방법을 적용하기도 하는데 측정도중에 절대로 기준을 변경해서는 안 된다. 이는 일관성을 유지해야 한다는 의미이다. 예를 들어 시장리스크는 가장 쉬운 방법으로 측정하고, 운영리스크는 계산하기가 너무 복잡하여 본인의 주관적인 방법을 적용하여 계산한다면 상대방이 인정하지 않는다. 리스크 측정결과를 전체 조직원이 이해하고 수긍해야만 다음 단계인 리스크 허용한도를 설정할 수 있다. 그러면 한도에 따라 각 개인이나 조직단위별 예산이 배정되고, 그에 따른 개인별 성과평가와 조직평가가 이루어진다. 따라서 리스크측정값에 대하여 전체 조직원이 인정하지 않으면 나중에 조직 간 충돌이 일어나거나 끊임없이 불화의 소지로 남게 된다.

한편, 리스크를 계량화하기가 어렵다면 심도와 빈도를 이용해서 정량화하면 된다. 심도는 주로 재무적 영향 즉, 재무상태, 시장점유율, 영업이익 혹은 주가에의 영향 등으로 재무적 손실금액을 나타낸다. 그리고 빈도는 확률적인 발생횟수를 말한다. 심도와 빈도를 이용하여 리스크를 정량화하는 예를 다음 표에 나타냈다.

심도와 빈도의 정량화

심도	빈도
재무상태의 영향을 무시해도 좋은 경우 → 대략 몇 백만 원	25% 미만의 발생가능성
재무상태에 대한 작은 영향 → 대략 5천만 원 이하	25%~50% 발생가능성
재무상태에 대한 큰 영향 → 대략 5천만 원에서 몇 억 원 내외	50%~75% 발생가능성
재무상태에 대한 중대한 영향 → 대략 몇 십억 원 내외	75% 초과 가능성

표에서 해당리스크는 심도와 빈도를 곱하여 산출한 다음, 금액 순서대로 리스크관리 우선순위를 결정하면 된다. 또한 다음 그림처럼 시각적 도구를 이용하여 리스크를 산출하면 어떤 리스크가 중대한지, 아닌지를 결정할 수도 있다. 이는 지금 당장 중대한 리스크가 무엇인지 알 수 있기 때문에 리스크관리를 더욱 효율적으로 할 수 있게 해준다. 이런 절차가 없다면 단지 관리하기 쉽다는 이유로 낮은 리스크에 중점을 두고, 어려운 리스크는 뒷전에 놓기 십상이다. 대체로 인간의 속성은 낮은 리스크를 선호하기 때문이다.

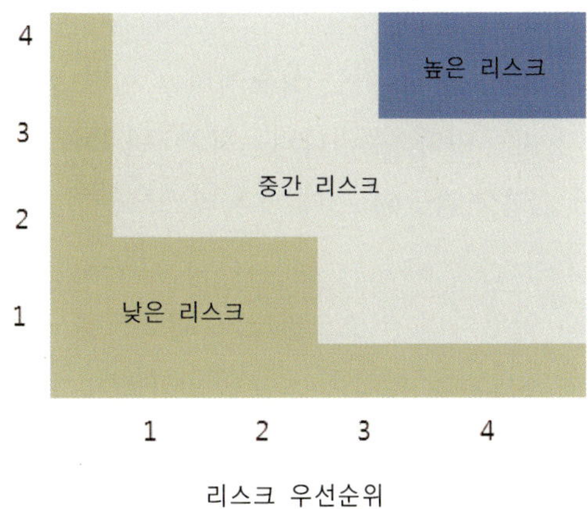

리스크 우선순위

◆ 리스크 모니터링(monitoring)

리스크를 인식하고 이를 측정하여 전체 조직원이 합의한 리스크 허용한도를 설정하였다면 주기적으로 리스크 노출액이 허용한도를 초과했는지 그 여부를 모니터링해야 한다. 모니터링과정은 처음에는 진지할지 몰라도 시간이 지나면서 상당히 지루한 작업으로 변한다. 시장리스크의 경우 매일 모니터링하는 지표는 주가, 환율, 금리이며, 이들 변화에 따라 일일 시장리스크 금액을 계산한다. 대체로 일일 변동성은 아주 큰 금융사건이 발생하지 않는 한 미미하게 변동한다. 따라서 리스크 금액을 계산하면 전일 대비 큰 변동이 없으며 이런 보고서를 매일 작성하여 보고하는 것은 상당히 지루해진다. 또한 보고서를 받아보는 최고경영자 역시 특이한 사항이 없으면 보지 않고 그냥 넘겨버리곤 한다. 그럼에도 리스크관리담당자는 반드시 주기적으로 모니터링해야 한다. 모니터링 결과, 이상 징후가 없다는 것을 파악하는 것도 중요하지만, 이러한 일을 매일매일 빠짐없이 보고하는 것도 중요하다. 간혹 리스크관리 담당자들은 때때로 큰 사건이 터져주었으면 하고 바란다. 이런 상황에서는 정기 리스크관리보고서가 빛을 발하기 때문이다. 우리나라는 1997년 IMF외환위기가 터지면서 대부분의 금융기관들이 그때서야 리스크관리 제도를 도입하여 관련 규정과 조직을 구성하고 리스크관리 업무를 가동하였다. 만약 IMF외환위기가 없었다면 리스크관리의 필요성을 인식하지 못했을지도 모른다. 리스크관리 입장에서 보면 IMF사태가 오히려 약이 된 셈이다.

◆ 리스크 통제(controlling) 및 보고(reporting)

이는 바로 앞 단계인 모니터링 결과에 따라 초과한 해당리스크를 줄이거나 또는 상쇄, 아니면 추가로 리스크를 승인하는 등의 조치를 취한 다음 상부라인에 보고하는 단계이다. 간략한 보고체계를 살펴보자. 우선 리스크관리부서는 해당 리스크별로 모니터링 주기를 설정한다. 시장성리스크는 매일, 신용이나 금리리스크는 월 단위로 모니터링하고 그 결과를 취합해서 리스크관리위원회에 보고한다. 리스크관리위원들은 보고서의 특이사항 분석을 요구하거나 추가자료를 수시로 요청한다. 리스크관리 부서는 관련 자료를 분석하거나 모니터링 결과에 대한 후속 데이터를 축적한다. 일단 허용한도를 초과한 지표가 발견되면 그 원인을 분석하고 이를 리스크관리위원회에 보고하기 전에 먼저 일선부서에 통보한다. 일선부서는 일정기간 내에 개선계획서나 대응방안을 수립하여 리스크관리부서와 협의한 후 상부에 보고한다. 이런 과정을 적기시정조치라 하며 다음 그림에 간략히 도식화하였다. 만약 일선부서가 통제조치를 인정할 수 없다고 반박하거나 업무 자체를 해태한다고 해서 리스크관리부서는 해당부서나 임직원의 근무태만을 이유로 벌칙을 가할 수 없다. 리스크관리부서는 단지 리스크관리규정에 따라 위반사실을 통보하고 이를 조치하도록 요구할 수밖에 없다. 벌칙은 내부통제를 담당하고 있는 준법감시부서에서 하도록 되어 있다. 또한 리스크관리부서가 스스로 제때 모니터링하지 않는 도덕적 해이가 발생할 경우 준법감시부서가 그에 대한 벌칙을 가한다.

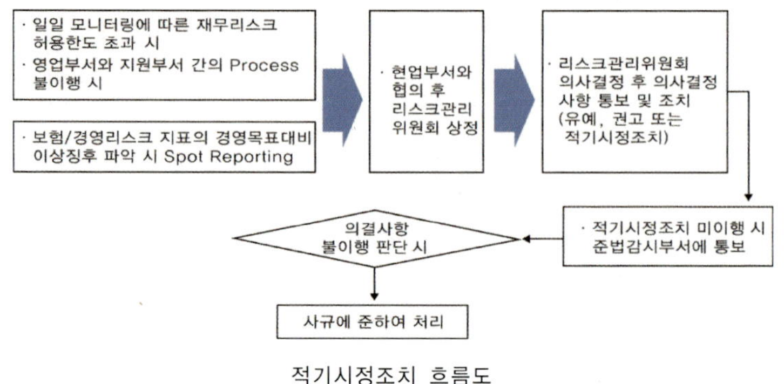

적기시정조치 흐름도

리스크한도 관리도 중요하다

리스크한도 관리는 우선적으로 노출된 모든 리스크를 계산할 수 있어야 가능하다. 또한 동일한 기준으로 모든 리스크를 계산해야 한다. 이는 리스크 측정방법의 하나인 VaR[42]를 통해서만 가능한데 개별리스크가 합산되기 때문이다. 개인투자자나 금융기관을 포함 모든 기업들이 리스크관리를 하는 최종 목표는 종합적인 리스크한도 관리에 있다. 개별리스크 관리는 기업 전체 입장에서는 큰 의미가 없다. 가령 시장리스크는 리스크한도에 들어오고 신용리스크는 리스크한도를 초과한다고 해서 신용리스크를 무조건 한도 이내에 들어오도록 관리하는 것은 좋은 방법이 아니다. 기업 전체 입장에서는 전체 수익극대화라는 최종목표에 부합되면 개별단위에서 발생한 리스크 초과는 얼마든지 수용가능하기 때문이다.

리스크한도 관리는 조직단위별 매출을 지향하는 영업행위를 단순

---

42) VaR는 주어진 신뢰구간에서 발생 가능한 최대손실액을 의미한 대표적인 리스크측정기법인데 이에 대해서는 3부 6장 통합리스크에서 자세히 기술하였다.

히 제한하고 통제하는 것이 아니라 개별사업본부의 의사결정을 최소한으로 간섭하면서 회사 전체의 예상최대손실을 허용범위 이내로 들어오도록 관리하는 것이 1차 목적이다. 다음으로 개별사업본부를 지원하고 리스크측면에서 모니터링하여 회사 전체 수익극대화를 달성하는 것이 2차 목적이다. 그러나 리스크한도 관리는 실무적으로 상당히 어렵다. 자산을 직접 운용하는 일선부서와 리스크관리 부서 간의 불필요한 갈등이 수시로 나타나기 때문이다. 따라서 상호 간의 역할을 인정하는 문서규정이 있어야 하는데 주로 리스크관리규정에 명시해 둔다.

리스크한도 관리는 크게 사전적 관리와 사후적 관리로 나뉜다. 사전적 관리는 노출(exposure)한도관리, VaR 한도관리, 민감도(sensitivity) 한도 관리로 세분화된다. 사후적 관리는 손실한도 관리와 손절매(loss-cut)관리가 대표적이다. 이 중 일반투자자들에게도 중요한 노출과 민감도, 그리고 손절매한도 관리에 대하여 살펴보자.

노출한도는 간단히 운용금액을 전체금액에서 제한하는 것이다. 보통 특정시장 또는 상품의 매입규모를 자산운용규정이나 리스크관리규정에 명시해 두는 것이 일반적이다. 이는 특정상품이나 특정시장에 포트폴리오가 편중되는 것을 방지하는 데 있다. 또한 특정상품에 과도 투자 시 예상되는 유동성리스크 등 부차적인 리스크도 제어할 수가 있다. 그러나 이는 한도관리 시점에서 시장변동성의 변화에 즉각 대응하지 못한다는 점, 투자결정에 대한 지나친 제재수단으로 악용될 수 있다는 점, 서로 성격이 다른 자산간에 리스크의 절대규모를 비교하기 곤란하다는 단점도 내포하고 있다. 다음 표는 실제 금융회사에서 운용하고 채권익스포저 한도관리의 예시이다.

채권익스포저 한도관리(예시)

구분	동일인 채권취득	동일계열기업군 채권취득
한도	300억~500억 원	500억 원

　민감도한도관리의 대표적인 예가 주식의 베타(β)이다. 이는 보유주식의 베타한도를 사전에 정하여 놓고 일정기간 목표베타를 초과한 종목을 변경하거나 운용금액을 줄이는 방법을 통하여 목표치 이내로 들어오게 하는 방법이다. 이러한 방법은 지표 또는 단위변화에 따른 손실예측이 쉽게 가능하다는 장점이 있는 대신 세부적인 분석은 한계가 있다는 단점이 있다.

　다음은 투자 세상에서 흔히 볼 수 있는 손절매 한도관리이다. 이는 보유종목별 시장가격을 매입가격과 비교하여 손실금액을 모니터링하여 보유여부를 결정하는 방법이다. 대표적으로 매입가 대비 몇 % 이상 손실이 발생하면 처분하도록 하는 방법이다. 다음 표는 실제 금융기관에서 매일 손절매 한도관리를 하는 예이다. 손절매 규칙이 잘 지켜지기 위해서는 리스크관리규정에 손절매 지침을 구체적으로 명시하여 자산운용 부서와 불필요한 갈등을 사전에 차단하는 것이 중요하다. 손절매를 더욱 이성적으로 할 수 있는 수단은 기계적인 손절매이다. 시스템이 알아서 자동적으로 손절매를 하는 것인데 대부분 트레이딩시스템에 장착되어 있다.

손절매 한도관리(예시)

구분	△15% 이내	△25%~△15%	△25% 초과
한도	Fund Manager 재량	Monito ring Point	Loss Cut

흔히 주식시장에서 손실을 최소화할 수 있는 투자기법으로 손절매가 자주 거론된다. 손절매는 해당주식이 일정수준 이상 손실이 발생하면 바로 주식을 처분하는 행위이다. 주식매입 전에 손절매 목표를 세워놓고 손실이 그 이상이면 바로 처분하면 되는 것이다. 전혀 어려운 방법이 아니다. 그러나 실제로는 어려운 일이다. 손실이 발생하면 개인이든 회사든 심리학에서 말하는 두 가지 요인 때문에 주식을 팔지 못하고 손실을 키운다. 손실회피와 보유효과 때문이다. 누구나 손실이 나면 인정하려고 들지 않는다. 손실발생 이유가 생각지도 않는 곳에 있다고 스스로 합리화하든가, 시간이 지나면 손실을 회복할 수 있을 것이라고 새로운 호재만 고집하는 등 쉽게 손실에 대해 인정하지 않는다. 이는 손실을 회피하고 싶은 심리적인 욕구 때문이다. 주식투자를 해 본 사람들은 한번쯤은 이러한 경험을 했을 것이다. 또한 보유효과도 마찬가지이다. 이익이 난 종목은 더 큰 이익을 바라고, 손해를 본 종목은 곧 반전할 것이란 기대를 안고 보유하려는 경향이 강하다. 대체로 투자와 연관된 심리현상을 극복하는 것은 쉽지 않다. 그럼에도 끊임없이 노력해야 한다. 투자세상에서 살아남기 위해서는 달리 방법이 없기 때문이다

이익관리와 리스크관리, 지향점이 다르다

이익관리는 수익과 비용만을 관리해서 이익을 적정하게 시현하는 모든 행태를 말한다. 수익과 비용의 관리는 경제학의 근간인 효율성에서 출발한다. 즉, 최소비용하에 최대수익 시현이라는 경영원칙하에 우선적으로 집행할 비용을 정하고 나서 최대한 수익을 내든지,

아니면 예상수익을 정하고 나서 최대한 비용을 절감하든지 둘 중 하나이다. 우리나라의 금융기관을 포함한 대부분의 기업들은 IMF외환위기 이전까지만 해도 한정된 비용에서 최대수익을 내는 양적 성장, 즉 매출위주의 경영전략을 구사하였다. 이때 주요 경영성과지표가 비용대비 얼마의 수익을 내느냐였다. 이는 수익-비용대응주의 회계원칙이 회사경영의 근간이었음을 의미한다. 따라서 수익을 창출하는 데 수반되는 비용은 얼마든지 집행해도 되지만 수익과 관계없는 손실은 무조건 줄이는 것이 핵심과제이었다. 그러나 이 전략의 가장 큰 맹점은 차입경영에 대한 방만한 경영을 통제하지 못하는 데 있다. 매출대비 이익이 부채조달 코스트를 커버하고 매 기 현금흐름에 문제가 없다면 적어도 회계상으로는 전혀 문제될 것이 없다. 실제로 IMF외환위기 이전까지 대부분의 국내기업들이 이러한 경영환경에 놓여 있었다.

그러나 IMF외환위기가 터지면서 매출부진과 만기도래한 부채를 상환하기 위한 신규차입도 어려워지고 설상가상으로 환율이 폭등하면서 해외차입마저 어려운 지경에 이르게 되자 기존의 수익-비용대응주의 전략으로는 회사가 견디지 못할 거라는 의구심이 생겼다. 결국 현금흐름이 문제없고 당기이익이 발생하는데도 기존의 부채상환이 어려워지면서 이른바 흑자도산이 발생하였다. 더불어 금융자유화를 필두로 국내외 금융환경이 급변하였다. 이때 자연스럽게 리스크관리 기법이 도입되었다. 우리나라 대부분의 금융기관들이 리스크관리 인프라를 도입하게 된 것은 2000년대 초반이었다. 이때만 해도 리스크관리란 용어를 쓰지 않고 '위험관리'라고 표현하였다. 이 용어 자체만 봐도 금융기관들의 리스크관리 수준이 얼마나 빈약하였는지 알 수 있다. 리스크관리는 한마디로 이익과 리스크를 관리하겠다는 것이다. 이익의 변동성을 관리하여 안정적으로 이익을 시현하고 보유자산에 대한 리스크 대비 수익률을 계산하여 리스크를 감안한 수익을 관리하겠다는 것이다.

예를 들어 공무원 1년 수입과 매일 온라인으로 주식을 거래하는 전업투자자의 1년 수입이 똑같이 5천만 원이라 하자. 사회통념상 공무원조직의 느긋함을 고려한다면 두 직업군의 수입을 동일한 잣대로 평가해서는 안 된다. 대부분은 공무원이 훨씬 편하게 덜 스트레스 받고 일하면서 급여를 받는다고 인정한다. 무릇 각자가 부담하는 리스크수준을 고려한다면 똑같은 5천만 원이라도 이를 평가하는 기준은 달라야 한다.

다음 표는 리스크를 고려한 간단한 성과평가 방법이다. 표에 의하면 A투자사의 연간 투자규모는 1,000억 원이며 수익률 12%, 비용률 9%로 순이익률 3%, 따라서 연간 순이익은 30억 원이다. 회계상으로 3%의 수익률을 거둔 셈이다. 반면에 B투자사는 투자규모 2,000억 원에 수익률은 A투자사에 못 미치는 10%, 대신 비용률은 9%로 A사와 동일하게 집행하였다. 당연히 B사의 순이익은 순이익률 1%에 해당되는 20억 원으로 A사보다 10억 원이나 뒤졌다. 대부분은 이 결과를 근거로 A투자사가 잘했다고 판단한다. 그리고 계속해서 A투자사에 투자하기로 결정한다. 이것은 과연 올바른 투자의사결정인가? 안타깝게도 이러한 경영지표에는 리스크가 전혀 고려되지 않았다. 과거처럼 어느 정도 예측 가능한 경영환경에서는 도움이 되겠지만 지금처럼 예측 불가능한 경영상황에서는 그다지 도움이 되지 않는다. 그래서 리스크를 감안한 평가지표가 도입되었다. 리스크는 간단히 노출자산에다 해당자산의 과거수익률의 변동성을 곱한 것이다. 그에 따라 계산한 리스크 금액이 A투자사 100억 원, B투자사 40

억 원이다. 리스크 대비 수익률을 계산해 보면 A투자사 30%, B투자사 50%가 된다. 즉 리스크를 감안한 수익률을 비교했을 때는 B투자사가 훨씬 잘했다. 원칙적으로 하면 비용에 예상손실과 비예상 손실을 계산하여 예상손실을 제외해야 하며 리스크금액 계산시 확률분포를 적용한 신뢰구간의 수준값을 반영해야 하는데 계산의 편의상 생략하였다.

리스크를 감안한 성과평가

구분	A 투자사	B 투자사
투자규모	1,000 억원	2,000억원
수익률	12.0%	10.0%
비용률	9.0%	9.0%
순익(A)	30억원	20억원
회계적 순익률	3.0%	1.0%
수익률의 변동성	10.0%	2.0%
리스크 금액(B)	100억원	40억원
리스크감안 성과(A/B)	30.0%	50.0%

리스크를 감안한 대표적인 지표가 리스크조정 자기자본수익률(RAROC; Risk Adjusted Return on Capital)이다. 이는 수익－비용대응주의의 대표적 경영지표인 자기자본수익률(ROE; Return on Equity)의 수익(R)에다 리스크를 감안한 수익, 즉 리스크조정이익(RAR)으로 교체한 것뿐이다. 이것만 보더라도 경영패러다임이 수익－비용관리에서 수익－리스크관리로 전환되었음을 알 수 있다. RAROC는 1970년대 후반 미국의 투자은행인 뱅커스 트러스트(Bankers Trust)에 의해 처음 사용되었다. 그 전까지 사용되었던 자산수익률(ROA; Return on Asset)이나 자기자본수익률(ROE)은 자산의 개별적인 리스크는 고려하지 않고 수익률만 계산하였기 때문에 해당사업부문의 리스크가 얼마이고

과연 적정인지, 또 그만큼의 적정한 자본을 배분하고 있는지 등 적절한 정보를 전혀 반영하지 못하였다. 그러나 RAROC은 위험조정 기준에 따라 해당자산의 리스크를 계산하고 그에 맞추어 자본을 배분하고 관리하기 때문에 만약의 경우에 발생하는 자본금 부족사태는 사전에 충분히 방어할 수 있게 된다.

2장 리스크관리 실패로부터의 교훈

　　지금까지 발생하였던 리스크관리의 실패는 주로 상품거래과정에서 나타난 내부통제의 미숙이나 임직원의 재무적인 판단실수가 대부분이었다. 금융투자세상에서 거래에 따른 손실을 원천적으로 방지할 수 있는 대책은 없다. 그러나 효율적인 리스크관리를 통해 금융거래에서 발생할 수도 있는 부정거래 등을 미연에 방지하거나 또는 일부라도 축소하는 것은 충분히 가능한 일이다. 지금까지 발생하였던 국내외 주요 리스크관리 실패사례를 통하여 나타난 교훈을 기억해 두면 실제 투자 때 아주 유용할 것이다.

첫째, 투기용 파생상품거래는 망하는 지름길이다

　　지금까지 발생하였던 리스크관리 실패의 면면을 살펴보면 아주 특이한 점을 발견할 수가 있다. 여러 건의 엄청난 손실이 한 명의 직원에 의하여 시작되었고, 또한 손실의 대부분이 파생상품 투자에서 발생하였다는 점이다. 파생상품은 금융거래에서 수반되는 다양한 재무리스크를 효과적으로 통제할 수 있는 적합한 수단이어서 모든 금융기관은 리스크관리차원에서 적절히 파생상품을 활용하였다. 그리하여 1990년대 말부터 파생상품시장은 엄청난 속도로 성장하여 세계금융경제 발전에 상당히 기여하였다. 동시에 이의 규제도 지속적으로 완화됨에 따라 파생상품 투자에 대한 불안감이 꾸준히 증폭된 것도 엄연한 사실이다. 그 결과 헤지거래보다는 오히려 한탕을 노리는 투기거래가 기승을 부리게 된다. 대표적인 사례를 살펴보자.

◆ 베어링(Barings)은행의 파산

지금까지 알려진 가장 대표적인 리스크관리 실패사례를 꼽으라면 단연 영국의 베어링은행을 든다. 1862년에 설립된 영국의 대표적 금융가문의 하나인 베어링 은행은 닉리슨(Nick Leeson)이라는 직원에 의해 자행된 사기 파생상품 거래에 의해 결국 망하게 되는데, 1995년 2월에 네덜란드의 ING그룹에 단돈 1파운드에 합병되는 비운을 맞고 역사 속으로 사라졌다. 금융의 역사와 전통을 자랑하던 글로벌 금융기관이 한 순간에 무너지는 어처구니없는 일이 벌어진 것이다. 역설적이지만 이 사건으로 인해 리스크관리 특히, 파생상품거래의 리스크관리 방안이 본격적으로 논의되었다.

리슨은 영국 베어링사의 자회사인 싱가포르의 베어링 선물회사(Baring Futures)에서 일본 오사카거래소와 싱가포르거래소 간 니케이 225 지수선물의 차익거래를 담당하였다. 문제는 리슨이 손해를 감추기 위해 '계좌88888'이라는 특별계좌를 고안하면서 시작되었다. 리슨은 차익거래이외에도 시장의 방향성에 베팅하는 투기거래를 하였는데 여기서 발생되는 손실을 '계좌88888'에 감추었다. 점차 시간이 갈수록 그의 특별계좌에 있는 손실액은 불어났고, 결국엔 선물거래손실에 의한 마진콜 금액을 감당할 수 없게 되었다. 그는 손실을 메울 수 있는 방법을 찾던 중 니케이 225주가지수 옵션을 이용한 스트래들 매도포지션(straddle short position)[43]을 취하였다. 하지만 니케이 225의 변동성이 작아질 것이라는 리슨의 예상과는 반대로 니케이 225지수는 크게 하락하여 선물포함 누적 총 손실액은 1994년에 2,800만 파운드에 달했고, 이 손실을 모두 '계좌88888'에 숨겨놨다. 이와 같은 막대한 손실에도 불구하고 가공거래를 통해 리슨의 업적은 해마다 뛰어난 것으로 평가되어 100만 달러의 보너스 등 추가적인 혜택까지 받았다. 설상가상으로 1995년 1월 일본에서는 고베대지진이 발생하였고, 니케이 225지수는 다시금 하락하여 리슨의 손실은 더욱 커지게 되었다. 리슨은 이제까지의 손실을 일시에 회복하기 위해 마지막으로 큰 베팅을 시도한다. 고베대지진 복구를 위한 재정지출 증가로 일본경제가 회복되고 주가도 상승할 것이라는 전망을 근거로 주가지수선물을 대량 매입하였다. 한편으로는 스트래들을 추가 매도하였고, 일본국채선물에도 투자하였다. 그러나 기대와 달리 주가지수는 하락을 거듭한 결과 1995년 2월 중 15% 이상 하락하여 리슨은 선물 거래에서만 3억 파운드의 손실을 내게 되었다. 더불어 스트래들 추가 매도에 따른 손실 1억 2천만 파운드, 일본국채 선물 거래 손실 1억 9천만 파운드, 최종적으로 13억 달러의 손실을 입어 결국에는 들통 나고 말았다.

이 사건의 가장 두드러진 교훈으로 내부통제시스템의 결함을 들 수 있다. 그는 본인이 금융거래를 하고, 이의 장부정리까지 함으로써 자연스럽게 부정을 저지를 수 있었다. 그리고 그는 당시 회사의

---

43) 스트래들 매도는 동일한 행사가격을 갖는 콜옵션과 풋옵션을 동일한 수량만큼 매도하는 전략으로 매도가 체결되는 순간 프리미엄 대금을 받게 되는데 주가지수가 행사가격 중심에서 큰 변화를 보이지 않으면 계약 체결 시 받은 프리미엄만큼의 이익이 나는 반면, 주가가 급등하거나 급락을 하게 되면 이론상 무한대의 손해가 나는 구조를 가지고 있다.

조직체계상 다른 어떤 부서로부터 아무런 내부통제도 받지 않았다. 완전히 고양이에게 생선을 맡기는 꼴이었다. 이런 형태는 그가 취한 포지션관리에서도 여실히 드러난다. 당시 최종적으로 베어링선물이 보유한 니케이 225 선물계약 수는 43,000계약이며 금액으로 70억 달러에 달하였다. 이는 싱가포르거래소의 미결제잔고의 30%에 육박하는 엄청난 규모였음에도 리슨의 과도한 포지션에 제동을 걸 수 있는 내부장치가 전혀 없었다. 리스크관리의 핵심은 회사가 갖고 있는 모든 노출포지션에 대한 리스크를 측정한 다음, 회사가 감내할 수 있는 리스크허용수준과 비교하여 리스크를 줄이거나 늘리는 것이다. 베어링은행은 젊은 한 직원의 노출포지션조차 파악하지 못했으니 파산은 불 보듯 당연한 것이었다.

한편, 이 사건은 영화로도 제작되어 당시 큰 반향을 일으켰다. 지금도 아이러니하지만 이렇게 큰 기관에서 영업부서와 후선부서의 업무가 전혀 독립적으로 이루어지지 않았다는 것은 도저히 이해할 수가 없다. 이는 마치 혼자서 돈을 쓰고 기분 내키면 장부에 기록하는 것과 다를 바 없는 행위인 것이다. 독자라면 이해할 수 있는가? 최고경영진도 문제였다. 1994년에 리슨은 베어링은행 전체이익의 20%를 혼자서 올리는 경이적인 실적을 기록하였는데, 이에 경영진은 자기에게 할당되는 황홀한 보너스만 집착한 나머지 리스크와 수익의 상반관계를 무시한 채 그의 보고서만 믿고서 그가 원했던 거래를 대부분 승인해 주었다. 운명적으로 파산할 수밖에 없는 회사였다.

◆ 스위스 UBS은행의 20억 달러 손실 발생

2011년 9월 15일, 스위스 최대은행이며 유럽에서 두 번째 규모의 은행인 UBS가 직원의 임의매매로 20억 달러의 손실이 발생하였다.
동 사실이 발표되자 스위스 증시에서 UBS의 주가는 10% 이상 하락
하였다. 직원의 무단거래가 발단이었다. UBS 런던사무소의 아도볼
리(Adobolri)는 델타원(Delta-One)이라는 파생상품 파트 직원이었는
데 그는 통화가치 변동리스크를 헤지하지 못해 손해를 봤는데 이를
일거에 만회하기 위해 고위험 고수익 파생상품에 투자했다가 큰 손
실을 입어 궁지에 몰리게 되었다.

한편, 2008년 미국 금융위기시 UBS는 서브프라임 모기지 거래로
500억 달러가 넘는 투자손실을 내는 등 누적적자가 650억 달러에
이르면서 스위스 중앙은행의 구제금융을 받았었다. 2009년 2월에
선임된 그뤼벨(Gruibel) CEO는 투자은행 부문의 재건을 최우선 과제
로 삼았으나, 이번 사건으로 UBS의 리스크관리 능력에 허점이 드러
나면서 투자은행의 구조조정을 검토하기까지 하였다. 사건 직후 무
디스와 S&P가 UBS의 리스크관리 부실 등을 이유로 UBS의 신용등
급을 부정적 관찰대상에 올렸고, 실제로 피치와 S&P사는 UBS의 신
용등급을 한 단계 강등하였다.

사건이 발생하게 된 원인은 단순하다. 무엇보다 경력도 짧은 일선
트레이더가 승인도 받지 않고 20억 달러의 자금을 융통할 수 있다는
것은 명백히 내부통제의 미흡이라고 할 수 있으며, 더구나 이런 대
규모 거래를 감시하고 제재할 수 있는 업무매뉴얼조차 없었다는 것
이 실로 믿기지 않는다. 한편으로 증권트레이딩은 다른 업종에 비하
여 과정보다는 결과와 수익으로서 평가를 받는다. 따라서 원금에 대
한 책임감보다는 목표달성에 급급한 나머지, 고객의 자금을 좀 더
높은 리스크에 노출되는 거래로 운용할 가능성이 높아진다. 또한 거
래규모가 커지고 고객들의 다양한 요구에 맞추기 위해 트레이더에

게 관행적으로 고위험거래 한도를 올려주는 것도 문제이다.

기본적으로 금융기관은 거래금액 단위로 책임소재를 달리하여 일선의 트레이더가 커다란 손실을 일으킬 수 있는 가능성을 미리 제한하여야 한다. 또한 모니터링을 강화하고 과도한 손실이 발생하기 전에 즉각적인 조치를 취할 수 있는 관리프로세스가 선행적으로 구축되어야 한다. 이런 소프트적인 내부통제 규범이 시간이 흐를수록 리스크관리 문화를 형성하는 주춧돌 역할을 한다.

파생상품 투자로 인한 손실사례

금융회사	손실(발생연도)	사건개요
UBS Bank in Swiss	20억 달러(2011)	Adobolri의 불법 파생거래
Societe Generale	70억 달러(2008)	Jerom Kerviel의 주가지수선물 불법거래
Amaranth	60억 달러(2006)	Brain Hunter의 천연가스가격에 대한 투기포지션
Daiwa Bank	11억 달러(1995)	Toshihide Igushi의 불법거래
Barings	13억 달러(1994)	Nick Leeson의 선물과 옵션의 불법거래
Orange County	20억 달러(1994)	Robert Citron의 투기포지션

둘째, 잘 모르는 금융거래는 하지 말아야 한다

대부분의 투자자는 그간의 투자에서 한두 번 이익이 나거나 나름대로 경험이 쌓이면 쌓을수록 자신의 능력을 과대평가하는 경향이 있다. 이럴 경우 점차 자신이 모르는 금융상품이나 적당히 아는 거래에도 호기심을 갖는다. 금융투자세상에서 섣부른 지식이나 경험만으로 큰 코 다치는 경우가 허다하다. 특히 파생상품은 어렵고 복잡하여 초보자의 경우 무지한 탓으로 제대로 이해하지 못하고 거래하는 경우가 많다. 또한 상대방 금융기관도 관련된 내용을 꼼꼼하게 설명해 주진 않는다. 이로 인해 손실이 발생한 대표적인 사례가 1994년의 Proctor & Gamble(P&G)과 Bankers Trust(BT)사건, 2006년 국내의 키코(KIKO; Knock-In, Knock-Out)사태, 2008년 미국의 서브프라임 금융위기의 주범이었던 구조화채권 투자 등이었다. 간략히 살펴보도록 하자.

◆ Proctor & Gamble(P&G)과 Bankers Trust(BT)사건

1994년에 발생하였던 이 사건은 금융기관이 거래상대방인 제조기업에 파생금융상품의 복잡한 구조를 어디까지 이해를 시켰어야 하는가에 대해 법원의 판단을 이용한 첫 번째 사건으로 세계적인 관심을 끌었다. 1993년 당시 BT와 P&G가 체결한 금융계약은 일견 보기에는 단순한 금리스왑처럼 보였다. BT는 5.3%의 고정금리를 지불하는 대신 P&G로부터 CP금리라는 변동금리를 수취한다. 논란이 된 것은 추가적으로 삽입된 조항 때문이었다. 즉 BT는 5.3%의 고정금리에 더하여 0.75%의 고정금리를 추가로 지급하는 대신 아래의 식만큼 P&G로부터 추가 수취하는 계약을 맺은 것이다.

$$\text{식} = \max\left[0, \frac{98.5\left(\dfrac{5년만기\ 국채수익률}{5.78\%}\right) - 30년만기\ 국채가격}{100}\right]$$

앞의 식을 자세히 보면 시장금리가 일정수준 이상 상승하면 국채수익률은 커지는 대신 국채가격은 작아져서 최종 값은 양수(+)가 된다. 채권수익률과 채권가격은 반대방향으로 움직이기 때문이다. 따라서 시장금리가 상승하면 할수록 P&G가 BT에게 지불하는 이자가 늘어나게 된다. 반대로 시장금리가 일정수준 이하로 하락하게 되면 위 식의 두 번째 값은 음수(−)가 되고 최종적으로 0의 값을 갖는다. 그러나 1994년 시장금리가 급격하게 상승함에 따라 P&G는 BT에게 엄청난 이자를 지급하면서 상당한 손실을 입게 되었다. P&G 입장에서는 위 식이 옵션과 같은 수익구조라고 항변하였다. 즉, BT 입장에서 위 식의 대가를 수취하는 대신, 추가 지불한 0.75%의 고정금리는 옵션프리미엄이라는 것이다.

1993년 11월 계약체결시점에서 위의 식은 0의 값이었다. 그러나 1994년 들어서면서 시장금리가 상승하자 위 식은 0.275까지 상승하였고, 이로 인해 P&G는 막대한 손실을 입게 되었고 뒤늦게 거래의 불리함을 깨달아 소송을 하기에 이르렀다. 소송의 초점은 BT가 거래상대방 P&G의 이익까지 충분히 고려하여 상품에 대한 자세한 설명, 즉 옵션이 사실상 포함되어 있다는 것까지 설명할 의무가 있었는가 하는 점이었다. 이는 당시 세간의 흥미로운 논쟁을 불러일으켰으나, 양쪽은 최종판결이전에 서로의 중간입장에서 화해하여 순조롭게 결말지었다.

이 사례는 파생금융상품에 내재된 리스크에 대하여 정확히 이해한 다음 금융거래 여부를 결정할 것과 이를 위해 조직적 차원에서 관련 전문가를 양성하고 교육시켜야 한다는 시사점을 주고 있다.

◆ 키코(KIKO; Knock-In, Knock-Out) 사태

우리나라의 수출기업들은 환율변동에 대한 리스크를 헤지하기 위해 주로 선물환거래를 이용한다. 2006년 당시 원/달러 환율이 안정적인 하락추세를 보이기 시작하자 대부분의 수출기업들은 은행들의 권유로 키코 통화옵션에 가입하게 된다. 키코 통화옵션은 기업이 환리스크를 회피하기 위하여 은행으로부터 실격풋옵션(knock-out put option)을 매입하고 프리미엄을 지급하는 대신 진입콜옵션(knock-in call option)을 매도하는 무비용(zero-cost)구조로 만들어졌다. 따라서 원/달러 환율이 하락하여 일정 범위 내에 들어가면 기업은 이익을 얻고 계약이 종료되지만, 반대로 환율이 상승하면 무제한 손실이 발생하는 구조였다. 세부적으로 키코는 환율의 움직임에 따라 풋옵션 매입자의 포지션에서 콜옵션 매도자의 포지션으로 변하는 아주 복잡한 형태였다. 외환전문가라도 세심하게 검토했어야 하는 상품이었다. 2007년 당시 연평균 원/달러 환율은 934원에서 2008년 초부터 꾸준히 상승하여 1,500원대를 유지하다, 연말에는 장중 최고 1,600원 이상 급등하였다. 이로 인해 중소 수출기업들의 손실은 눈덩어리처럼 불어났다. 2008년 6월말기준 키코에 가입했던 중소기업은 총 519개였으며, 손실규모는 실현손실 5,103억 원, 미 실현된 평가손실이 9,678억 원으로 총 1조 4천억 원에 이르렀다. 급기야는 재무적으로 이익이 난 기업도 키코 손실로 인해 부도 처리되기 시작하였는데 태산LCD가 대표적이다.

키코사태를 야기한 결정적인 원인은 당시 대부분의 중소기업경영자나 재무담당자가 동 상품에 대해 전혀 이해하지도 않은 채 주변의 입소문이나 은행의 설명만 듣고 가입했다는 데 있다. 결국 이는 법

정공방으로까지 번지게 되는데 이 사태를 통해 은행은 파생상품을 판매함에 있어 적합성 원칙을 철저히 준수하여, 적합하지 않는 금융 파생상품은 권유하지 말아야 한다는 것이다. 또한 기업은 전문지식이 요구되는 파생시장에서 투기적 거래를 자제하고, 부득불 파생상품 거래 시 해당 전문가 및 유관기관들과 충분한 상담을 거친 후 거래여부를 결정해야 한다.

◆ 구조화채권 투자

2007년 미국의 서브프라임 금융거품이 최고조로 치닫기 시작할 때 전 세계 기관투자가와 일반투자자는 부채담보부 증권(CDO; collateralized debt obligation)[44]과 같은 구조화채권에 투자하였다. 당시 구조화채권의 투자수익률이 가장 높았기 때문이었다. 그러나 구조화채권에 투자하는 경우 기초자산에 대한 충분하고 명확한 지식이 있어야 한다. 여기서 문제가 터진 것이다. 대부분의 투자자들은 기초자산에 대한 어떤 정보도 요구하지 않고 오로지 신용평가기관이 제시하는 신용등급만을 믿고 투자하였다. 결과는 엄청난 손실로 이어졌다. 그 당시 투자자들이 구조화 채권의 기초자산에 대해 충분히 이해만 했었더라도 실제 금융위기가 터졌을 때보다 발 빠르게 대처하여 최소한의 손실만 입었을 것이다.

셋째, 사태발생 초기에 어떻게 대응하는가가 중요하다

일반적으로 업무매뉴얼에 기초한 조직문화가 형성된 조직과 그렇

---

44) CDO는 다수의 채권을 기초자산으로 하여 발행된 자산유동화증권의 한 형태이다.

지 않은 조직의 확실한 구분은 어떤 예기치 않는 사태가 벌어졌을 때 확연히 드러난다. 보통 위기상황이 닥치면 일반개인이나 조직은 당황하기 십상이다. 그러나 비상상황에 대한 업무매뉴얼이 잘 갖추어진 조직은 신속히 평상시처럼 각자의 역할을 수행하면서 일사분란하게 위기를 극복한다. 그렇지 않은 조직은 일단 사태가 발생하면 이를 감추려 하거나 또는 사건의 실태를 축소시키는 것에 급급한 나머지 사태가 번지는 것을 방치한 채 결국에는 통제불능 상태로 치닫게 된다. 손실사태는 초기 24시간에서 48시간 내에 여론의 관심이 집중되고 인터넷을 통한 커뮤니케이션의 주도권이 결정되므로 초기 대응이 무엇보다 관건이다. 대표적인 사례를 살펴보자.

◆ 농협전산망 마비사태

2011년 4월 12일 농협의 전산장애가 발생하여 입출금업무 등 전반적인 금융서비스가 마비되는 초유의 사태가 발생하였다. 처음에는 유지보수업체인 IBM 직원의 단순 실수로 발표하였지만 사건발생 3일째가 되어서야 부랴부랴 단순한 전산장애가 아니었음을 시인하였다. 이는 사건이 일어나자 우선적으로 외부에는 단순한 사건인 것처럼 발표하는 꼼수에 불과한 것이고 그만큼 고객이나 이의 파장을 무시한 처사였다. 운영리스크관리 매뉴얼을 철저히 무시한 행태인 것이다. 이후 농협 전산 최고책임자는 농협서버에 입력된 삭제명령은 협력업체 직원의 실수가 아니라 의도된 다른 루트로 입력된 것이라고 실토하였다. 한편, 사태가 일파만파로 커지자 급기야 검찰에까지 수사를 의뢰하였고 검찰은 범인이 외부에서 농협네트워크 방화벽을 뚫고 서버에 침입했을 가능성과 농협 내부에 노트북을 두고 파일을 내려받아 작업했을 가능성 등 여러 방향으로 수사를 진행하였다, 검찰은 최종적으로 여러 정황을 미루어 농협 전산망 장애사건의 범인은 북한의 사이버테러라는 결과를 발표하고 수사를 종결하였다. 농협은 이번 사태로 약 182억 원의 재무적인 손실을 입었다.

사태가 발생한 주된 이유는 아이러니하게도 아주 단순하였다. 농협은 전산망의 비밀번호를 6년 동안 거의 바꾸지 않고 그대로 사용하거나 협력업체가 처음 설정하였던 비밀번호를 그대로 사용한 경우도 있는 것으로 밝혀졌다. 심지어는 매월 변경해야 하는 관리자 비밀번호가 1년 동안 단 한 차례도 변경되지 않는 등 보안관리가 아주 허술했다고 밝혀졌다. 또한 규정상 엄격히 제한되어 있는 서버작업 권한을 업무편의의 이유로 협력업체 및 하청업체 직원들까지도 가졌을 뿐만 아니라, 파견직원의 노트북이 외부로 반출된 정황이 드러나는 등 내부통제가 전혀 되지 않은 것으로 드러났다. 이는 최악의 경우 협력업체 직원이 마음만 먹는다면 노트북 한 대로 모든 서버를 삭제할 수도 있다는 의미이다. 또한 이런 사태가 발생하자 즉시 관련기관에 알려 조치를 취하지 않고 사건을 축소시키기에만 급급했으며, 농협중앙회 회장은 책임회피성 답변으로 여론의 질타를 받기도 했다. 이는 총체적으로 운영리스크관리의 허점을 여실히 보여준 사례라 할 수 있다.

◆ 도쿄전력사태

도쿄전력은 일본의 원전신화를 창조한 주역으로서 오랫동안 국민의 사랑과 존경을 받아 왔으나, 2010년 후쿠시마 원전사태 이후 이미지가 반전되어 원전신화도 조작된 것 아니냐는 의혹마저 제기되었다. 동사는 원전사고에 대처하면서 무엇보다 초기대응에 실패하였고, 추가적인 진실은폐와 관료주의적 무책임과 느린 대응, 그리고 CEO의 그릇된 처신으로 사고 이후 2주 만에 주가가 80% 이상 폭락했으며, 무디스는 신용등급을 Aa2에서 Baa1로 5단계까지 강등시켰다. 결국 CEO는 모든 책임을 지고 사임하였다. 평소의 경영활동은 조직 내 제도와 시스템에 의해 수행될 수 있으나, 위기사태가 발생하게 되면 CEO의 냉철한 결단이 회사존립의 기준이 된다. 보통 예상치 못한 상황에 직면한 종업원들은 대체로 '억울하다', '감추고 싶다', '내 선에서 마무리하고 싶다'는 생각으로 과잉반응하거나, 당장 벗어나고픈 생각에 정확한 보고를 하지 않거나, 미봉책으로 처리하는 경우가 다반사이다. 이럴 때 CEO의 리더십이 절대적으로 중요하다. CEO는 리스크관리의 마지막 보루이자 최종책임자이다. 리스크 발생 48시간 만에 CEO가 사과한 도미노피자 사례는 확연히 달랐다. 2009년 4월 미국 노스캐롤라이나주 도미노피자 매장에서 직원 2명이 식재료를 콧구멍에 넣는 등 비위생적이고 역겨운 행위를 동영상으로 제작하여 유튜브에 올린 사건이 있었다. 이 동영상은 페이스북을 통해 24시간여 만에 미국은 물론 전 세계로 확산되었다. 48시간 후 도미노피자의 CEO인 패트릭 도일(Pactric Dohil)이 유튜브에 사과의 동영상을 다음과 같이 게재하였다.

"이 사건에 대하여 정말 죄송한 마음입니다. 그들은 장난이었다고 주장하지만 우리는 심각하게 생각하고 있습니다."

넷째, 리스크를 헤지하였어도 결코 안심해서는 안된다

대부분의 금융기관은 투자할 때 그에 상응한 리스크를 예상하고 이를 헤지하거나 그 정도 리스크는 감수할 수 있다는 등 노출된 리스크를 정밀하게 분석한 다음 거래를 하거나 계약을 성사시킨다. 특히 파생상품 거래는 더욱 주의를 요한다. 문제는 이러한 리스크헤지가 이론적으로만 완벽하지, 실제 상황에서는 그렇지 않다는 것이다. 그렇다면 어느 정도 오차가 있으며 이런 오차를 감내할 수 있는지도 미리 파악해 두어야 한다. 리스크를 헤지하고도 손실이 난 사례를 살펴보자.

◆ Union Bank of Switzerland(UBS) 사건

이 사건은 1997년 UBS가 파생금융상품에 대한 투자실패로 6억 9천만 달러의 손해를 보게 된 경우이다. UBS는 일본 후지은행이 발행한 전환우선주에 투자를 하면서 헤지수단으로 니케이 225지수를 선물 매도하였다. 이는 비교적 간단한 거래였을 뿐 아니라, 주가하락에 대한 리스크를 사전에 인식하고 헤징거래를 취했음에도 결과적으로 큰 손해를 보게 되었다.

전환 우선주는 발행 당시에는 우선주이지만 일정조건하에 보통주로 전환될 수 있다. 국내 우선주와 달리 외국의 우선주는 고정배당금을 지급받는다는 점에서 채권과 유사하면서도 채권이 갖지 못하는 주식으로서의 일부 권리를 가지므로, 전환우선주는 일반적으로 전환사채에 비해 선호된다. 이 때문에 전환우선주에는 사전에 정해진 수준 이상의 주가상승분만큼은 매입자가 매도자에게 돌려주는 장치를 마련해둔다. 따라서 전환 우선주 매입은 배당금이 지급되는 채권을 매입함과 동시에 해당주식에 대한 풋옵션을 발행한 것과 동일한 효과를 갖게 된다.

UBS는 자체적으로 갖고 있던 컴퓨터 프로그램을 사용하여 후지은행 전환우선주의 적정가치를 계산한 후 충분히 수익성이 있다고 판단하여 투자를 했는데, 이때 문제는 모형을 부적절하게 설정하여 해당가치를 과대평가했다는 점이다. 결과적으로 UBS는 적정가치보다 비싸게 주고 전환우선주를 매입하였으나 이후 1997년 11월 일본 야마이치증권 파산의 여파로 후지은행을 포함한 모든 은행들의 주가가 계속 하락함에 따라 큰 손해를 보기에 이르렀다.

그렇다면 전환우선주 매입에 대한 헤징수단으로 선물을 매도한 니케이 225지수로부터 어느 정도의 손실보전을 받았을까? 결과는 예상과는 달리 전혀 보전받지 못하였다. 이유는 간단하다. 대체로 주가지수와 은행주 주가는 같은 방향으로 움직이는 데 반해 UBS의 경우는 반대방향으로 움직였기 때문이었다. 은행주 매입포지션에 대해 주가지수 매도포지션으로 헤징을 했는데, 후지은행 주가는 하락하고 니케이 225지수는 상승하는 최악의 경우가 발생해 버렸다.

UBS사건은 전환우선주 매입과 함께 주가지수선물을 매도하여 리스크를 관리했음에도 큰 손실을 본 경우이다. 이 사건은 모델(model) 리스크와 베이시스(basis) 리스크관리에 실패한 사례라고 할 수 있다. 우선, UBS의 실수는 당시 후지은행 전환 우선주의 적정가치를 과대평가한 것이다. 이를 모델리스크라고 한다. 흔히 재무학자들과 더불어 퀀트(quant)[45]들은 파생금융상품의 적정가치를 산정하는 모형을

---

45) 이들은 주로 미국항공우주국(NASA)에 근무하였다 월스트리트로 자리를 옮긴 물리학자와 수학자들이 대부분이었다. 이들을 퀀트라 하는데 금융상품을 계량적·수학적 기법으로

수립하는데, 이 과정에서 오류를 범할 경우 UBS 사건에서와 같은 치명적 손해를 볼 수 있다. 둘째, 개별 주가의 리스크를 헤지하기 위해 주가지수선물을 사용하는 경우 베이시스리스크에 노출된다. 이 리스크는 불완전한 헤지를 할 경우 기초자산의 가격변동과 헤지대상의 가격변동에 차이가 나타나면서 발생한다. 통상 베이시스 리스크는 그 규모가 작아서 무시되는 경향이 있는데, UBS사건은 이러한 무시가 얼마나 큰 손실을 초래할 수 있는가를 극명하게 보여준 사례였다.

___

분석하는 전문가들이다.

3장 일반투자자의 리스크관리 스타일

　일반 투자자들의 투자유형은 실로 다양하다. 따라서 각각의 상황과 형편에 따라 리스크 대처기법이 달라지므로 이의 관리는 오직 개인만이 스스로 알아서 수행해야 한다. 그러므로 일반투자자들에게 적합한 리스크관리 기준을 체계화한다는 것은 쉬운 일이 아니다. 또한 일반투자자들은 리스크관리를 처음에는 자기 규칙에 따라 잘할지 몰라도 일정시간이 지나면 상당히 지루하게 느낀다. 스스로를 오랫동안 통제하지 못하는 도덕적해이가 나타나기 때문이다. 또한 한다손 치더라도 대충해버리고 만다. 사실 효과를 느끼지 못하는 것이 오히려 정상이다. 그럼에도 실제 투자세상에서 한 번이라도 손실경험이 있는 사람이라면 이런 현실을 극복하고자 부단히 노력한다.

　심리용어 중에 '자기통제 오류'가 있다. 이는 사람들이 뜻하는 바를 이루려고 노력은 하지만 그러한 노력을 방해하는 환경에 휩쓸려 자신을 통제하지 못하는 잘못을 말한다. 인간의 자기통제 오류로 인해 리스크관리도 절차대로 하기에는 많은 제약요인이 도사리고 있다. 심리학자에 의하면 자기통제오류를 극복하는 가장 좋은 방법은 규칙을 세우고 준수하는 것이라 한다. 리스크관리도 스스로 규칙을 정하고 꾸준히 시행한다면 그 효과가 나타나며, 시간이 지날수록 손실보다는 이익이 나는 투자결과를 얻을 것이다.

일반투자자의 리스크관리 감각은 무딜 수밖에 없었다

대부분의 투자자들은 어떤 투자를 고려할 때 사전에 투자에 따르는 리스크를 꼼꼼하게 따지거나 고려하지 않는 경향이 다분하다. 어디에 어떠한 리스크가 있는지 정확하게 모르거나 알아도 굳이 리스크를 고려할 이유가 없다고 속단한다. 어쩌면 노출된 리스크가 별 것 아니라고 간주할지도 모른다. 투자자들의 리스크관리 감각이 무딜 수밖에 없는 이유가 있었다.

첫째가 사회경제적인 환경이다. 우리나라는 1997년 IMF외환위기 이전까지만 해도 대부분의 사람들은 리스크가 무엇이고 리스크관리를 왜 하는지조차도 몰랐다. 심지어 대기업이나 금융기관조차도 특별한 리스크관리 기법 없이 기존의 경영방식을 유지했다. 그 당시 대부분 투자하면 기대한 만큼 이익이 났기 때문이었다. 이런 경영환경이 리스크관리의 필요성이나 중요성을 방치한 것이다. 우리나라는 1950년 한국전쟁 이후부터 1990년대 중반까지만 해도 개발도상국치고는 상당히 비약적인 발전을 해왔다. 매년 수출이 증가하면서 해당 기업의 주가는 지속 상승하였고 덩달아 나라전체의 경제도 상승하였다. 상승무드는 70년대, 80년대, 90년대 중반까지 지속되었다. 이런 상황에서 굳이 노출된 리스크를 인식하고 관리해야 할 필요성을 못 느낀 것이다. 또한 일반투자자들도 전통적인 유교관이 형성된 가족체제에서 성장하였기 때문에 가장은 성실하게 일하면서 일정금액을 저축하고 이후 주택을 구입, 자녀를 양육하고 노후에는 자식에게 의지하는 것이 인생의 흐름이었다. 또한 투자행태도 주로 은행을 통한 정기적금이나 정기예금 위주의 자산증식이 대부분이었다. 그럼에도 충분히 기대수익이 발생하였다. 따라서 굳이 또 다른 리스크를 감수하면서까지 투자를 고민할 필요가 전혀 없었다.

그러나 IMF외환위기가 터지면서 모든 금융사고의 체계가 뒤죽박죽 되어버렸다. 금융기관, 특히 은행은 절대 망하지 않는다고 생각한 고정관념이 무너지면서 투자에 관한 기본원칙도 무너진 것이다. 주식이나 부동산 등 대표적인 실물자산에 투자하면 무조건 돈을 번다는 생각도 흔들렸다. 가만히 앉아서는 기대 이상의 수익을 얻을 수 없다는 것을 느낀 것이다. 경험 많은 투자자들은 더 나은 수익을 추구하기 위해 다소 무리한 포트폴리오도 마다하지 않았다. 그러면서 점차 금융상품에 내재된 리스크가 보이기 시작하였다. 다소 역설적이지만 IMF외환위기로 인해 리스크관리의 중요성을 알게 되었다. 그들은 우리나라에 구제금융을 지원하면서 그 대가로 부실기관 정리와 금융선진제도 도입, 특히 리스크관리시스템을 도입하라고 요구하였다. 그래서 대부분의 금융기관들은 글로벌 스탠다드(global standard)에 부합되는 리스크관리시스템을 도입하였다. 감독당국도 그때부터 리스크관리 위주의 감독체제로 변하였다. 덩달아 일반 투자자들도 리스크관리의 필요성을 느끼기 시작하였다. 실제로 리스크관리의 중요성은 앞서 언급하였듯이 2008년 미국의 서브프라임사태가 촉발되면서 본격적으로 전 세계 모든 금융투자자에게 전파되었다.

두 번째, 투자할 때 나타나는 심리적인 습관이다. 리스크관리 입장에서 리스크를 효율적으로 관리하지 못하는 가장 큰 장애물은 심리적인 요인이다. 리스크관리는 미래의 불확실한 기대수익을 관리하는 것이다. 그러나 대부분의 사람들은 심리적으로 미래의 저축이나 이익보다는 현실에서의 소비나 이익에 더 많은 관심을 둔다. 이를 심리학적으로 시간선호현상이라 하며 불확실한 미래의 이익이나 효용보다는 당장의 현실에서 느끼는 이익이나 보상에 우선시한다는 의미이다. 이런 현상은 투자뿐만 아니라 일상생활에서도 흔히 발견되는데 대표적으로 저축과 소비를 들 수 있다. 연구결과에 의하면 통상 경제적으로 여유가 생기면 미래의 소비재원, 즉 저축을 선호하는 경향이 있다고 하며, 가까운 미래가 불확실하다고 느끼게 되면 저축을 멈추고 그 대신 현재의 소비를 늘리는 시간선호가 급상승하게 된다고 한다. 결국 리스크관리는 미래의 불확실성을 관리하는 것인데 이런 시간선호 현상으로 인해 리스크관리의 필요성을 금세 잊어버린다. 흔히들 예상하지 않았던 이익을 눈앞에 보게 되면 당초에 계획했던 의지가 무너지게 된다. 즉, 미래의 이익보다는 당장의 이익에 우선시 하게 되는데 이는 눈에 보이는 것을 선택하는 것이 쉽고 또한 대가도 확실하기 때문이다. 그러나 장기적으로 보면 이러한 시간선호로 인한 근시안적인 의사결정은 최종적으로 손실을 가져올 개연성이 높다.

시간선호 현상을 극복하는 방법은 개인마다 차이가 있는데, 이는 개인의 선택기준이 다르기 때문이다. 예를 들면 '오늘 30분 더 잘 것인가. 아니면 일어나 책을 읽을 것인가.' 고민한다고 해 보자. 상식적으로 자투리 시간에 자기개발을 하면 나중에 그만큼 성과가 돌아올 것이라 판단한다. 그렇지만 어떤 사람은 지금 30분 더 자는 것도 소중하다고 판단한다. 이처럼 개개인의 의식구조에 따라 판단기준은 다르지만 보편적으로 볼 때 변화에 대한 과감한 선택과 그 선택을 믿고 꾸준히 밀고 나가는 것, 실패를 두려워하지 않고 더 큰 성공을 위한 발판으로 삼는 것 등은 불확실한 것에 대한 선택이므로 상당히 어려운 일이다. 하지만, 그 선택으로 인한 결과는 반드시 충분한 보상으로 연결된다는 것은 과거경험에서 익히 알 수 있다.

다음으로 중요한 심리현상은 낙관주의 편향이다. 사람들마다 성격유형은 각양각색이지만 대체로 사람들은 미래를 낙관하는 경향이 있다고 한다. 특히 투자행위에서는 더욱 그렇다. 이런 현상 때문에 투자자는 다른 투자자보다는 리스크에 덜 노출됐다고 합리화하거나 단순히 긍정적으로 시장을 바라본다. 또한 이러한 편향은 초보자들을 쉽게 투자시장에 참여하도록 유혹한다. 이들은 주변에서 들려오는 중요 정보나 증권시장에 떠도는 루머, 작전투기세력의 회유, 펀드매니저의 상담이나 관련보고서를 통하여 쉽게 투자를 결정하곤 한다. 투자 시 요구되는 최소한의 전제는 기업의 재무제표를 이용한 기초여건 분석이다. 물론 이러한 분석은 애널리스트들이 보다 전문적으로 수행한다. 그러나 그들은 궁극적으로 회사에 종속되어 있는 신분이기 때문에 객관적인 검증에는 한계가 있을 수밖에 없다. 더 큰 문제는 분석 자료를 보면서 가능하면 부정적 정보를 무시하고 투자자 자신의 입장에서 긍정적으로 재해석한다는 것이다. 자기 자신을 합리화함으로써 투자자의 감정이나 성격이 낙관적이고 근면 성실하게 열심히 투자하다 보면 대부분 성공할 것이라 판단하고, 만약 그렇지 않을 경우에는 다른 명분을 만들어 투자실패를 인정하지 않는다. 우리 주변에서 자주 목격되는 현상 중의 하나이다. 엄밀히 말하면 투자세계에서는 사람의 좋고 나쁨은 문제시 되지 않는다. 사전에 충분한 준비가 되어 있느냐 그렇지 않느냐의 차이일 뿐이다.

또한 눈에 띄는 심리현상이 앞서 기술하였던 군중심리이다. 군중심리는 심리학적 용어로 '동조현상'이라 하는데 금융시장의 역사를 살펴보면 군중심리에 편승한 다양한 투자열풍이 되풀이되고 있음을 알 수 있다. 우리나라도 예외는 아니다. 1980년대 중반 부동산투자 열풍, 2000년대 초반 IT닷컴주 열풍, 2003년부터 시작된 펀드 열풍 등이 대표적인 사례이다. 돌아보면 상식 이하의 행동을 서슴지 않았던 비이성적 사태에 많은 사람들이 몰려드는 이유는 무엇일까? 바로 군중심리 때문이다. 투자시장에서 한 발짝 물러나 투자자 자신의 심리를 냉정하게 들여다보고 아울러 투자집단의 심리변화가 투자패턴에 어떤 영향을 미치는지 파악한다면 자신의 투자포트폴리오를 항상 유리하게 가져갈 수가 있다.

세 번째, 리스크를 제대로 느끼지 못하는 데 있다. 흔히 리스크라 하면 무조건 피하는 것으로 간주하였다. 또한 리스크를 너무 추상적인 의미로 사용하다 보니 현실적으로 멀리 있다고 느낀다. 그럴 만도 한 것은 리스크는 미래의 불확실성을 다루기 때문이다. 누구든지 당장의 불확실성을 직시하지 미래까지 내다보려고 하지 않는다. 눈에 보이는 것만이 확실하고 투명하기 때문이다. 이처럼 리스크의 정확한 의미만 알아도 투자의 세계가 그리 녹록지 않다는 것을 알게된다. 실제 대부분의 사람들은 각자 투자하기 전에 직간접적으로 사전지식을 습득하거나 해당 정보를 얻어 최선의 수익을 내고자 노력한다. 그럼에도 대부분이 실패하는 이유는 투자의 가장 기본적인 전제인 수익과 리스크가 함께한다는 단순한 진리를 잊어버리기 때문이다. 따라서 투자에 앞서 좀 더 객관적으로 노출된 리스크를 파악하고 분석해야 한다.

마지막으로 리스크를 제대로 알려주는 매체가 없었다. 지금까지 금융에 관한 이론서나 대부분의 재테크관련 책들은 투자수익에 관한 노하우 위주로 전개되었다. 그러다보니 리스크에 관한 내용은 일부만 소개하거나 아예 빠져 있었다. 그리고 무엇보다 여태 해왔던 투자결과가 우연이든 노력에 의한 것이든 대부분 이익이 발생하다 보니 이익 근저에 숨어 있는 리스크를 파악할 필요를 못 느낀 것이다. 사실 리스크를 예상하지 않고 수익을 얻었다면 그냥 공짜 점심을 얻어먹은 것이나 마찬가지이다. 투자세계에서 공짜 점심이 없다는 것은 누구나 알고 있는 사실이다. 그렇다면 언젠가는 그 공짜만큼 뱉어내야 한다. 시간이 흐를수록 뱉어내야 하는 금액은 많아질 수밖에 없다.

우리나라 금융기관들은 IMF외환위기가 발생하고 나서 리스크관리의 중요성을 알게 되었고 그로부터 10년이 지난 2008년 미국 서브프라임사태가 터지면서 일반 투자자들까지도 무언가 크게 잘못되었구나 하면서 리스크관리의 중요성을 깨닫기 시작하였다.

투자 시 개인들이 자주 접하는 리스크는 무엇인가?

투자자들의 투자행태는 실로 다양하다. 또한 쉽게 드러내지도 않는다. 당연히 각자가 처한 리스크 대처형태가 천차만별일 수밖에 없다. 그러므로 투자자들에게 노출되는 리스크 유형을 구분하는 것 자체가 무의미해질 수 있다. 그러나 금융과 투자에 국한한다면 어느 정도 윤곽을 파악할 수 있다. 대체적으로 일반 투자자들이 자주 접하는 리스크는 신용리스크와 유동성리스크, 시장리스크가 대부분이다. 다음 사례를 통하여 투자자들에게 자주 노출되는 리스크 유형을 살펴보자.

A씨는 2003년 한창 적립식펀드[46] 열풍이 불 때 아내와 상의한 후

---

46) 적립식펀드에 관한 자세한 내용은 〈별첨 1〉에 자세히 기술하였다.

오랜 고민 끝에 월 100만 원 적립식펀드에 가입하였고 이후 5년간 꾸준히 불입하였다. 시간이 흘러 어느덧 만기가 되었고 환매금액을 확인해 보니 불입원금 6,000만 원, 투자수익 4,000만 원으로 모두 1억 원이었다. 연 19%나 되는 꽤 큰 수익을 올린 것이다. 그런데 투자상담사나 증권사의 추천보고서, 심지어 아내까지 환매하지 말고 계속 불입하도록 권유하였다. 이유는 간단하다. 환매해봤자 마땅히 재투자할 곳이 없었고, 나름 금융시황이 좋아 추가손실이 날 것 같지 않아서였다. 그는 고민 끝에 계속 유지하기로 하였는데 공교롭게도 한 달이 지나고 나서 주식시장이 상승하기 시작하였다. 국내경제뿐만 아니라 세계경제 특히 미국경기가 살아나면서 세계적인 유동 성장세가 시작되었다. A씨는 재차 고민 끝에 1년 정도 투자하기로 마음먹고 은행에서 주택담보 3,000만 원, 마이너스 신용대출 1,000만 원 합하여 4,000만 원을 추가로 펀드에 가입하였다. 이번에는 그간의 경험을 살려 적립식보다는 1년 거치식으로 가입하였다. 2008년 들어 여름이 지나고 가을 초입에 느닷없는 미국발 금융위기가 터졌고 이 여파가 전 세계로 급속히 확산되면서 모든 나라의 금융시장은 초토화되었다. 그로 인해 A씨의 펀드뿐만 아니라 주택가격마저 하락하기 시작하였다. 이후 1년 정도는 억지로 견뎌냈지만 더 이상은 심리적으로 견딜 수가 없어서 환매하기로 하고 창구에 문의해보니 펀드는 1억 원으로 추락하였고, 보유한 집의 가격은 금융위기 전보다 약 30%가 하락하였다. 앞으로 어떻게 해야 할지 막막할 뿐이다.

위의 사례에서처럼 대부분의 사람들은 급히 투자할 마음이 동하면 본인의 형편보다는 일단 돈을 벌고 싶은 욕심에 남의 돈이라도 빌리고자 수소문한다. 특히 집을 구입할 때는 거의 모든 사람들이 집을 담보로 자금을 차입하여 구입자금을 충당하고 있다. 일단 보유부동산담보, 인적보증담보 또는 순수신용을 통해 자금차입을 한 경우에는 그 즉시 신용리스크에 노출된다. 신용리스크는 차입자금에 대한 이자를 제때 불입하지 못하거나 도중에 급한 사정이 생겨 만기 시에 차입금을 상환하지 못함으로써 생기는 손실이다. 통상 이자를 3개월 이상 연체하게 되면 바로 신용불량자가 되는데 이렇게 되면 다른 어떠한 신용수단을 사용하지 못하게 되어 정상적인 생활이 어렵게 되며 결과적으로 파산에 이르게 된다. 설령 다른 수단을 동원하여 이자를 납입하더라도 만기에 원금상환이 어렵게 될 때는 또다시 다른 데서 자금을 차입하여 상환해야 하는 악순환이 반복된다. 이 경우 유동성리스크에 노출된다. 유동성은 흔히 신용리스크에 노출되고 나서 곧바로 나타나는 것이 일반적인 현상이다. 그리고 보유한 집값이 떨어지면서 본인의 자산가치가 하락하는 시장리스크에도 노출된다.

이렇듯 대부분의 사람들은 투자에 필요한 금융거래를 시작하는 즉시 신용리스크에 노출되고, 유동성리스크, 시장리스크 순으로 노출된다. 신용리스크는 그 특성상 개인투자자보다는 거래규모가 큰 금융기관에 자주 노출된다. 따라서 금융기관의 신용리스크관리는 아주 철저하다. 계약초기 사전대출심사부터 대출이후 모니터링까지 모든 데이터를 데이터베이스화하여 실시간으로 전산조회가 가능하도록 시스템을 갖추고 있다. 그만큼 수익에 미치는 영향이 크기 때문이다. 신용리스크는 과거 발생경험에 비추어볼 때 다른 리스크에 비해 발생빈도는 낮으나 한번 발생하게 되면 그 영향력, 즉 심도가 상당하다. 신용리스크는 한번 발생하면 회복하기가 어려운 만큼 파급효과가 엄청나다.

유동성리스크는 주로 신용리스크에 노출된 후에 나타난다. 따라서 그전에 발생하였던 신용리스크를 조기에 수습할 수 있으면 얼마든지 극복할 수 있는 리스크이다. 또한 어느 정도 시간을 갖고 해결할 수 있는 시차가 존재하므로 사전에 준비만 철저히 해두면 충분히 해결할 수 있는 리스크이기도 하다. 그럼에도 유동성리스크가 한번 발생하게 되면 리스크 발생 이전으로 회복하기에는 상당히 어려운 상황에 처한다. 바로 개인의 평판이나 이미지에 큰 손상을 입히기 때문이다.

시장리스크는 투자자들의 노출리스크 중 그 빈도가 가장 많은 리스크이다. 특히 주식시장은 누구든지 쉽게 참여할 수 있기 때문에 시장리스크 노출빈도가 가장 많은 영역이다. 한편, 온라인을 통한 주식거래가 대중화되면서 이 영역은 실시간으로 시장리스크에 노출된다. 무엇보다 자기돈보다는 남의 돈으로 레버리지를 이용할 경우에는 반드시 사전에 예상되는 리스크를 파악하고 이에 대한 대비책을 준비해 두어야 한다.

투자자들마다 리스크를 취하는 성향이 다르다

과천경마장은 늘 사람들로 붐빈다. 왜일까? 모두들 대박을 기대하기 때문이다. 경마는 전형적인 도박의 일종이다. 예를 들어 과천경마장에 모인 모든 사람들이 100원짜리 마권을 샀다고 해보자. 이 사람들한테 환급될 금액은 마권 각각에 균등 배당한다면 본전인 100원에 밑돈다. 대략 경마운영비 등을 차감하고 나면 80원쯤 된다고 한다. 대체로 도박처럼 모든 사행성게임은 주최자가 일부를 떼고 나머지를 배당형태로 분배하므로 상금의 기대값[47]는 반드시 본전보다 적다. 그럼에도 마권을 사는 이유가 무엇일까? 손에 쥔 확실한 100원보다 모두 잃거나 혹은 500원 또는 1,000원이 될지도 모른다는 가능성의 확대를 좋아하기 때문이다. 생각을 해보자. 100원을 단지 손에 쥐고 있는 한, 이는 계속해서 100원에 지나지 않는다. 그러나 이것을 마권으로 바꾸면 평균적으로 20원을 손해 볼지라도 커다란 변동이라는 희열을 누릴 수가 있다. 이 변동을 취하는 대가로 도박꾼들은 기꺼이 본전보다 낮은 80원을 받는다. 이것이 바로 변동을 좋아하는 사람의 성향이다. 그들은 말 그대로 확실성보다는 변동을 즐기는 사람들이다. 이런 성향을 리스크 애호적(risk loving)이라 하며, 달리 리스크 선호형이라 한다.

이제는 반대인 경우인데 보험이 좋은 예이다. 보험회사는 위험 한 건당 보험료를 가입자들로부터 모아서 회사의 운영비용으로 충당하고, 그 나머지로 보험금을 지급한다. 따라서 평균적으로 돌려받는 금액은 낸 보험료보다 반드시 적게 된다. 예를 들어 화재보험이 있는데 연간 만 건 중 한 건의 화재가 천만 원의 손해를 입힌다고 하자. 보험회사가 한 건당 2천원의 보험료를 받으면 총 2천만 원의 매출을 올린다. 당초 예상대로 이 중 한 건의 화재가 발생하면 천만원을 보상하고 남은 천만원은 보험회사의 수익이다. 그런데 한 건당 손해의 기대치는 천 원(천만 원 $\times \dfrac{1}{10,000} = 1,000$원)이 된다. 그런데도 2천 원을 내고 보험을 가입한다. 이는 무엇을 의미하는가? 가입자입장에서 일단 보험에 들면 2천 원이라는 확정적이면서 낮은 금

---

47) 기대값은 확률공식에 의해 각각의 예상되는 경우의 수에 확률을 곱하면 되는데 기대치가 0이 나오는 내기 또는 도박 등을 이론적으로 공정한 도박이라고 한다. 흔히 카지노에서 하는 룰렛게임 등은 공정한 도박이 아니다. 승률 자체에 대한 기대값이 카지노에 유리하도록 애초부터 설계되었기 때문이다.

액을 잃을 뿐이지만, 화재로 인한 손실의 변동을 겪지 않아도 된다. 만약 보험가입을 안했다면 화재를 당하지 않았을 때 지출이 아예 없을 가능성도 크지만, 화재를 당했을 때는 천만 원이라는 큰 손실을 감당해야 한다. 그럴 가능성도 무시할 수 없거니와 보험 없이는 계속 그런 변동성에 노출되어야 한다. 즉 보험가입자들은 변동을 좋아하는 도박꾼들과 반대로 변동을 싫어하기 때문에 기대치로 보면 손해를 보는 게임을 스스로 감행하는 것이다. 이런 성향을 리스크 회피적(risk averse)이라 한다. 보험은 금융세상에서 변동을 싫어하는 성질을 역으로 이용해 돈을 버는 유일한 제도이며, 대수의 법칙[48]을 이용하여 개인의 불확실성을 집단의 확실성으로 변경시킨다. 그러니 사회공공성이 강하다. 따라서 누구나 보험사업을 못하도록 정부감독 당국의 규제가 타 산업에 비하여 심한 편이다. 한편, 경마처럼 사행성게임에 참여하거나 또는 참여하지 않거나 아무런 차이를 못 느끼는 사람들도 있다. 이런 성향을 게임 참여나 불 참여에 대해 '무차별적'이라고 하며 이런 성향을 리스크 중립형(risk neutral)이라고 한다.

일상생활에서 어떠한 리스크에 노출되어 아무리 다양하게 반응하더라도 기본적으로 앞의 세 가지 유형, 즉 리스크선호형, 리스크회피형, 리스크중립형 중 하나에 속하는데 현실적으로는 세 가지 유형이 적절히 혼합되어 나타난다. 특히 금융투자 환경에서는 어떤 투자에서는 리스크회피형이지만 다른 투자에서는 리스크선호형으로 바

---

48) 대수의 법칙은 위험 발생확률을 측정하고 수치화를 가능하게 해주며 과거의 경험치를 미래의 발생확률로 간주하게 해주는 가장 기본적인 보험의 기술적·수리적 원리이다. 한편, 확률적 정의는 다음과 같다. 대수의 법칙이란 독립적으로 발생하는 사건에 대하여 관찰횟수를 대량적으로 발생시키는 확률은 일정한 값에 가까워진다는 법칙으로 통계적 의미는 '어떤 사상이 일어날 확률을 P라고 할 때 n회 시행 중 그 사상이 일어난 횟수를 r회라고 한다면 n을 크게 할수록 r/n은 P에 접근한다'이다

꿔는 경우가 빈번하다. 그런데 이런 행위를 모순이라고 보기는 어렵다. 개개인이 직면하는 당시 재무적인 상황과 심리적 상황에 따라 느끼는 리스크 정도가 수시로 바뀌기 때문이다.

리스크를 받아들이는 성향은 개개인의 투자의사결정에 결정적인 영향을 미친다. 특히, 요즘같이 다양하고 복잡한 금융투자상품이 출시되면서 투자에 따른 리스크를 어떻게 판단하느냐가 투자결정의 중요한 요소로 자리 잡았다. 그래서인지 요즘 들어 펀드매니저는 우선적으로 자기 고객의 리스크성향을 제대로 파악하려고 노력한다. 그러나 리스크 성향은 단순히 몇 가지 체크리스트(check list)로 파악할 수는 없다. 리스크 성향은 투자과정에서 일순간에 나타나는 심리적인 요인에 따라서 수시로 바뀔 수 있기 때문이다.

투자자의 리스크에 처한 진정한 태도를 파악하여 리스크 감수능력을 보다 확실하게 검증하는 방법이 있어 소개하고자 한다. 그것은 풍선을 부는 것인데 이 실험은 메릴랜드대학의 심리학자 칼 레후에즈(Carl Lejuez)가 개발했으며 행동적인 리스크 감수능력의 측정방법으로 그 실효성을 인정받았다. 실험은 다음과 같이 진행된다. 참가자는 바람 빠진 풍선이 나오는 컴퓨터 화면 앞에 앉는다. 화면에 나오는 펌프를 클릭하면 조금씩 풍선에 바람이 찬다. 풍선을 터트리지 않고 한번 클릭할 때마다 참가자는 동전 하나를 받는다. 만약 풍선이 터지면 그동안 받았던 동전 모두를 잃게 된다. 실험결과 64회 정도 클릭하고 나면 풍선이 터질 가능성이 본격적으로 나타나고, 이후 128회를 클릭하면 확실히 터진다는 것을 알 수 있었다. 실험에서 풍선은 연속적으로 커지는 리스크를 의미한다. 너무 많은 리스크를 감수하면 모든 것을 잃을 수도 있다. 반대로 리스크를 전혀 감수하지 않으면 풍선은 바람 빠진 채 그대로 있을 것이다. 실험이 주는 시사점은 적정한 리스크를 받아들이는 행동은 나쁘지 않다는 것이다.

리스크 성향을 이용한 거래는 사행성게임뿐만 아니라 일상생활에서도 나타난다. 직장인들이 받은 급여는 대부분 월정액이다. 반면, 회사수익은 매번 변한다. 그럼에도 많은 직원들이 고정급여를 선택하는 것은 무슨 이유일까? 이는 근로자와 경영자의 변동에 대한 시각차이 때문이다. 만약 근로자에게 각각 50%의 확률로 1,000만 원, 또는 0원의 급여를 받을 것인가, 아니면 400만 원의 고정급여를 받을 것인가를 고르라면 대다수 근로자는 고정급여를 선택할 것이다. 확률의 기대값은 500만 원(천만 원×50%＋0원×50%＝500만 원)으로 고정급여보다는 높지만, 근로자는 변동을 싫어하기 때문에 400만 원을 선택한다. 반면, 경영자는 근로자보다 다소 변동에 유연해서 이익의 변동을 이미 각오한다. 그러면 위의 선택에서 평균적인 차액인 100만 원은 경영자의 주머니로 들어가게 된다. 즉, 이익이 하락할지도 모르는 걱정을 미리 감수하는 대신, 이익이 좋을 때의 성과는 경영자의 몫이 된다. 이런 현상을 사회적으로 확대해 보면 보유자산이 많고 적음에 따라서도 극명하게 드러난다. 대체로 근로자를 포함한 사회적인 약자는 축적된 자산이 많지 않기 때문에 앞으로 수입의 변동이 생기면 그 이후 생활하기가 엄청 어려워진다. 당연히 이런 사태를 피하고자 애를 쓴다. 그에 비해 경영자를 포함한 자산가는 수입변동에 대응할 수 있는 능력이 있기 때문에 변동에 느긋하거나 오히려 이를 이용한다. 그러니 늘 경제적인 우위를 점할 수밖에 없다.

한편, 리스크 성향에 관한 차이를 이용한 상행위는 오래전부터 거래되었는데 1900년대 금융분야에서도 이를 활용하면서 눈에 띄게 발전했다. 선물거래가 대표적이다. 선물거래를 쉽게 이해할 수 있는 흔한 예가 바로 '배추의 밭떼기'이다. 농부는 배추 출하시점까지 기후를 비롯하여 예기치 못한 상황에 노출되어 늘 불안하다. 한 해 농사가 무사히 마무리될 때까지 노심초사할 수밖에 없는 상황을 가능하면 피하고 싶은 심정이다. 그래서 출하시점의 만기에 예상되는 배추가격보다 다소 낮더라도 이를 사고자 하는 유통업자가 나타나면 계약을 맺고 싶어 한다. 이는 배추의 생산량이나 가격의 변동이 싫기 때문에 미리 판매량이나 가격을 확정해 둘 수 있다면 다소 수입이 적어지더라도 상관하지 않겠다는 리스크 회피적인 경제행동이다. 반대로 매수자인 유통업자는 배추가격의 낮아진 것을 겨냥해 만기 이후에 나타나는 배추가격의 변동을 기꺼이 감수한다. 이런 행위는 '변동을 싫어하는 사람'이 '변동을 어느 정도 좋아하는 사람'에게 돈을 내고 리스크를 떠안기는 거래이다. 이것이 선물거래의 전형이며, 이를 발전시킨 것이 오늘날의 금융파생상품[49]이다.

금융세상에는 변동을 두려워하거나 싫어하는 성향을 지닌 사람들이 의외로 많다. 이들은 얼마간의 출혈이 있어도 변동을 없애고 확정적으로 살기를 원한다. 한편, 상대적으로 변동을 싫어하지 않거나, 오히려 변동을 이용하여 돈을 벌려는 사람들도 있다. 바로 투기꾼이다. 이들은 변동을 감수하는 대신 확정을 건네주는 사람들로 금융파생 시장에서는 없어서는 안 될 사람들이다. 이를 정형화한 것이 바로 금융파생상품이다. 여기서 중요한 것은 리스크가 매매될 뿐이지 없어지지는 않는다는 것이다. 즉, 리스크가 돈을 낸 쪽에서 돈을 받는 쪽으로 옮겨갈 뿐이다. 사회 전체로 보면 리스크가 장소만 바뀐 채 그대로 존재한 것이지 결코 사라진 것이 아니다. 지금과 같은 글로벌 세상에서는 내가 어떤 금융상품에 투자할 때 누구의 리스크를

---

49) 금융파생상품에 관한 내용은 본서 〈별첨 3〉에 자세히 기술하였다.

떠안는 상품에 투자했는지 모른다. 금융파생상품의 치명적인 맹점이 바로 '알지 못하는 사이에 리스크를 떠안을 수 있다'는 것이다. 미국의 서브프라임 모기지사태가 전 세계에 영향을 미친 것은 바로 이 금융파생상품 때문이었다. 실로 무서운 금융세상이 도래된 것이다. 정신을 차리지 않으면 세상에 돌고 도는 리스크를 자기도 모르게 떠안을 가능성이 아주 농후하다. 대체로 못 사는 서민들만 그런 피해를 당했던 역사를 돌이켜보면, 금융파생상품의 유익함을 마냥 받아들일 수만은 없다.

〈별첨 1〉 펀드(집합투자상품)

1. 펀드의 역사

역사에 기록된 최초의 펀드는 지금부터 500여 년 전 콜럼버스의 신대륙탐험펀드를 꼽는다. 당시 스페인의 이사벨라(Isabella) 여왕은 스페인을 통일한 후 엄청난 자금이 필요했다. 그녀는 신대륙에 가면 금이 많다는 소문을 듣고 수익금을 투자한 돈의 비율에 따라 나눠 갖는다는 조건으로 자신과 부호, 상인들의 돈을 모아 투자했다. 요즘으로 치면 일종의 사모펀드였던 셈이다.

일반 대중을 대상으로 하는 최초의 근대적인 펀드는 1774년 네덜란드에서 탄생했다. 암스테르담 상인인 아브라함 반 케트워치는 '엔드라그트 마크트 마그트(Eendragt Maakt Magt)'라는 증서를 만들어 동료 상인과 여윳돈이 있는 사람들에게 팔았고, 동 증서는 반 케트워치의 신용에 힘입어 자유롭게 거래됐다고 한다. 네덜란드에서 생겨난 펀드는 1868년 영국으로 전래되어 대중화되기 시작했다. 이 때문에 펀드의 원조가 영국이라고도 한다. 당시 영국은 산업혁명이후 축적된 자본을 유럽대륙과 미국, 독일 등 해외에 투자할 수단으로 '외국 및 식민지정부 투자신탁(Foreign and Colonial Government Trust)'

이라는 펀드를 고안했다. 이를 계기로 영국에서는 해외사업에 투자하는 펀드들이 잇따라 생겨났다.

영국에서 대중화된 펀드는 1921년 미국으로 건너가 선풍적인 인기를 끌었다. 1차 세계대전 이후 세계경제의 패권이 영국에서 미국으로 넘어가면서 미국증시가 폭등하기 시작했고, 펀드는 막대한 자금을 증시로 끌어 들이는 통로가 됐다. JP모건(Morgan)과 골드만삭스(Goldman-Sachs) 등 투자은행들은 자산운용사를 설립하여 펀드판매에 주력하였다. 그러나 1920년대 증시호황에 힘입어 인기를 끌었던 펀드는 1929년 10월 24일 뉴욕증시의 '검은 목요일'로 시작된 증시폭락과 대공황으로 투자자들에게 엄청난 손실을 안겨주며 도산했다. 당시 루스벨트행정부는 펀드가 주가조작 등의 불법행위를 일삼으며 주식시장에 거품을 조장하는 데 한몫했다고 판단, 1940년 투자회사법(Investment Company Act)을 제정하여 펀드를 본격적으로 개혁하였다. 투자자들이 원하면 언제든지 환매할 수 있고, 개별펀드를 독립적인 회사시스템으로 바꿔 투명성을 강화하는 등 오늘날 현대적인 뮤추얼펀드의 기초를 세웠다. 나아가 1970년대 이후 자본시장의 확대에 따라 펀드는 거대화되었을 뿐만 아니라 그 종류도 다양해져 세계 각국으로 보급되었다.

2. 펀드투자 시 리스크 체크포인트

1) 과거수익률 체크

펀드설립 후 총수익률, 연평균수익률, 최근 1년간 수익률, 최근 3개월간 수익률 등 다양한 과거실적 자료가 제시된다. 이 중 고객의

기대수익률에 부합하는 연평균수익률이 가장 중요하며 이의 측정기
간이 길면 길수록 신뢰할 수 있다.

2) 변동성 체크

변동성이란 연평균 수익률에서 벗어나는 정도를 나타내며, 흔히
표준편차(σ), 리스크 등으로 표현한다. 이는 과거수익률에서 연평균
수익률이 매년 얼마나 고르게 나왔느냐는 것이다.

3) 벤치마크(bench mark) 초과수익률 체크

이는 특정펀드의 일정기간 운용수익률을 액면 그대로 평가하는
것이 아니라 비교기준을 설정하여 운용수익률을 상대적으로 비교하
는 것이다. 예를 들어 A펀드의 과거 6개월 수익률이 -10%, 같은
기간 코스피(KOSPI)지수 수익률이 -20%라 하자. 이럴 경우 A펀드
가 코스피보다 상대적으로 10% 정도 운용을 잘했으며 벤치마크 초
과수익률이 우수하다고 한다. 따라서 벤치마크 초과수익률이 우수한
펀드를 고른다면 해당 리스크를 최소화하면서 적정 투자수익률을
기대할 수 있다.

4) 시장지수와 민감도(베타) 체크

베타(β)는 펀드수익률을 지수상승률로 나눈 값이다. 예를 들어, 펀
드수익률이 12%이고 주가지수는 10% 상승했다면 베타는 1.2이다.
반대로 펀드수익률이 8% 하락했는데 주가는 10% 떨어졌다면 베타
는 0.8이다. 통상 베타가 1 이하이면 주가지수보다 수익률 변동이
적다는 것이고, 1 이상이면 주가지수보다 수익률변동이 크다는 의미
이다. 일반적으로 베타계수 > 1이면 공격적 형태, 베타계수 < 1이

면 방어적 형태이다.

3. 펀드투자 성과평가

펀드투자의 운용성과를 평가하는 가장 대표적인 지표는 샤프비율(Sp: Sharpe Ratio)이다. 이는 투자수익률대비 변동성비율을 의미하며, 투자기간에 위험의 1단위당 무위험이자율을 초과달성한 포트폴리오수익률을 나타낸다. 또한 위험 1단위당 어느 정도의 보상을 받았는가 하는 위험보상률을 의미한다. 샤프지수가 높을수록 위험을 감안한 투자성과가 좋았음을 의미한다. 따라서 샤프지수가 크면 클수록 우수하다. 계산식은 다음과 같다.

$$S_p = \frac{R_p - R_f}{\sigma_p} = \frac{포트폴리오평균수익률 - 무위험평균이자율}{포트폴리오수익률의표준편차}$$

예를 들어 다음과 같은 세 종류의 펀드가 있다고 하자. 리스크를 고려하지 않으면 E펀드가 17% 수익률로 가장 우수하다. 그러나 리스크를 고려한 샤프비율을 계산해 보면 F펀드가 0.5로 가장 높다. 따라서 F펀드를 선택하는 것이 유리하다고 볼 수 있다.

펀드성과평가

Fund	연평균 수익률	표준편차	샤프비율
D	13 %	18 %	0.278
E	17 %	25 %	0.360
F	15 %	14 %	0.500

단. 무위험수익률 8%

4. 적립식펀드

적립식펀드는 은행의 정기적금처럼 매월 적립된 일정액을 주식이나 채권에 투자해 운용실적에 따라 투자수익을 얻는 수익증권으로 여타 금융상품에 비하여 장점이 많다. 첫째, 매수시점 분산을 통해 타이밍 실수를 최소화시킴으로써 시장지수에 상관없이 언제라도 투자를 시작할 수 있다. 따라서 적립식펀드는 가격변동성이 큰 고위험/고수익 자산에 장기간 투자하는 데 적합하다. 둘째, 분산투자, 장기투자, 적립투자 등 합리적인 주식투자 원칙을 적용하여 투자에 따르는 변동성을 줄이고 보다 안정적인 수익을 추구하는 투자방식이다. 셋째, 장기적으로 투자할수록 더욱 유리하므로 노후자금마련 등 장기적인 자산증식에 적합하다. 마지막으로 금액크기에 관계없이 투자할 수 있다. 반면, 적립식펀드의 단점은 장기투자라는 것이다. 최소 5년 이상 가입해야 유리하며, 중도에 환매하면 이익금의 대부분을 환매수수료로 지불해야 한다. 한편, 적립식펀드는 자금납입방법에 따라 정액적립식과 자유적립식으로 나뉘며, 주로 주식형, 채권형, 혼합형으로 구분된다. 주식형은 투자재산의 60% 이상이 주식으로 운용되는 경우이다. 또한 혼합형 중 주식비중이 50%이상이면 주식혼합형이라 한다.

적립식펀드가 인기를 끈 이유는 매입단가 평준화효과(cost averaging effect) 때문이다. 이는 기간마다 일정금액을 투자할 경우 주가의 상승과 하락에도 불구하고 평균 매입단가는 평준화된다는 의미이다. 다음 표는 어느 특정종목의 주가가 1월에 1,000원, 2월에 1,500원, 3월에 1,000원, 4월에 500원으로 변동하였다고 가정하고 이 종목을 매월 100주씩 매입한 경우와 매월 100,000원씩을 투자한 경우의 평균 매입단가를 비교한 것이다. 결과는 4개월 동안 A와 B에 동일하게 400,000원을 투자하였으나 A는 1주당 1,000원, B는 1주당 857원의 매입단가를 보여 B가 143원의 절감효과를 가져왔다. 그 결과 매입단가 평준화효과로 인해 5월에 주가가 다시 1000으로 회복한다면 A는 수익률이 0%지만, B는 16.5%의 수익이 발생한다.

매입단가 평준화 효과

월	기준가격 (1주당)	동일 수량 매입 시(A)		동일 금액 매입 시(B)	
		매입 주식 수	매입 금액	매입 금액	매입 주식 수
1월	1,000원	100주	100,000원	100,000원	100주
2월	1,500원	100주	150,000원	100,000원	66.6주
3월	1,000원	100주	100,000원	100,000원	100주
4월	500원	100주	50,000원	100,000원	200주
합계		400주	400,000원	400,000원	466주
평균매입단가(1주당)		1,000원		857원	
5월	1,000원	매도 시 수익률 0%		매도 시 수익률16.5%	

〈별첨 2〉 인덱스펀드/상장지수펀드/ 주식연계증권

1. 인덱스펀드

이는 사전에 정해진 규칙에 따라서 운용되는 펀드로 운용목표가 비교지수인 인덱스수익률과 유사한 수익률을 실현하는 데 있으며, 대표적인 상품유형은 KOSPI 200 등 주가지수를 추적하는 주식인덱스 펀드, 곡물과 금속 등 실물자산 선물지수를 추적하는 실물자산(commodity)인덱스 펀드, 채권인덱스를 추적하는 채권인덱스 펀드 등이 있다. 또한 한 번에 여러 종류의 주식을 대량으로 매매하기 때문에 시장가격에 영향을 줄 수 있으며, 이의 효율적인 구성을 위해 전산프로그램을 이용하여 거래를 한다. 한편, 시장수익률과 인덱스펀드수익률이 일정규모 이상의 괴리가 발생하면 이 펀드를 재구성토록 자동 설계되어 있다. 이의 장점은 종목을 일일이 개별적으로 분석하지 않고도 시장수익률을 확보할 수 있다는 점과 운용이 투명하다는 점, 지수대비 수익이 낮을 가능성이 적다는 점 등이다. 우리나라의 경우 대부분 KOSPI 200지수 대비 추가수익률을 목표로 하는 액티브(active)펀드이며, 수수료는 순수 패시브(passive)펀드보다는 높으며, 일반 주식형펀드보다는 낮다. 액티브펀드는 시장전망에 따른 탄력적인 자산배분, 종목선택 등 적극적인 운용전략을 통해 수익을 창출하는 전략을 채택하고 보통 인덱스펀드 대비 초과수익을 추구하는 펀드를 말한다. 한편 패시브펀드는 사전에 정하여진 규칙에 따라서 운용되는 상품으로 소극적인 전략을 구사하며, 운용목표가 비교지수인 Index의 수익률과 유사한 수익률을 실현하는 데 있으며, 대표적인 상품유형은 인덱스펀드, 투자자산의 만기와 펀드의 만기를 일치시켜 금리변동리스크를 축소한 채권매칭펀드가 있다.

2. 상장지수펀드(ETF)

이는 특정지수를 추적하는 개방형 인덱스펀드를 거래소에 상장시켜 주식처럼 거래하는 일종의 인덱스펀드로 1993년 미국에서 최초로 도입되었다. 상장지수펀드는 기본적으로 유가증권지수의 추적을 목표로 하는 인덱스펀드의 일종이지만 전통적인 인덱스펀드의 단점을 보완한 특수한 형태의 인덱스펀드라고 할 수 있다.

우리나라는 2002년에 거래소에 상장돼 주식과 같이 거래되는 상장지수투자신탁 제도가 도입되었다. 2002년 10월 삼성투신과 우리자산운용에서 KOSPI 200을 추종하도록 한 ETF를 만들고 이후 KOSPI 50, KRX(Korea Exchange) 섹터지수 등 거래소에서 공시하는 다양한 지수를 추종하는 ETF가 설정됐다. 2009년 7월 국고채 지수를 추종하는 ETF 상장에 이어, 2009년 9월 최초로 지수의 상승률과 상반되는 수익률을 보이는 KODEX 인버스(inverse)가 상장되었다. 한편, 2009년 2월 시행된 자본시장법으로 신종 ETF를 개발할 수 있는 법적 요건이 마련됐는데, 이로 인해 KOSPI200 레버리지(leverage) ETF, 통화

(currency), 상품(commodity) ETF 등 신종 ETF가 활발히 설정되었다.

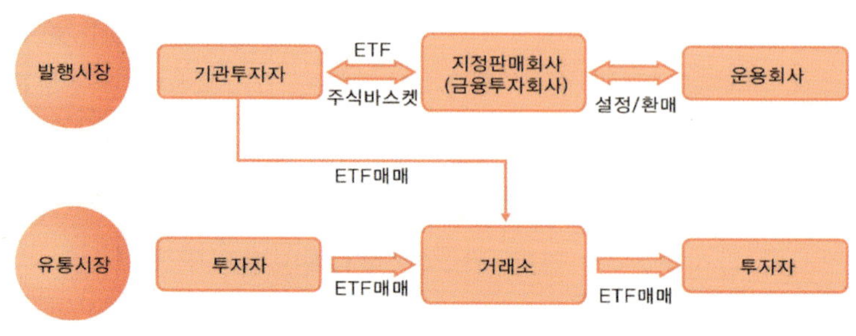

출처: 치명준・정무건(2009), p.318

ETF시장의 구조

주식형펀드가 투자시점부터 일정기간의 환매제한을 두어 일정기간이 경과하기 전에 환매할 경우 환매수수료를 부담해야 하지만 상장지수펀드의 경우 환매수수료 없이 중도에 투자자금을 회수할 수 있다는 장점을 통해서 높은 유동성을 확보해야할 자금을 투자하는데 적절하게 이용된다. 또한 실시간으로 조회와 매매가 가능하며, 펀드의 실제가치인 순자산가치 역시 실시간으로 확인해서 보다 유리한 가격으로 매매가 가능하며, 일반적인 주식과 달리 상장지수펀드를 매도할 경우 증권거래세가 면제된다. 그리고 일반적인 성장형펀드나 인덱스펀드에 비해 신탁보수가 낮아 실제로 투자자가 부담해야할 펀드비용이 낮다. 동 펀드는 펀드 단 한주를 매입하더라도 상장지수펀드 추적지수의 모든 종목을 매입하는 것과 같은 효과를 얻을 수 있으며 유통시장과 발행시장이 구분되어 있으므로 상장지수펀드의 유동성은 일반적인 주식의 거래량보다 풍부하다. 따라서 유동성의 문제로 쉽게 적립식펀드에 투자하지 못하는 경우 상장지수펀드에 매월 일정액을 투자하면 적립식펀드에 투자하는 동일한 효과를 얻을 수도 있으며 유동성도 확보할 수 있다.

ETF와 인덱스펀드의 비교

구분	ETF	인덱스펀드
장단점	직접투자 시 투자자에게 좀 더 안전한 투자 방법이나, 시장가격과 괴리가 발생했을 때 환금성이 떨어진다.	단일펀드를 통한 분산투자를 극대화할 수 있으나, 약세장에서 수익률을 방어하기가 어렵다.
환매	주식처럼 거래	3영업일 기준가로 4영업일에 환매
배당금	실물증권으로 배당	운용수익의 분배 또는 배당을 통하여 좌수에 반영됨
비용	저렴함	일반적인 펀드에 비해 저렴하나 ETF보다는 높음

3. 주식연계증권(ELS)

이는 개별주식의 가격이나 주가지수에 연동하여 수익률이 결정되는 상품으로 투자원금 중 일부는 우량채권 등 안전자산에 투자하여 만기에 투자원금 상환에 충당하고, 일부는 옵션복제 재원으로 사용하여 수익을 추구하는 파생결합증권이다. 그리고 동 상품은 판매하는 기관에 따라 다른 이름을 사용하고 있다. 은행은 정기예금 상품에 주가를 연계해서 ELD(Equity Linked Deposit)라고 하고, 금융투자회사는 펀드형식으로 판매하면 ELF(Equity Linked Fund), 보험회사는 연금형태로 판매하면 ELA(Equity Linked Annuity)라 한다. 도입초기에는 주가지수를 기초자산으로 한 원금보존형 상품이 대부분이었으나 최근에는 보다 높은 수익을 추구하기 위하여 원금비보존형 및 개별종목을 기초자산으로 하는 상품이 주류를 이루고 있다. 한편,

상품의 구조에 내재된 조건이 시장조건에 일치하면 만기이전에 조기에 상환(Knock-Out)되기도 한다. 이의 장점으로는 다양한 투자성향을 충족시키고, 일정 수익을 달성하면 확정 지급된다는 점, 설계에 따라 주가가 하락해도 수익을 얻을 수 있다는 점이고, 단점으로는 환매 등 유동성에 제약을 받으며, 필요시 원금도 까먹을 수 있다는 점, 수익구조가 복잡하다는 점 등이다.

ELS, ELF, ELD의 비교

구분	ELS	ELF	ELD
발행기관	금융투자회사	금융투자회사	은행
판매기관	금융투자회사	금융투자회사, 은행	은행
투자방법	유가증권청약	수익증권 매입	정기예금가입
원금보장	원금보장/비보장	보존추구/비보존	보장
소득과세	배당소득	배당/이자소득	이자소득
특징	고수익과 다양한 상품구조 가능	운용결과에 따른 성과배분	보수적인 운용

출처: 차명준·정무권(2009), p.324

ELS 상품은 대부분 Knock-Out 형, Bull Spread 형, Digital 형 및 Reverse Convertible 형 등으로 조립된다. Knock-Out 형은 주가지수가 하락할 경우에는 원금의 일정비율을 보장받고, 주가지수가 상승할 경우에는 일정수준에 이를 때까지 주가지수상승률에 비례하여 소정의 참가율[50]을 받고 주가지수가 그 수준을 상회하면 계약관계를 종료하고 저리의 고정이자를 지급하는 구조이다. Bull Spread 형은 주가지수가 하락하면 원금만 보장되고 주가지수가 상승하면 일정수준까지는 주가지수 상승률에 비례하여 참가율을 받고 일정 수준

---

50) 이는 주가 또는 주가지수 상승 시 투자자가 받는 자본이득의 비율을 말한다.

이상 상승하면 고정수익률을 받는 구조이다. 동 상품은 일정기간 사전 약정가격 범위 내, 즉 최초가격과 전환가격 사이에서 지수에 비례하여 수익을 지급하고 동 범위 밖에서는 최소값과 최대값이 정해져 있다. Digital 형은 특정지표에 연계하여 수익을 비연속적으로 지급하는 형태인데 Digital Call Option 형과 Digital Put Option 형으로 나뉜다. 전자는 주가지수가 상승할 경우에는 상승률과 관계없이 고정된 수익을 받고 주가지수가 하락하면 원금만 보장받는 구조이고, 후자는 그 반대이다. 즉, 주가지수가 하락하면 하락률에 관계없이 고정된 수익을 받고 주가지수가 상승할 경우에는 원금을 보장받는 구조이다. Reverse Convertible 형은 가격이 사전에 정한 전환가격 이하로만 하락하지 않으면 최대수익을 지급하는 형태로 가격이 전환가격 이하로 하락하더라도 일정부분 지수에 비례하여 수익을 지급하는 구조이다.

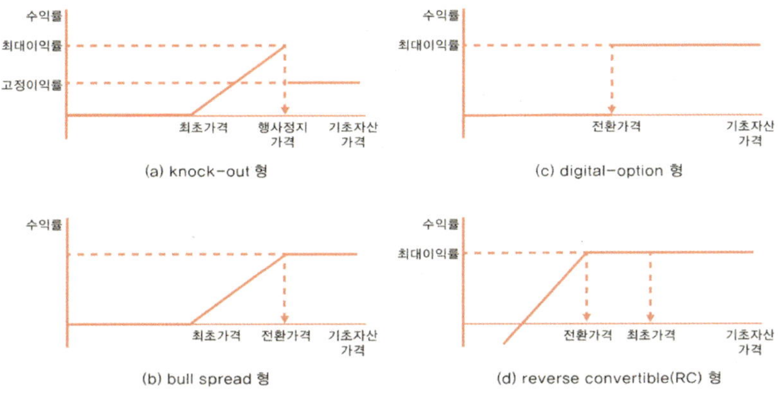

출처: 김석동·강병호(2009), p.285

주식연계증권 수익구조

〈별첨 3〉 파생상품(derivatives)

1. 파생상품의 개요

파생상품은 실물자산(농산물, 비철금속, 귀금속, 에너지 등), 금융자산(통화, 주식, 채권 등)과 같은 여러 기초자산(underlying asset)의 미래가격을 현재시점에서 결정한 후 미리 정해진 조건에 따라 계약이 이루어지는 상품이다. 이중 금융자산만을 기초자산으로 하면 파생금융상품(financial derivatives)이 된다. 파생상품은 본거래에서 파생된 거래라는 의미로, 원래 본거래에 내재된 리스크를 줄이기 위해 도입되었다.

예를 들어 원자재로 구리를 계속 사들여야 하는 전선 제조회사가 있다고 하자. 이 회사는 구리가 주원료인 제품을 만들기 때문에 구리가격의 변동에 따라 원가도 변동된다. 만약 회사가 구리가격의 오르내림에 따라 고객에게 받는 제품가격을 마음대로 조정할 수 있으면 구리가격이 변동되더라도 회사가 손실을 볼 위험은 없다. 그러나 현실적으로 구리가격 변동에 따른 원가 변동을 제품가격에 바로 반영시키지 못하는 경우가 대부분이다. 따라서 구리가격이 오르면 회사는 이익이 줄거나 손해를 보게 되며, 반대로 구리가격이 떨어지면

이익이 늘어난다. 다행히 이익이 늘어나면 좋지만 이익이 줄거나 손
해를 보는 경우에 회사에 치명적일 수 있다. 이를 피하기 위해 회사
는 구리납품 회사와 미래의 일정기간 동안 구리가격을 미리 확정한
계약을 맺고 싶어 한다. 한편, 구리납품 회사 측에서는 전선제조회
사와는 반대되는 상황의 위험에 직면케 된다. 즉, 구리가격이 오르
면 이익을 보고 구리가격이 떨어지면 손해를 보게 된다. 이런 상황
에서 일정기간 정해진 가격의 납품계약이 성사되면 양측 모두 구리
가격 변화에 상관없이 일정한 이익을 유지할 수 있게 된다. 전선제
조 회사입장에서는 갑자기 오른 구리가격으로 인해 원가가 급격히
올라 치명적 손실을 입게 될 가능성을 없애고, 구리납품 회사입장에
서는 갑자기 구리가격이 떨어져 발생할 손실가능성을 없앨 수 있다.
이 사례처럼 전선제조회사와 구리납품회사가 서로의 치명적 손실을
줄이고자 정해진 조건으로 장기계약을 미리 할 수 있다면 가격변동
의 위험을 줄일 수 있다. 그러나 양측의 조건이 맞지 않아 어느 한쪽
에서라도 장기계약에 동의하지 않으면 가격변동의 위험은 사라지지
않는다. 이렇게 당사자 간 장기계약이 성립되지 않을 경우에는 제3
의 기관이 개입해 가격 변동의 위험을 떠안고 그 대가로 수수료를
받는 금융수익모델이 생겨났다. 이렇게 본 계약의 위험을 떠안고 그
대가를 받는 상품을 파생상품이라 한다.[51] 따라서 파생상품은 다른
금융상품에 비하여 위험하다. 또한 파생금융거래는 거래상대방의 채
무불이행 위험이 높고, 거래구조가 복잡하여 투기적 거래에 대한 내
부통제가 이루어 지지 않을 경우, 대형기관이라도 쉽게 재무적 어려
움에 처할 가능성이 높다.

---

51) 최운화(2009), 『거대한 착각』, pp.109−111 인용 · 정리

한편, 파생거래는 기초자산에 바로 투자하는 것보다 간편하며, 소액의 증거금 또는 프리미엄만으로 거래가 가능하기 때문에 수익과 손실 변동폭이 아주 높다. 가격 1포인트당 50만 원인 주가지수선물의 예를 들어보자. 만일 어떤 투자자가 선물가격 100포인트일 때 주가지수선물 1계약에 매수포지션을 취하였다면 그는 100 × 50만 원 = 5,000만 원에 해당하는 포지션을 취한 셈이다. 이를 액면금액이라 한다. 그러나 투자자는 이 돈의 15%만 초기증거금으로 납부하면 주문을 내고 포지션을 취할 수 있다. 즉, 5,000만원 거래를 하는데 15% × 5,000만 원 = 750만 원만 있으면 된다. 따라서 5,000만 원 기준으로 10% 수익, 즉 500만 원의 수익이 발생하면 이 투자자는 사실상 $\frac{500만\ 원}{750만\ 원} \times 100 = 66\%$ 의 수익을 올린 것이다. 반대로 −10% 손실이 발생하면 역으로 −66% 손실이 발생한다. 이를 레버리지 효과라고 한다.

또한 옵션거래는 초기증거금 없이 권리금[52]만 납부하면 되므로 선물거래보다 더 소액으로 해당포지션을 취할 수 있다. 따라서 레버리지 효과가 선물거래보다 훨씬 크다. 파생상품은 여러 계약형태를 이용하여 기초자산만으로 불가능한 다양한 포트폴리오를 구성할 수 있으며, 고수익형 투자자 또는 안정적인 투자자 등 투자자별로 원하는 욕구를 충족시켜준다.

---

52) 보통 해당 기초자산의 변동성만큼 계산한다.

2. 파생상품의 가격결정[53]

　파생상품은 남의 위험을 떠안고 그에 대한 대가를 받는 상품이기 때문에 위험가능성에 대한 정확한 예측이 관건이다. 예측을 잘못해서 위험부담에 대한 보상을 제대로 받지 못할 경우 파생상품회사의 손실로 연결되며, 이런 계약이 많을 경우 부도나기까지 한다. 다시 전선제조회사의 예로 돌아가 보자. 현재 회사의 생산원가상 구리가격이 1톤에 1,000달러로 설정되었고, 1톤의 구리로 전선을 만들면 1,100달러의 가격으로 판매할 수 있다. 회사가 한 달에 1만 톤의 구리로 전선을 만들어 판매한다고 하면 회사는 한 달에 1,100만 달러의 매출을 올리고 구리 구입대가로 1,000만 달러를 지급해서 100만 달러의 이익을 얻는다. 그런데 어느 달에 구리가격이 1톤당 1,200달러로 오르면 생산원가에서 구리가 차지하는 금액이 1,000만 달러에서 1,200만 달러로 올라 100만 달러의 손실이 발생한다. 회사는 내부비용을 감안할 때 구리가격이 올라도 견딜 수 있는 한계수준이 있다. 예를 들어 구리가격이 1,100달러 이상이면 회사가 심각해진다고 해보자. 그러면 회사는 구리가격이 1,100달러 이상 오르더라도 1,100달러에 구리를 살 수 있는 계약을 맺고 싶어 한다. 이때 그러한 파생상품을 파는 금융기관은 회사에 구리가격이 아무리 오르더라도 1,100달러에 구리를 살 수 있는 계약을 한다. 그러면 회사는 손실을 볼 위험을 제거할 수 있게 된다. 한편, 파생상품을 판매한 금융기관은 만약 구리가격이 1,100달러를 넘어가면 1,100달러 이상의 가격에 구리를 사서 회사에 1,100달러에 넘겨야 하는 손실의 위험을

---

53) 최운화(2009), 『거대한 착각』, pp.112-114 인용·정리

안게 된다. 따라서 금융기관은 이 위험에 대한 보상으로 회사에 수수료를 요구하는데 이를 리스크프리미엄(risk premium)이라 한다. 리스크프리미엄은 금융기관이 예상하는 구리가격 인상가능성, 즉 확률에 의해 정해진다. 만약 구리가격이 1,100달러를 넘어설 확률이 매우 높으면 파생상품을 판 금융기관의 위험이 높아지기 때문에 리스크프리미엄이 커지고, 반대로 확률이 낮으면 리스크프리미엄은 작아진다. 예를 들어 금융기관이 구리가격이 1,100달러를 넘어서 1,200달러가 될 가능성이 50%라고 가정했다고 하자. 전선제조회사가 1만톤에 대한 구리 가격을 1,100달러로 확정하는 파생상품계약을 한다고 하면 금융기관의 예상손실은 1,200달러에서 1,100달러를 뺀 100달러의 1만 배인 100만 달러가 된다. 그런데 1,200달러가 될 확률이 50%이므로 100만 달러의 50%인 50만 달러가 금융회사의 기대손실이다. 그러면 금융기관은 회사에 대해 50만 달러 이상의 리스크프리미엄을 수수료로 받고자 한다. 그렇지 않으면 계약이 성사되지 않는다.

3. 파생상품의 분류

가. 거래목적별 분류

1) 투기거래(speculation)

이는 파생금융상품 자체의 수요와 공급을 예측하여 수익을 실현시키고자 하는 거래로 일종의 방향성 맞추기 게임처럼 수익과 손실의 보상관계가 극명하게 드러난다. 투기거래자는 현물과 상관없이 파생금융시장에서 가격변동의 위험을 감수하면서 자기 책임하에 시세차익을 추구하는 사람으로 파생시장에서 이들의 존재와 역할은 매우 중요하다. 즉, 시장유동성을 제공하고 시장정보를 분석하면서 헤지의 위험을 인수하는 거래상대방 역할을 수행한다.

투기거래자에게 파생시장은 언제든지 반대매매를 통해 포지션을 청산할 수 있기 때문에 접근이 용이하다. 또한 현물시장에서 수반되는 각종 절차에 대하여 신경 쓸 필요가 없으며, 비교적 적은 자본(증거금)만으로 큰 거래를 할 수 있는 특성 때문에 상당히 매력적인 시장으로 인식된다. 투기거래자는 보유기간에 따라 초단기거래자(scalper), 일일거래자(day trader), 포지션거래자(position trader)로 구분한다.

2) 헤지거래(hedge)

이는 단기, 중기적으로 현물거래의 손실을 헤지하기 위한 파생금융 거래를 말한다. 예를 들어 현물시장의 포지션과 반대포지션을 선물시장에서 취함으로써 한쪽 시장의 가격변동을 다른 쪽 시장의 가격변동으로 상쇄시키는 거래이다. 이러한 거래가 성공적으로 되기 위해서는 양쪽 시장의 가격변동이 정확히 일치하여야 하는데 이론적인 선물가격과 실제가격과의 차이로 인하여 완벽한 헤징은 불가능하다. 이에 따라 선물가격의 결정요인, 현물과 선물가격의 상관관계 등 여러 가지 요인을 분석한 후 선물시장에서의 포지션 크기를 조정함으로써 최대한 헤징효과를 거두어야 한다.

헤지거래는 매도헤징과 매입헤징으로 나뉜다. 예를 들어보자. 수출업자는 현물시장에서 미래에 달러를 팔아야 하는, 즉 현재 달러를 가지고 있는 것과 동일한 매수포지션(long position) 상태이다. 이는 향후 달러가격이 내려가면 불리하게 작용하기 때문에 선물시장에서 매도포지션을 취하게 되는데 이를 매도(short)헤징이라 한다. 반면 수입업자는 달러채무를 가지고 있어 미래에 달러를 매입하여야 하

므로(이는 달러 현물매도포지션과 동일한 short포지션 상태임) 가격
상승에 대비 선물을 매입하게 되고 이를 매입(long)헤징이라 한다.

3) 차익거래(arbitrage)

일반적으로 선물을 이용한 헤징은 대부분 선물계약이 만기가 되기
전에 종료된다. 따라서 선물가격이 만기에는 물론 만기 이전에도 항
상 현물과 일정한 관계를 갖고 현물과 같은 방향으로 움직이는 것이
매우 중요하다. 실제 선물시장에서 선물가격이 항상 현물가격과 동떨
어지지 않고 움직이는 것은 시장에 차익거래자가 있기 때문이다.

차익거래는 현물과 선물가격간의 차이인 베이시스(basis)가 이론적
인 수준을 벗어날 경우 이의 가격차를 노린 거래를 말한다. 차익거
래자는 이러한 거래를 통하여 자본을 투입하지 않고 아무런 위험 없
이 이익을 챙길 수 있다. 이들은 현물과 선물시장에 동시에 참여하
면서 낮은 거래비용으로 거래를 하는 대규모 기관투자자들이 대부
분이다.

4) 스프레드거래(spread)

파생시장에서 단순히 향후 시장가격이 어떻게 변할 것인지에 투
자하는 것을 outright거래라고 한다. 파생시장에서는 outright거래를
하는 사람들도 많지만 그보다 파생가격 간의 관계에 관심을 가지고
동시에 서로 다른 두 계약을 사고파는 거래를 하는 투자자들이 있는
데 이런 거래를 스프레드거래라 한다. 이들의 관심사항은 향후 가격
수준보다는 파생가격 간의 관계이다.

예를 들어, 향후 금리가 어떻게 변할지에 대한 전망은 어렵지만

단기금리가 장기금리에 비하여 더 빨리 상승할 것이라고 믿는 투자자가 있다고 하자. 그는 선물시장에서 단기금리선물을 매도하고 동시에 장기금리선물을 매수한다. 실제로 미래에 이 투자자의 전망이 맞아 단기금리가 좀 더 상승하게 되면 상대적으로 단기금리선물의 가격이 더 많이 하락할 것이므로 단기금리선물의 이익이 장기금리선물의 손실을 보전하고도 남아 전체적으로 이익을 내게 된다. 스프레드 거래대상은 같은 상품의 계약월 간, 서로 다른 상품 간, 서로 다른 거래소에 상장되어 있는 상품 간 등 제한이 없다.

나. 거래유형별 분류

1) 선도거래(forward)

이는 특정상품을 미래의 일정시점에 미리 정한 가격으로 매매하기로 현재 시점에서 합법적으로 계약을 하고 그 일정시점에 매매가 완료되는 거래를 말한다. 이의 장점은 거래자의 필요에 따라 자유롭게 계약내용을 조정할 수 있고, 선물계약이 없을 경우 이를 대처하는 역할을 수행하며, 장외거래(Over The Counter; OTC, 알아서 자유롭게 마음대로) 시장이다.

2) 선물거래(future)

이는 표준화된 특정상품을 제도화된 시장에서 미래의 일정시점에 미리 정한 가격으로 매매하기로 현재 시점에서 합법적으로 약속하는 거래이며, 주가지수 선물, 개별주식 선물, 채권/금리선물, 통화선물, 상품선물 등이 있다. 동 거래는 선도거래와 대부분 유사하나 가장 큰 차이점은 장내거래로 거래상품이 표준화되어 있다는 것이다. 장내거래가 가능하기 때문에 선물거래는 결제일전에 가격변동이 본인에게 유리할 경우 반대매매에 의해 언제든지 청산이 가능하다. 선물거래자는 크게 위험회피거래자, 투기거래자, 차익거래자로 나뉜다. 한편, 선물거래는 다양한 시장참가자들의 공통된 예측을 집약함으로써 시장가격을 선도하고, 기회비용 절감과 현금흐름의 변형을 가능케 하여 자금흐름의 탄력성을 증대시키며, 투자자에게 새로운 투자수단을 제공하고 자산배분의 안정과 효율성을 증대시킨다. 다음 표는 상품과 금융으로 구분하여 선물거래를 정리한 것이다.

선물거래의 종류

상품선물	
농산물	밀, 옥수수, 대두, 면화, 설탕, 코코아, 커피 등
축산물	소, 돼지, 닭 등
임산물	목재, 합판 등
비철금속	구리, 알루미늄, 아연, 니켈 등
에너지	원유, 휘발유, 가스 등
귀금속	금, 은, 백금 등
금융선물	
주가지수선물	S&P 500, Nikkei 225, FT-SE 100, Hang Seng 등
금리선물	미국국채, 일본국채, 영국국채, 유로달러정기예금 등
통화선물	영국파운드화, 일본엔화, 독일마르크화, 캐나다달러화 등

출처: 차명준·정무권(2009), p.199

3) 옵션거래

이는 미래의 특정 일자에 현재 약정한 가격으로 거래대상 상품을 사거나 팔 수 있는 권리를 사고(콜옵션)파는(풋옵션) 계약을 말한다. 옵션권리를 행사하기 위해서는 상대방에게 옵션프리미엄이라는 대가를 지불해야 한다. 따라서 옵션매수자는 프리미엄만 지불하면 되므로 증거금을 납부해야 하는 선물보다 위험을 간단하게 관리할 수 있게 된다. 그러나 그만큼 레버리지 효과도 크고 위험도 높아진다. 옵션거래에서 옵션매수자의 가격변동에 따른 수익은 약정가격과 실제가격의 차이에 따라 무한대로 커질 수 있으나, 손실은 옵션프리미엄만큼만 한정된다. 반면, 옵션매도자의 가격변동에 따른 수익은 옵션프리미엄에 국한되지만, 손실은 무한대로 커질 수 있다. 결국, 옵션매도자는 옵션프리미엄을 받고 거래상대방에게 사거나 팔 권리를 제공함으로써 손실에 대한 위험을 무한대로 감수하는 위험선호자(risk taker)가 된다. 한편, 옵션은 언제든지 권리행사가 가능한 미국식 옵션과 만기일에만 권리를 행사할 수 있는 유럽식 옵션으로 구분된다. 양 옵션의 차이점을 비교하면 다음 표와 같다.

미국형 옵션과 유럽형 옵션의 비교

구분	미국형(american type)	유럽형(european type)
권리행사가능일	만기 전 언제라도 가능	최종거래일에 한정
프리미엄	상대적으로 높음	상대적으로 낮음
권리행사위험	크다	적다
매도자 입장	권리행사위험은 크지만 프리미엄이 높음	권리행사위험은 적지만 프리미엄은 낮음

한편, 옵션거래는 거래상 이익가능성은 열어 둔 채 손실폭은 제한할 수 있으며, 손익구조가 비대칭적이어서 독특한 손익구조의 합성이 용이하고 변동성거래를 할 수 있다는 장점이 있다. 다음 표는 옵션거래와 선물거래를 비교한 것이다.

옵션거래와 선물거래의 비교

구분	옵션거래	선물거래
권리와 의무	• 매입자 = 권리를 가짐 • 매도자 = 의무를 가짐	• 매입자와 매도자 모두 권리 및 의무를 가짐
거래의 대가	• 매입자가 매도자에게 권리에 대한 대가 (옵션프리미엄) 지급	• 계약대가를 지불할 필요가 없음 (계약 당시의 기대 이익이 서로 같아 계약의 가치가 제로)
리스크	• 매입자: 지불한 프리미엄으로 제한됨 • 매도자: 무제한이되 프리미엄만큼 줄어듦	• 매입자와 매도자 모두 무한대
위탁증거금	• 매입자는 없으며, 매도자에게만 부과	• 매입자와 매도자 모두에게 부과
일일정산	• 매입자는 필요없으며, 매도자 간 일일 정산함	• 매입자와 매도자 모두 일일 정산함

출처: 방영민(2006), p.80

　　옵션은 대상자산에 따라 주가지수옵션, 개별주식옵션, 채권/금리옵션, 통화옵션, 상품옵션 등으로 구분하며, 옵션시장에도 투기거래자가 존재해야만 시장이 형성되고 거래가 이루어진다. 한편, 옵션가격에 영향을 주는 요인으로 기초자산의 현재가격, 행사가격, 만기, 기초자산 수익률의 분산, 무위험이자율, 다섯 가지가 있다. 다음 표는 각 요인이 콜옵션가격과 풋옵션가격에 미치는 영향을 나타낸 것이다.

옵션가격 영향요인

영향요인	콜옵션가격	풋옵션가격
기초자산의 현재가격	↑	↓
옵션의 행사가격	↓	↑
만기일까지의 기간	↑	↑
기초자산 수익률의 분산	↑	↑
무위험이자율	↑	↓

4) 스왑거래

스왑거래는 주로 채권시장과 외환시장에서 서로 다른 금융상품을
통합시켜주는 시장 간의 교량역할을 한다. 대표적인 스왑거래로 이
자율스왑과 통화스왑이 있으며, 스왑 초기에는 은행이 각 스왑거래
자를 연결시키는 중개역할을 하고, 그 대가로 수수료를 받았는데 그
규모가 커지면서 은행이 스왑딜러 역할을 직접 하게 되어 시장이 확
대되는 추세이다.

참고문헌

1. 국내 전문서적

김석동·강병호, 『금융시장론(제 9개정판)』, 박영사, 2009.
김인준·이영섭, 『국제 금융론(제 2판)』, 율곡출판사, 2009.
김진호, 『리스크의 이해』, 경문사, 2005.
김학은, 『화폐와 금융(불확실성의 경제학)』, 박영사, 2007.
문창권, 『국제비즈니스 위험관리』, 청목출판사, 2008.
방영민, 『금융』, 법문사, 2006.
______, 『금융의 이해』, 법문사, 2010.
서영수, 『핵심 보험이론과 실무』, 한국학술정보, 2009.
______, 『최신 금융보험의 이해』, 교문사, 2010.
______, 『금융과 리스크관리』, 교문사, 2012.
차명준·정무권, 『자본시장법하의 증권투자』, 한티미디어, 2009.
최건호, 『금융수학의 방법론』, 경문사, 2009.

2. 국내 일반서적

김경훈, 『금융시장을 지배하는 핵심키워드 83』, 원앤원북스, 2008
김상진, 『늙은 대한민국』, 친디루스, 2012.
김용수, 『리스크 커뮤니케이션』, 씨앤아이북스, 2012.
김현기, 『실전! 투자행태학』, 한스컨텐츠, 2010.
서기수 외 6명, 『2011 실전 재테크 시나리오』, 링거스, 2010.
서영수, 『ALM 전략 시뮬레이션(working paper)』, 금융연수원, 2001.
유인금·김정태, 『한눈에 보는 파생상품』, 팜파스, 2008.
이영환, 『위험의 경제학』, 율곡프레스, 2006.

이흥재·기봉간, 『FX 스쿨』, 보명북스, 2009.
최운화, 『거대한 착각』, 이콘, 2009.
하우석, 『능력보다 큰 힘, 평판』, 한스미디어, 2008.
한창수외 4명, 『CEO가 주목해야 할 4대 리스크』, 삼성경제연구소, 2011.

3. 번역서적

구라쓰 야스유키, 강신규 옮김, 『세계 금융 어떻게 볼 것인가』, 한스미디어,
　　2008.
고지마 히로유키, 김경원 옮김, 『확률의 경제학』, 살림Biz, 2004.
나심 니콜라스 탈레브, 차익종 옮김 『블랙스완(The BLACK SWAN)』, 동녁사
　　이언스, 2008.
다부치나오야, 황선종 옮김, 『확률론적 사고로 살아라』, 더숲, 2009.
마이클 모바신, 정명수 옮김, 『미래의 투자』, 위즈덤하우스, 2007.
마카베 아키오, 김정환 옮김, 『투자자를 위한 경제학은 따로 있다』, 부키,
　　2011.
모토야마 요시히코, 김영근 옮김, 『금융권력』, 전략과 문화, 2009.
밀턴 프리드먼, 김병주 옮김, 『화폐 경제학』, 한국경제신문, 2009.
버튼 G. 맬킬, 이건·김홍식 『시장변화를 이기는 투자』, 국일증권경제연구소,
　　2009.
베서니 맥린·조 노세라 지음, 윤태경·이종호 옮김, 『모든 악마가 여기에 있
　　다』, 자음과 모음, 2011.
브누아 B. 만델브로트·리처드 L. 허드슨 지음, 이진원 옮김, 『프랙털 이론과
　　금융시장』, 열린 책들, 2010.
아베 요시히로, 김정환 옮김, 『세계 금융의 미래』, 엘도라도, 2009.
야마모토 미토시, 이서연 옮김, 『심리학이 경제학을 만나다』, 토네이도, 2007.
앨런 S. 팔리 지음, 김태훈 옮김, 『실전 스윙트레이딩 기법』, 이레미디어,
　　2011.
에가와 유키오, 김형철 편역, 『21세기 경제괴물 서브프라임의 복수』, 선암사,
　　2008.
오바타세키, 정택상 옮김, 『버블경제학』, 이아소, 2009.
이브 스미스 지음, 조성숙 옮김, 『이콘드』, 21세기북스, 2012.
윌리엄 H. 그로스 지음, 박준형 옮김, 『채권투자란 무엇인가?』, 이레미디어,
　　2011.

월리엄 번스타인, 박정태 옮김, 『투자의 네기둥』, 굿모닝북스, 2009.
프레디릭 펀스턴·스티브 와그너 지음, 딜로이트 기업리스크자문본부 옮김,
    『리스크 인텔리전스』, 한빛비즈, 2012.
피터 L. 번스타인, 안진환 옮김, 『위험, 기회, 미래가 공존하는 리스크』, 한국
    경제신문사, 2008.
찰스 R. 모리스, 송경모 옮김, 『미국은 왜 신용불량 국가가 되었을까?』, 예지,
    2008.
천즈우, 조경희·한수희 옮김, 『자본의 전략』, 에쎄, 2009.

4. 기타 유관기관 및 Web site

금융감독원, 『보험회사 리스크평가제도 해설서』, 2007.
_________, 『시장과 함께하는 리스크관리 콘서트』, 2006.
농협경제연구소, 『통화옵션상품 '키코사태의 현황 분석 및 시사점'』, 2007.

금융감독원: http://www.fss.or.kr/
한국금융연구원: http://www.kif.re.kr
한국은행: http://www.bok.or.kr

서영수 ───────────────

고려대학교 수학과를 졸업하고, 성균관대학교에서 보험재무로 경영학 박사학위를 취득했다. 국내 보험업계에서 수년간 종합기획 및 리스크관리 업무를 수행하였고, AIA생명에서 리스크관리 담당임원을 역임하였으며, 한국 보험계리사 및 보험중개사 자격을 취득하였다.

현재 서울사이버대학교 금융보험학과 교수로 재직 중이며, 부설 평생교육원 원장을 겸직하고 있다. 그 외 아시아·유럽미래학회 및 한국취업진로학회의 상임이사, 자료분석학회·보험학회·리스크관리학회의 정회원, 우정사업본부 리스크관리 분과위원으로 활동 중이다.

주요 저서로는『금융과 리스크 관리』·『최신 금융·보험의 이해』·『핵심보험 이론과 실무』 등이 있으며, 리스크 관련 저술과 스터디그룹 운영, 금융재무 분야의 외부강연을 활발히 수행하고 있다.

투자 리스크관리 길잡이

초 판 인 쇄 | 2013년 5월 31일
초 판 발 행 | 2013년 5월 31일

지 은 이 | 서영수
펴 낸 이 | 채종준
펴 낸 곳 | 한국학술정보㈜
주　　소 | 경기도 파주시 문발동 파주출판문화정보산업단지 513-5
전　　화 | 031) 908-3181(대표)
팩　　스 | 031) 908-3189
홈 페 이 지 | http://ebook.kstudy.com
E - m a i l | 출판사업부　publish@kstudy.com
등　　록 | 제일산-115호(2000. 6. 19)

ISBN　　978-89-268-4306-2 13320 (Paper Book)
　　　　978-89-268-4307-9 15320 (e-Book)

이담Books 는 한국학술정보(주)의 지식실용서 브랜드입니다.